赵国强 ◎ 著

少先队幸福教育

SHAOXIANDUI XINGFUJIAOYU

上海人民出版社

贺 信

全国少工委办公室　中国少年先锋队工作学会

　　值此上海市第四届少先队幸福教育学术研讨活动举办暨赵国强同志从事少先队工作四十周年之际，谨向学术研讨活动和赵国强同志表示热烈的祝贺！

　　今年是中华人民共和国成立七十五周年，也是中国少年先锋队建队七十五周年。上海少先队有着光荣历史和优良传统，上海少先队工作一直走在全国前列。伴随着星星火炬事业的发展，上海涌现出一批优秀少先队辅导员，少先队工作者和专家学者：段镇、刘元璋、倪谷音、沈功玲、洪雨露、左丽华、赵国强等同志就是其中的杰出代表。赵国强同志四十年如一日，从事少先队工作，多次参与全国少先队重要文件起草，多次为全国少先队辅导员培训授课，撰写了多部少先队工作著作，提出了幸福教育理念并躬耕实践，积累了深厚研究功底和丰富实践经验，展现了干一行、爱一行、专一行的宝贵品质，为广大少先队辅导员和少先队工作者树立了榜样，为上海乃至全国少先队工作的发展作出了积极贡献。

　　党的二十届三中全会擘画了进一步全面深化改革，推进中国式现代化的宏伟蓝图，对深化教育综合改革作出安排。全国教育大会发出了紧紧围绕立德树人根本任务，朝着建成教育强国战略目标扎实迈进的号召。新时代新征程，希望上海少先队充分发挥龙头带动和示范引领作用，在深入贯彻落实习近平总书记关于少年儿童和少先队工作的重要论述，关于教育的重要论述，加强少年儿童思想政治引领上作表率；在胸怀国之大者，围绕五个中心建设创造性开展少先队工作，促进少年儿童德智体美劳全面发展，为全国提供更多可复制、可推广的经验上做表率；在深化少先队理论历史

研究和学科建设，有力支撑服务少先队工作高质量发展上做表率；在建设高素质专业化少先队工作者队伍，不断提高政治素质和履职能力，源源不断培养优秀中青年少先队工作人才上做表率。希望上海广大年轻少先队工作者向老一辈杰出少先队工作者学习，传承弘扬教育家精神，做对党忠诚、富有情怀、热爱儿童、能力过硬、作风优良的新时代红色园丁，为红领巾事业续写荣光！

（发表于《少先队研究》2025 年第 6 期）

目 录 | Contents

序一
坚持理论创新　发扬光荣传统

共青团上海市委员会

　　展现在我们眼前的《少先队幸福教育》是上海少先队工作的最新理论探索和实践成果，是国强老师从事少先队工作40年的智慧结晶。40年流金岁月，40载春华秋实。国强老师用信仰点亮少年儿童成长道路，用忠诚托举光荣的红领巾事业，用智慧传承少先队理论研究薪火，用真情为孩子打造幸福苗圃。国强老师把火热的青春和真实的情感，无私奉献给了队员的事业，贡献给了祖国的未来。

　　40年来，国强老师带领上海少先队坚持理论创新，发扬光荣传统。上海是地下少先队的创建地，有着光荣的历史和深厚的积淀。在段镇、刘元璋、倪谷音、沈功玲、洪雨露、左丽华等老一辈少先队工作者的育人理念的基础上，国强老师提出幸福教育理念，通过儿童化的政治启蒙、情感化的实践体验、组织化的自主自动、生活化的场景回归，让少先队员感知幸福、体会幸福、表达幸福。同时，国强老师推动打造"15分钟少先队幸福圈"，为上海少先队幸福教育创建重要载体，在实践中促进理论的发展。

　　40年来，国强老师带领少先队坚持实践创造，结出累累硕果。深入开展队史研究，出版《上海少先队发展

史》，策划"百年上海少年儿童运动史"主题展，**让历史更为深厚**；创新推广"十分钟队会"，**让活动更显生机**；推动率先试用少先队员证，**让荣誉更加具象**；完善争章推优入团制度，**让激励更显成效**；开创名师带徒工程，建立辅导员带头人工作室，全市 162 名辅导员获评高级、正高级教师或特级教师，**让队伍更富干劲**；开设少年儿童组织与思想意识教育研究生教育二级学科，48 名辅导员成为少先队专业研究生，推动《少先队研究》杂志正式获批刊号，**让研究更有深度**。

2024 年 6 月 1 日，上海市第九次少代会成功召开，市四套班子主要领导，团中央书记处第一书记、全国少工委主任出席大会，这是对上海少先队事业和国强老师最大的认可、最充分的肯定。40 年干好一件事，一件事干好 40 年，这是国强老师幸福人生的真实写照。我们应向以国强老师为代表的所有少先队辅导员和少先队工作者致敬。

中国少年先锋队建队七十五周年、党领导下的上海少年儿童运动一百周年之际，回顾历史，展望未来，我们要在三个方面持续用力、久久为功。

第一，深入学习习近平总书记关于少年儿童和少先队的重要论述，讲好幸福教育深刻内涵。开展幸福教育，要讲好三个问题。一是讲好幸福是什么。习近平总书记指出："世界上最大的幸福莫过于为人民幸福而奋斗。"要引导少年儿童把实现个人价值同党和国家前途命运紧紧联系在一起。二是讲好幸福从哪里来。要让队员体会到今天的幸福生活是党带领人民创造出来的，引导少年儿童从小听党话、感党恩、跟党走。三是讲好幸福如何实现。习近平总书记多次强调，"幸福不会从天而降""幸福都是奋斗出来的""奋斗本身就是一种幸福"。要引导少年儿童懂得美好生活靠劳动创造、靠奋斗实践。

第二，始终聚焦培养社会主义建设者和接班人，为强国建设、民族复兴时刻准备着。开展幸福教育是用今天孕育的幸福力量投身明天的强国建设、民族复兴。幸福教育遵循党"为人民谋幸福"的初心，党的事业是为人民谋幸福的事业，党的少先队工作也是为少年儿童创造幸福的工作。实现人民对美好生活的向往，首先要实现少年儿童对幸福童年的期盼。幸福教育也是服务于党"为中华民族谋复兴"的使命，要教育队员立报国强国大志向，做挺膺担当的奋斗者，今天做祖国的好儿童，明天做祖国的建设者。

第三，努力形成做好党的少年儿童事业的强大合力，持续完善幸福教育工作格局。开展幸福教育是推动少先队工作高质量发展的有效路径。要用好实践主渠道，成就幸福童年。坚持儿童为本，让少先队员更喜欢少先队，增大少先队活动的覆盖面，提升队员在组织中的参与度和获得感。要培养育人主力军，成就幸福人生。坚持培养为基，让少先队辅导员更热爱少先队事业，增强辅导员的政治素质和履职能力，巩固职称评定机制。要夯实学校主阵地，成就幸福校园。坚持立德为先，让校长更重视少先队，夯实仪式教育，完善激励体系，建好用好校内少先队阵地。要活跃社区主平台，成就幸福社会。坚持共育为要，让家长更支持少先队，不断提升组织覆盖面，充实校外辅导员力量，搭建少年儿童展示才华的舞台。

开展少先队工作从事的是幸福事业，书写的是幸福人生。让我们更加珍惜为党做好少年儿童工作的宝贵机会，不断推动上海少先队工作取得新的、更大的进步，为红领巾事业增添新时代的荣光，向着新的胜利勇敢前进，向着幸福的未来勇敢前进。

最后，衷心祝愿国强老师在习近平总书记关于少年儿童和少先队工作重要论述的指引下，永远保持年轻态，为少先队事业再奋斗40年。

序二
为少先队员的幸福成长贡献智慧和力量

上海市教育委员会

非常高兴看到《少先队幸福教育》一书的出版,感受到上海少先队一直以来对少先队理论研究的专注与贡献,从三个方面交流认识和体会:

首先,少先队幸福教育理念与新时代基础教育改革创新要求高度契合

一是少先队幸福教育的宗旨与立德树人根本任务同频同向。习近平总书记要求,"坚持不懈用新时代中国特色社会主义思想铸魂育人,实施新时代立德树人工程"。少先队幸福教育理念,根植于马克思主义幸福观的精神沃土,引导少先队员体会今天的幸福生活是党领导人民创造出来的,让少先队员从小感知幸福、体会幸福、表达幸福,鲜明阐明了新时代上海少先队的工作方向、工作主线。

二是少先队幸福教育的目标与三全育人教育要求不谋而合。全员、全方位、全过程的育人要求,是培养全面发展的社会主义建设者和接班人的有效保障。少先队幸福教育的目标全面、系统,在强调少先队员的幸福感的同时,

注重引导少先队辅导员、学校校长以及全社会家长的积极参与，为少年儿童的幸福成长提供全员、全方位、全过程的支持。

三是少先队幸福教育的途径与五育融合教育方式紧密相连。全面贯彻党的教育方针，深入实施素质教育，需要构建德智体美劳全面培养的教育体系。少先队幸福教育通过政治启蒙、集体建设、课程推进、社会实践等多样化的教育方式，引导少先队员在成长中感受幸福，实现德智体美劳的全面发展。可以说，少先队幸福教育理念是新时代上海基础教育改革创新的重要组成部分。

其次，我们要贯彻好全国教育大会精神，着力培养新一代年轻辅导员

一是新一代年轻辅导员要努力提升政治素质与履职能力。要深入学习习近平总书记关于少年儿童和少先队工作的重要论述，不断提高政治觉悟和理论水平；要积极参加学习培训和实践锻炼，掌握少先队幸福教育的规律，提升组织引导能力和讲好"儿童化政治"的本领；要不断探索适应新时代要求的少先队工作新方法、新途径，创新活动平台和方式，提高少先队幸福教育的覆盖面。

二是新一代年轻辅导员要乐于传承，勇于担当。习近平总书记在全国教育大会上指出，"要实施教育家精神铸魂强师行动，加强师德师风建设，提高教师培养培训质量，培养造就新时代高水平教师队伍"。少先队辅导员肩负着为党育人的崇高使命，是教师队伍中的一支重要力量。年轻辅导员更要奋勇争先，传承好少先队幸福教育的宝贵经验，努力成为少先队事业的行家里手。

三是为新一代年轻辅导员专业化发展提供有力保障。要进一步畅通年轻辅导员的成长通道，为辅导员规划清晰的职业发展路径。要鼓励年轻辅导员参与少先队课题研究，推动少先队幸福教育理念和实践研究的深入。要为辅导员打造优质学习平台，构建多层次的培训体系。还要为辅导员提供温暖的服务支持，帮助他们解决工作和生活中的实际问题，增强辅导员队伍的凝聚力和幸福感。

第三，我们要进一步加强团教协作，推动新时代少先队事业高质量发展

一是进一步深化团教协作机制建设。上海的团教协作历来有着坚实的基础和优良的传统。我们要充分发挥各级教育部门在少工委建设中的作用，推动团教协作机制不断深化。发挥上海辅导员职称评定、名师工作室、辅导员培训学院、百年少运史展等的积极作用；建立联合项目组，共同推进少先队幸福教育的深化；搭建信息共享平台，利用现代信息技术手段实现资源共享，提升合作工作效能。

二是进一步推动少先队幸福教育繁荣发展。团教两家应发挥各自的优势和作用，全力发掘、整合资源，通过"15分钟少先队幸福圈"等项目建设，引领家庭、学校、社会各负其责、同向同行、合作互补，为少先队幸福教育的繁荣发展创造良好的环境，力求产生更多符合国家要求、同时有上海特点的成果，创造出更多可复制、可推广的经验，形成示范带动效应，为全国少先队工作多作贡献。

三是把幸福教育理念纳入新时代教育评价改革。教育评价是教育发展的指挥棒，《深化新时代教育评价改革总体方案》的出台为我们指明了方向。我们要共同研究科学有效的"幸福指数"评价工具，作为教育和少先队工作的重要评价指标，创新综合素质评价体系，提高教育治理能力和水平，以评价结果来推动教育"让人民满意"，真正实现队员幸福、辅导员幸福、校长幸福、家长幸福。

让我们携手并进，带着对幸福教育的感动和感悟，为少先队员的幸福成长贡献智慧和力量，书写幸福教育的新篇章。

前言一
新时代少先队开展幸福教育的必要性、理论基础与基本内涵 ▶

华东师范大学基础教育改革与发展研究所教授、博士生导师 卜玉华

幸福是人类永恒的向往，也是亘古不变的话题。党的十八大以来，习近平总书记在系列讲话、特别是对广大青少年的讲话中深刻回答了"什么是幸福、追求什么幸福与如何追求幸福"的问题，阐析了幸福目标与幸福途径、个人幸福与人民幸福、物质幸福与精神幸福、共建幸福与共享幸福之间的辩证逻辑，为当代少先队工作认识幸福本质、追求幸福生活提供了理论遵循和价值指引。

一、新时代少先队工作幸福教育观提出的必要性

新时代少先队工作的幸福教育观不是凭空产生的理论，而是理论、历史与实践要求的有机统一。基于特定的历史背景和实践基础，其产生有深厚的文化底蕴、科学的思想来源、鲜明的精神传承和实际的现实观照。

首先，我国社会发展的新时代远景目标呼唤幸福教育

改革开放四十多年来，随着社会生产力的快速发展，人民对幸福的理解、追求发生巨大变化。这表现在人民"期盼有更好的教育、更稳定的工作、更满意的收入、更

可靠的社会保障、更高水平的医疗卫生服务、更舒适的居住条件、更优美的环境，期盼孩子们能成长得更好、工作得更好、生活得更好"。① 即人们对幸福生活的"需求"发生了质的变化。从"人民日益增长的物质文化需要"转向"人民日益增长的美好生活需要"，这种从"硬需要"到"软需要"、从"生存性需要"到"发展性需要"的转型，正是"需要的历史性发展"过程，具体表现为由需要内容的一元性、需要形式的同质性和需要性质的传统性向需要内容的多元性、需要形式的异质性和需要性质的现代性转型②。

新时代中国的发展战略如"教育现代化 2035"和"健康中国 2030"都强调教育应注重学生的全面发展与健康成长。在这一背景下，幸福教育不仅是适应国家教育改革的需要，更是实现"健康中国"目标的关键环节。通过幸福教育，少先队可以聚焦学生的心理健康和社会适应能力，培养他们积极向上的生活态度和创新精神，为国家培养出符合新时代需求的高素质、综合型人才。

其次，功利主义的幸福教育观对少年儿童幸福观造成消极影响

功利主义幸福观，是以快乐主义为理论基础、以后果主义为评价标准、以最大幸福为价值目标的幸福观。功利主义幸福观在教育中的表现，在个体意义上，就是把幸福等同于学业上的成功，把教育的价值窄化为为了在未来获得一份好的工作而教育，而且重"量"轻"质"的功利原则，只会衍生出追求利益至上的占有幸福观；在社会意义上，就是把大多数人的幸福当作标准，从而压制个体幸福。这种功利主义的幸福观，容易将少年儿童的幸福生活引向歧途，导致少年儿童无法实现自身的价值与尊严。当我们思考教育与幸福这一问题时，我们既要思考如何为孩子的未来幸福做准备，也需要明白孩子们在当下所能体验到的幸福。我们希望每一个孩子都能拥有一个幸福的

---

① 十八大以来重要文献选编（上）[M]. 中央文献出版社，2014：70.
② 曹银忠，闫兴昌. 习近平奋斗幸福观的出场逻辑研究 [J]. 理论导刊，2020（03）.

童年，而不提倡为了遥远的、不可见的、不确定的未来幸福而牺牲儿童当前的幸福，因为没有当前幸福的儿童，就不可能有真正幸福的成人生活。这一点在教育学、心理学和社会学中都已经得到充分论证。

第三，少先队工作存在着一些需要克服的误区

这些误区可概括为四种基本取向：成人化取向、同质化取向、精英化取向和形式化取向。成人化取向是指只站在成人立场考虑问题，忽视儿童视角下的幸福感。成人取向的幸福教育模式通常是灌输式的，是自上而下地、简单化地向儿童传送抽象的、儿童无法理解的概念与任务，或为完成上级或社会的任务，把少先队作为表演的工具，这些都是外在于儿童发展的内在需求，儿童无法从中体验幸福。同质化取向的幸福教育只是关注少先队员的同质化需求，但忽视儿童个体需求的差异性。精英化取向的幸福教育工作只关注优秀少年儿童，只为这部分儿童提供多种发展的平台和路径，但把大部分少年儿童作为旁观型的群众，这部分儿童无法体验少先队活动带来的快乐，自然也没有幸福体验。形式化取向是过度关注少先队活动的开展，只图活动形式上的热闹与鲜活，不关注儿童收获了什么，体验了什么，是否从中收获成长。这些取向都不利于少年儿童的幸福成长，因此，需要消除这种误区，把幸福教育作为少先队工作的基本价值理念，重构少先队工作的方式方法。随着全球化、信息化的加速发展，新时代的社会环境和教育背景发生深刻变化，这些变化对少年儿童的成长和发展产生重大影响。幸福教育作为一种强调全人发展的教育理念，不仅是对传统教育的补充，更是在新时代背景下的一种教育创新与必然选择。

二、新时代少先队工作幸福教育观的理论基础

少先队员在少先队组织中感受幸福的条件是什么？何种途径可有助于提升儿童成长的幸福感？这是少先队员在少先队中能否感受和体验幸福的基本问题。在此方面，马克思幸福观和习近平关于少年儿童和少先队工作的重要论述给我们提供了理论基础。

首先，马克思幸福观为少先队幸福教育观提供了思想源泉

1. 马克思阐明了幸福感形成的基本条件

首先，马克思认为每个个体的自我意识和自由发展是走向幸福人生的必要条件。马克思早在少年时期就开始思考人与幸福相关的问题，他在中学毕业作文《青年在选择职业时的考虑》中写道："在选择职业时，我们应该遵循的主要指针是人类的幸福和我们自身的完美。"所谓自身的完美，就是人的自我意识和自由发展。他认为自我意识是个人成为独立存在的基础，有了这个基础，个体才会拥有追求幸福的可能。"每个人的自由发展是一切人的自由发展的条件。"

其次，马克思认为每个个体都应意识到自己的幸福与他人的幸福是相互关联的。在马克思看来，个人幸福与他人幸福是相辅相成的，成就他人幸福等于滋养自己的幸福，因为人不是孤立的存在物，每个人与他人都是相依相存的，都需要得到他人的帮助与关心，只有他人有了幸福的能力，才会有能力支持自己、帮助自己。

与此同时，马克思还指出个体无法实现幸福的问题所在。在《1844 年经济学哲学手稿》中，马克思通过批判资本主义社会中的异化劳动揭示了资本主义私有制条件下社会成员不幸福的根源，其中有两点极具启发意义。他指出，当人把自由自主的活动贬低为维持自身肉体存在的手段和工具时，人是体验不到真正的幸福的。这是因为人的肉体欲望是无止境的，为了满足自身的肉体欲望，人们就会不断地追寻物质财富，而这样，人就会异化成为自己的工具，失去自由自主的存在。少年儿童同样如此，如果不加以引导，也会出现无节制地追求物质和享受的倾向，从而失去在做事中体验自身价值的机会，自然也就体验不到幸福。同时，他还指出，"只要分工还不是出于自愿，而是自然形成的"，"只要特殊利益和共同利益之间还有分裂"，那么人自身的活动对人来说就是一种异己的力量。只有在充分肯定每个人的价值，展现出个体之间真正的平等、互助与和谐的精神，即"真正共同体"中，才能成就个体的自信与尊严，个体才能真正体会到幸福感。

2. 马克思指出了自由劳动或实践是个人体验幸福的根本路径

马克思在对整个人类幸福生活的分析中，逐渐发现了达致幸福生活的根本途径，明晰了其幸福观的内在本质——自由劳动。"劳动是整个人类生活的第一个基本条件……以致我们在某种意义上不得不说：劳动创造了人本身。"人只有通过劳动才能在有限的时间中创造出无限的价值，展现出人存在的根本意义，所以劳动本身就应该是一种幸福和享受。人类在劳动中满足并丰富自我、获得并不断提升自信与尊严，以个人进步促社会发展，最终实现人类幸福的最高形态。

这是因为劳动有助于个体实现生命的尊严。生命尊严关乎人的生命存在与尊严认同，是一个人生存发展必须维护的根本价值。人失去了生命尊严，就失去了成为人的根本依据和基础支撑，也就无法获得价值与幸福感。从劳动幸福观角度看，生命尊严是劳动的自然产物，源于劳动并在劳动中展现。生命尊严在实现人的存在与满足人的需要的过程中不断获得与发展，而劳动始终是贯穿全程的基本手段与途径。马克思说："当人开始生产自己的生活资料，……人本身就开始把自己和动物区别开来。"其中，体力劳动和脑力劳动、简单劳动和复杂劳动，都是人类社会必不可少的劳动形式，都应当得到尊重。正是在形式丰富的劳动中，个体才能不断维系自身生存、维护生命尊严，最终完成对幸福的追求。

其次，习近平总书记的"奋斗幸福观"为新时代少先队教育工作提供了根本遵循

第一，明晰了幸福的内涵。党的十八大以来，习近平总书记在多个场合发表的重要讲话都论及"幸福"这一话题，形成内涵丰富、层次分明的有关人生幸福的重要论述。马克思主义幸福观在当代中国最新、最充分的表达，正是习近平总书记"奋斗幸福观"。其具有深厚

的蕴含，包含"人民幸福""个体幸福""劳动创造幸福""奋斗本身就是幸福"等基本要义，这是当代中国人、特别是青少年一代树立正确幸福观念、实现人生幸福的科学指南。

第二，彰显了目标指向。习近平总书记指出，满足人民对于美好生活的需要，"就是让每个人获得发展自我和奉献社会的机会，共同享有人生出彩的机会，共同享有梦想成真的机会，保证人民平等参与、平等发展权利，维护社会公平正义，使发展成果更多更公平惠及全体人民"①。

第三，指明了实现幸福的根本路径，一是劳动，二是奋斗。习近平进一步发展了"劳动创造了人本身"这一观点，他认为，人世间的一切幸福都需要靠辛勤的劳动来造，幸福不会从天而降，只有在劳动中才能实现精神升华。2018年2月14日，在春节团拜会上，他又提出，奋斗本身就是一种幸福。只有奋斗的人生才称得上幸福的人生，新时代就是奋斗者的时代。党的十八大以来，以习近平总书记为核心的党中央多次围绕"奋斗"和"幸福"问题进行深入阐述，形成具有中国特色的"奋斗幸福观"，系统回答了"为何谈奋斗、为谁而奋斗、由谁来奋斗、如何去奋斗"等一系列重大理论与实践问题，呈现出深远的逻辑演绎历程。其不仅彰显了马克思主义幸福观的张力，同时还体现出知行合一、行胜于言的实践魅力。

三、新时代少先队幸福教育理念的基本内涵

根据马克思的观点和习近平"奋斗幸福观"，新时代少先队工作中的幸福教育的基本内涵主要包含以下几方面。

首先，每个儿童的幸福成长

所谓每个儿童的幸福成长是指：第一，它不是少部分儿童的幸福，而是所有中国儿童的幸福；要让每个儿童都有获得发展自我和奉献社会的机会。第二，它不是成人立场下的幸福，而是儿童视角下的

---

① 习近平.在中法建交五十周年纪念大会上的讲话[N].人民日报，2014-3-29.

幸福；这是儿童幸福成长的基础性条件，只有这样，儿童才能够体验到安全感、信任感、平等感和被关爱感。这与儿童成长的年龄特征有关，童年期的儿童的思维是具体的，对世界的理解是单纯的，也是脆弱的，它需要世界为他提供一个安全、可靠、值得信任、受尊重的成长环境。

少先队是我国少年儿童在童年时期成长的重要组织，这个组织是儿童第一次走出家庭而进入的、长期交往的组织，这个组织能否为儿童提供安全感、归属感，是儿童体验家庭以外组织的重要阵地；当然，儿童的安全感、尊严感并不止于身体不受伤害，更关乎其在精神和心理上的被关爱与被平等对待。因此，少先队要以儿童幸福为第一要义。

其次，谋求个体儿童的幸福

这是指，每位个体儿童都有追求个人幸福的权利，并诉诸各种举措来保障和实现这种权利。"人人享有人生出彩的机会。"每一个普通儿童都能创造和实现人生幸福，应该使每个儿童拥有最大限度展示自己能力的舞台。

少先队工作是我国教育事业的重要组成部分，理应着眼于个体儿童的幸福。这一点对少先队工作开展尤其重要。因为少先队工作的基本特征是以儿童群体为组织对象，一向着眼于少先队组织的力量，强调为了组织、通过组织进行教育工作，其优势是可发挥群体的力量，但容易忽视少先队组织中的个体儿童的具体需求。因此，少先队幸福教育应超越组织教育视角，重视个体儿童的成长需求，注意以公平视角，为每一个儿童的精彩成长搭建舞台。

第三，儿童的幸福应通过劳动创造

2015 年 6 月 1 日，习近平总书记在会见中国少年先锋队第七次全国代表大会代表时，寄语全国各族少年儿童："幸福不是毛毛雨，幸福不是免费的午餐，幸福不会从天而降。人世间的一切成就，一切幸福都源于劳动和创造。"习近平"奋斗幸福观"阐明了"为何只

有劳动才能实现幸福"以及"什么样的劳动能够实现幸福"这两大问题。

所谓劳动，就是以改变物质世界为对象的人的实践活动。少先队工作一向强调实践活动，但没有重点强调改变物质世界这一内涵，可能是认为少年儿童没有这方面的潜力。这是对儿童劳动认识的偏差。儿童劳动不像成人那样要改造外部世界，儿童的外部世界就是其生活的周边环境，他自己日常起居的家庭生活、他的班级和学校、他的生活所及的周边社区，这些都是他最为感性、能够最直接接触到的具体的周边世界。所谓对周边世界的改造，是儿童与周边世界关系的改造，让儿童意识到自己与这个世界是互动关联的，自己是其中的主体之一，自己的一言一行也影响着这个世界。好的言与行、思与想，会给这个世界带来美好，反之，则会产生负面影响。因此，引导少年儿童，尽可能发挥潜力影响自己所处的家庭、学校和社区生活，就是一种美好的劳动意识和劳动实践。

那么，目前少先队开展的一些实践活动，如研学行、参观、做解说员等，算不算劳动呢？这要看儿童在这些活动中是否真正投入了思考，是否影响了周围世界，并感受到因自己的参与而带来的价值感。如果只是日复一日地重复自己的工作，没有新的想法，也没有产生新的结果，这样的劳动至少是低质量的。因此，劳动幸福观让我们可以重新审视传统少先队工作的价值，重新赋予传统少先队工作以新内涵和新意义。

第四，奋斗本身就是幸福

奋斗，指为达到一定目的而努力干。奋斗是为一个目标去战胜各种困难的过程，这个过程会充满压力、痛苦、挫折。

习近平总书记不仅阐明了劳动是创造幸福的根本途径，而且同时强调奋斗本身就是一种幸福、只有奋斗的人生才称得上幸福的人生。幸福的真谛在于奋斗。通过奋斗所实现的幸福，不同于物质和感官上的满足，而是更高层次的情感追求和更大价值的人生取向。正如马克思所说，"历史承认那些为共同目标劳动因而自己变得高尚的人是伟大人物；经验赞美那些为大多数人带来幸福的人是最幸福的人"。作为成人，我们应当对此有深刻体验。但对于少年儿童来说，他们可能不太理解，体验也少。这一点在现当代尤其重要，因为少年儿童是家庭的大宝贝，成长在我们国家物质生活比较富裕的时代，很容易获得自己成长所需要的一切，这也就意味着他们也更容易被剥夺个人奋斗的机会；然而，现代社会发展变化极为迅速，少年儿童未来所面对的世界将充满了更大的不确定性和挑战性，因此，有必要培养少年儿童从小勇于面对挑战，形成愿景并为之奋斗的意识与素养。少先队工作应当着眼于为少年儿童设计一些富有真实挑战性的活动，让他们真正动脑筋、想办法解决问题，让儿童做到自己的事情自己解决，不以完美为标准，而以培养儿童的奋斗精神为宗旨。

　　总之，在新时代，少先队工作以幸福教育为方向，是少先队进入新时代的必然选择，是培养我国少年儿童幸福人生的重要根基，更是我国实现教育现代化和国家与民族富强的重要保障。

前言二
儿童幸福：少先队幸福教育的理论 ▶ 基点、实践原点

中国少先队工作学会副会长　上海市少工委主任
上海市少先队总辅导员　赵国强

党的十八大以来，习近平总书记站在党和国家前途命运的政治高度，站在中华民族永续发展繁荣昌盛的历史高度，提出富有战略性、时代性、开创性的新观点新论断新要求。习近平总书记深刻指出，中国共产党始终把为人民谋幸福作为初心使命。这是习近平总书记站在实现两个百年的战略高度作出的深刻概括，是对中国共产党执政规律的深刻把握，为新时代少先队开展幸福教育指明了前进方向、提供了根本遵循。

党旗所指就是队旗所向，少先队作为党联系广大少年儿童的桥梁纽带，要把习近平总书记对建党百年初心使命的深刻诠释作为党对少年儿童和少先队工作的重要指示和要求，以儿童化的方式传播到少先队员中间去。少先队幸福教育理念遵循党"为人民谋幸福"的初心使命，结合少年儿童成长发展的时代性特点，以成就"幸福童年""幸福人生""幸福校园""幸福社会"为目标，体现提升少先队工作新成效的新探索、新路径，让少先队员体会到今天

的幸福生活是党带领人民创造出来的，让少先队员感知幸福、体会幸福、表达幸福，将来还要去创造更美好的幸福。

一、践行以人为本理念

一是一切为了人和紧紧依靠人的有机统一。少先队幸福教育紧紧依靠队员、辅导员、校长和家长，充分体现尊重人的主体地位，注重倾听基层一线意见，回应各类人群关切，发挥基层首创精神，把蕴藏在各类人群中的智慧和力量充分激发出来，从各类人群反映的难点、痛点、堵点中找到少先队幸福教育的突破口和发力点，制定方案，出台举措，将人的满意度、幸福感作为重要的衡量。

二是为人造福的目的、过程和结果的有机统一。在推进少先队幸福教育的过程中，这三者是环环相扣、紧密衔接的。少先队幸福教育应始终把为人造福的理念贯穿到工作的全过程和各方面，始终保持一颗与人共情的心，不能简单生硬，哪怕本意和初衷是好的，效果与出发点相悖离，最终损害的是各类人群的信任。凡事应将心比心，以心换心，设身处地为各类人群的幸福考虑，争取大家的真心支持和拥护。

三是兼顾不同群体需求与细致做人工作的有机统一。随着社会主要矛盾的变化，各类人群对幸福的需求日益呈现多方面、多层次、多样化的特点。少先队幸福教育倡导深入细致地把握每个群体的特点和需求，把任务一件件落到实处，用心用情用力暖人心、聚人心，把最好的资源留给人，用优质的服务供给人，通过各种渠道问需于人、问计于人，让民意得到充分表达，智慧得到充分吸纳，让全过程以人为本得到充分彰显。

二、实现立德树人目标

一是优良品德把方向。育人为本，幸福为要，品德为先。少先队作为党领导下的少年儿童群团组织，必须始终牢记习近平总书记关于"传承红色基因，培育时代新人"的重要要求，通过自身独特的教育优势，帮助广大少先队员从组织中感受光荣，从小培养听党话、跟党走，爱祖国、爱人民的幸福自觉。

二是积极心理打基础。少先队幸福教育是内心的正向体验，积极心理是少先队幸福教育的支点。积极心理与少先队幸福教育有着紧密联系，积极心理培养品德、追求品德的完善和精神的完满，伴随少先队幸福教育的始终，它既是助推立德树人目标实现的重要方法，又是少先队幸福教育的重要基础。

三是核心素养展风采。现代核心素养突出人是自身发展的主体，是主动的实践者，让各类人群真正成为生动活泼、健康快乐的主人，让新时代少先队员成为具有"理想信念、政治认同、组织意识、道德品行、精神品质"等现代核心素养的完整意义的人。聚焦核心素养、细化少先队幸福教育，也就抓住了立德树人目标实现的重要途径。

三、形成工作新局面

一是形成学校、家庭、社会和少先队组织四结合的少先队幸福教育网络。少先队幸福教育与社会是密切联系、相互作用的。少先队幸福教育只有适应社会的要求，学校、家庭、社会等各种教育力量互相配合，才能顺利、有效地进行并取得良好的效果。少先队幸福教育必须根据社会的要求和少先队员成长发展的需要与可能，确定少先队教育目标和实施计划，把握和调控其运行的正确方向，组织、调节、控制、利用外部环境的影响，促使少先队幸福教育活动及其过程的顺利进行、有效展开和目标的实现。

二是促进少先队幸福教育融入德智体美劳全面发展教育。少先队教育是学校教育的重要有机组成部分。我国社会主义学校教育除了包括德、智、体、美、劳"五育"外，还应包括独特的"群育"——少先队教育。为此，少先队幸福教育要与"五育"更好地协调配合，相互促进，顺利、有效地进行，使少先队幸福教育协调、有序、顺利、有效地融入"五育"，凝聚最大公约数，画好最大"同心圆"，共同围

绕少先队幸福教育的目标和主题进行活动和工作，促进少先队员的健康发展，达到少先队幸福教育的目标。

三是实现校内外各部门与少先队幸福教育诸途径的有效配合。少先队幸福教育的实施需要校内外各部门、组织、人员协同配合；需要教学、课外、校外活动等多种途径配合；需要对校内外进行少先队幸福教育活动或工作的有关人、事、财、物等资源加以合理配置和使用，充分发挥其效益；需要对少先队幸福教育实施管理，确定少先队幸福教育活动的目标、实施途径和方法，对少先队幸福教育活动进行组织导向和协调，对各部门、组织、人员和途径进行沟通联络、协调、指导、调控，发挥相互配合、相互促进的积极作用。

四、提升工作新成效

一是有助于提高少先队幸福教育的科学依据。少先队幸福教育体现了少先队教育的科学性。实践证明，只要遵循少先队教育的原理，少先队幸福教育就有了指南，实践少先队幸福教育思想、进行少先队幸福教育决策、制定少先队幸福教育规划等就有了科学依据。

二是有助于掌握少先队幸福教育的基本规律。少先队幸福教育虽然错综复杂、千头万绪，但万变不离其宗，只要掌握了少先队幸福教育的基本规律，面对任何纷繁杂乱的状况都可胸有成竹、井井有条，这也是许多优秀辅导员收获"幸福人生"的重要原因。

三是有助于建立少先队幸福教育的有效制度。建立科学合理的少先队幸福教育制度、方式与方法，使少先队幸福教育行为制度化、规范化，使少先队幸福教育的许多常规性工作有章可循、有规可依，从而实现少先队幸福教育效率的最大化。

总之，少先队工作者的天职就是爱惜、保护、培育、发展、帮助、巩固新时代的少先队员、少先队辅导员、校长和家长认识幸福、体验幸福、追求幸福和创造幸福，为新时代少先队事业的改革创新不断作出新的贡献。

前言三
三年持续关注：我们为什么要报道 ▶
少先队幸福教育

《辅导员》杂志副主编　王晓颖

　　《辅导员》杂志已创刊七十周年。在七十周年特别专刊上，国强老师撰写了《〈辅导员〉杂志助我写成〈少先队幸福教育〉》一文；在《辅导员》杂志创刊七十周年座谈会上，他再次分享在杂志上连载专栏的心路历程。而这个故事，要从两年前讲起。

　　2022年1月，《辅导员》杂志首次开辟《赵总说"少先队幸福教育"》专栏，邀请国强老师担任栏目主持人，介绍少先队幸福教育理念。这一专栏连载2年。2024年，我们杂志开设《少先队幸福教育案例》专栏，由国强老师评析上海优秀的少先队幸福教育案例。3年，20余篇专题文章，让全国辅导员全面了解了少先队幸福教育的研究理念与实践方法。而我本人从这个系列栏目的责任编辑到审稿人，也见证了少先队幸福教育从理论研讨到实践探索的发展与丰富，令我有许多感悟想和大家分享。

　　一、少先队幸福教育体现了高举队旗跟党走的光荣传统

　　习近平总书记在中国共产党成立一百周年大会上指

出，中国共产党始终把为人民谋幸福、为民族谋复兴作为初心使命。党的二十大报告提到，中国共产党是为中国人民谋幸福、为中华民族谋复兴的党。

《辅导员》杂志为什么连续 3 年关注少先队幸福教育的选题？

2022 年，《辅导员》杂志首次开设少先队幸福教育专栏时，国强老师开栏第一篇文章的题目就是《遵循党的初心使命，开展少先队幸福教育》，这也是全国少先队辅导员第一次通过《辅导员》杂志了解少先队幸福教育理念。高举队旗跟党走是少先队的光荣传统。遵循党"为人民谋幸福"的初心使命，是少先队幸福教育的起点，它不仅致力于成就少先队员的幸福童年，更引导他们明白今天的幸福生活是党带领人民创造出来的，未来要用双手创造更美好的幸福。

二、少先队幸福教育是对新时代少先队工作社会化的一次创新探索

《辅导员》杂志为什么连续 3 年都关注少先队幸福教育的选题？

2021 年 9 月，"双减"政策实施后，"中国辅导员"微信公众号转发"萌动上海"微信公众号的推文，推送文章《"双减"后首个周末，孩子们过得怎么样？》，这是上海"15 分钟少先队幸福圈"模式第一次走进我们的视野，各地少先队工作者纷纷关注，也由此开启少先队幸福教育的成形与"呈现"之旅。随着团中央、教育部、全国少工委提出全面构建新时代少先队社会化工作体系的要求，结合家校社协同育人机制发展健全的时代背景，少先队幸福教育"应运而兴"，作出关于少先队工作社会化的一个创新性回答。

经过两年的理论探讨，今年，《辅导员》杂志开设《少先队幸福教育案例》专栏，我们又了解到"红领巾幸福三长"的社区街道实践探索，看到"社区小先生"如何玩转"楼组童盟"，熟悉了社区少工委开展红领巾争章活动的方法，认识到学校少工委怎样发挥家长在家风建设中的重要作用。这些新奇的名称、创意的形式、新鲜的活动让

大家眼前一亮，少先队幸福教育让我们看到少先队工作社会化的更多可能。

三、少先队幸福教育是助力队员成长发展、助推辅导员队伍建设的有效实践

《辅导员》杂志为什么连续 3 年都关注少先队幸福教育的选题？

我想，这还源于国强老师文章中一句特别触动我们的话："对于每个少先队员来说，童年只有一次。幸福的童年对他们一生都会产生积极的影响。成就少先队员的幸福童年，为他们的幸福奠基，是少先队辅导员的神圣责任和崇高使命。"除了"让少先队员更喜欢少先队，成就幸福童年"外，"让少先队辅导员更热爱少先队，成就幸福人生"是少先队幸福教育理念的另一目标。在少先队幸福教育的研究和实践中，受益的不仅是少先队员，还有少先队辅导员。他们在为队员谋幸福的实践中，在专业成长的探索中，在提高政治素质、履职能力的过程中，体验了幸福，也收获了幸福。

3 年的持续关注，记录和呈现了少先队幸福教育理念的发展与成熟。未来，我们仍将持续关注，继续报道，见证少先队幸福教育为培养担当民族复兴大任的时代新人贡献更多的力量。

第一章 | 少先队幸福教育的定义

幸福是人类生活的永恒情结，是人类社会难以割舍的美好情愫。幸福是人们津津乐道的不竭话题，追求幸福是推动人类发展的源源动力。

第一节 儿童化的政治启蒙

少先队幸福教育观点：

从小听党的话、跟党走，是少先队幸福教育的核心价值。

感知幸福感悟爱、传递幸福传递爱，是世界上最快乐、最幸福的事情。

在亲身参与国家和家乡发展的过程中，立志向、增本领、长才干。

在孩子中传播党的意识形态，是少先队应当具备、必须提高的看家本领。少先队是少年儿童学习中国特色社会主义和共产主义的学校，是建设社会主义和共产主义的预备队。一个人在少年儿童时代，经过学习和实践所形成的政治观对其一生都有着很大的影响。作为少年儿童成长直接接触的第一个政治组织，少先队要系统、准确、有效地传播中国共产党为什么能，中国特色社会主义为什么好，为什么归根到底是马克思主义行、是中国化时代化的马克思主义行；要引导少年儿童听党话、跟党走。这是少先队落实立德树人根本任务的光荣职责、神圣使命，也是少先队幸福教育的核心价值。

少先队要走好儿童路线、开发儿童产品。一本好书、一首好歌可以影响人一辈子，我们可以推陈出新，用新的字句、配器和表现形式来进行老歌新唱、童谣新编，还可以将动漫、游戏、微信、DV等少年儿童喜闻乐见的文化产品与本地文化资源结合起来。我们要通过文化艺术载体，借助传统媒体、新媒体等传媒渠道，推出一批适合儿童特点的、体现二十大精神、具有少先队标识的文化产品，如飞行棋、手机报、儿童网站、动漫、网络游戏、图书、故事、箴言、歌曲、影视剧、短视频、儿童舞台艺术、微电影、民间艺术、公益广告等。我们要积极探索二十大精神感染和影响少年儿童的新方式，使二十大精神在少年儿童成长历程中留下幸福难忘的印象。

少先队既要给儿童讲政治，又要讲儿童的政治，这就是要把握少年儿童的年龄特点，生动、形象、有温度地对少年儿童进行政治启蒙；要适应少年儿童的身心特点和接受能力，坚持儿童化、情感化、形象化，运用孩子们喜闻乐见的载体和他们听得懂、听得进的语言进行讲述。可以开设"行走中的队课"，探索儿童更为熟悉、更易接受的富有"代入感""亲近感""时代感"的活动方式，让队员在"沉浸式"活动中得到深刻感悟、接受精神洗礼。可以用党的十八大以来国家和上海取得的历史性变革、改革开放四十多年的辉煌成就教育、感召少年儿童，把我们取得的新成就告诉孩子们，从小培养少年儿童的情感认同。可以引导队员争做红领巾讲解员，从"我来听"到"我来讲"，把有深度的故事讲得有温度，把有精神的故事讲得更精彩，进一步激发上海少先队员身处"党的诞生地、初心始发地"的光荣感。

少先队幸福教育案例：

"红喇叭"讲解员社团
黄浦区卢湾一中心小学少工委

上海市少工委提出"幸福教育"，倡导为少先队员打造"15分钟少先队幸福活动圈"，让"活动圈"成为少先队员幸福生活向往的落脚点，成为他们立志为人民谋幸福的出发点。我校的办学特色是"情感教育"，这正好和

"幸福教育"的内涵有着高度的契合，也为我校少先队幸福教育的实践探索与创新奠定了"爱"的情感基础。

一、缘起：成立"红喇叭"讲解员社团

学校在时代楷模吴蓉瑾校长的带领下正式成立"红喇叭"讲解员社团，一直活跃在党的诞生地——中共一大会址，并创作了普通话、英语、连环画、沪语、快板等多种形式的中共一大纪念馆"儿童版讲解词"，坚持用童言童语讲好党的故事，传承红色基因。

少先队辅导员要用少年儿童喜闻乐见的方式，引导少先队员在政治启蒙中感受幸福、树立信仰，接过红色"接力棒"。在这一过程中，辅导员将红色种子播撒在队员的心田，引导队员从"我来听"转变为"我来讲"，人人争做"小小讲解员"，把有深度的故事讲得有温度，把有精神的故事讲得更精彩。

二、传承：接好"红色接力棒"

培训：成功入选的"小小讲解员"每周三会进行集中培训，学校依托校外辅导员资源，开设讲解员培训课程，培养包括讲解稿的撰写、讲解技巧以及视频拍摄和制作等多媒体素养。除了在课堂上学习，"小小讲解员"还会来到红色场馆进行实地参观，认真聆听场馆讲解员的讲解，回到学校后再撰写讲解稿。课堂上模拟讲解时，队员互为听众，并给对方提出意见，大家再根据意见进一步修改讲解稿，继续反复模拟。

实践：定稿后，"小小讲解员"先把稿件背熟，接着来到场馆进行实地志愿讲解。每次讲解结束，他们会询问场馆工作人员以及现场听众的意见，并且根据反馈继续完善自己的讲解稿，让解说词表达得更加准确、更加通俗易懂。这也就形成我们的讲解"五步法"：参观—撰写—讲解—反馈—完善。

创新：除了场馆实地讲解，队员还进一步创新做法，他们运用信息技术如VR（虚拟现实）进行沉浸式讲解，或将自己的讲解过程录制下来，以微视频的形式讲述党的故事，让更多队员在云端也能与历史对话，感受红色精神带来的力量，树牢热爱家乡、热爱党和祖国的信念。

三、辐射：传递"信仰的声音"

随着时间的推移，我们的"小小讲解员"在不断地成长，从最开始的红色场馆的讲解，慢慢拓宽领域。如3月5日学雷锋纪念日，他们运用VR技术开展沉浸式体验与讲解活动。

一次次讲解，让"小小讲解员"在传递信仰之声的同时，不仅了解了党的红色故事，知道了家乡的历史，更让他们深知今天的幸福生活的来之不易，坚定了他们赓续红色血脉的决心，而这份信念也正是他们开启幸福人生的钥匙。

第二节　情感化的实践体验

我们要向孩子们讲好习爷爷治国理政的故事、习爷爷小时候的故事；讲习爷爷高度重视少年儿童和少先队工作，党的十八大以来，每年"六一"国际儿童节，他或出席少先队活动发表讲话，或给孩子们写回信。他每到各地考察调研总要去学校看望孩子，每年植树总要牵着孩子们的手。我们要引导少年儿童感受习近平总书记对少年儿童的关爱，感受到这种关爱天天幸福陪伴在每一个孩子身边，从而培养孩子们对习近平总书记的真挚情感。

聚焦党和国家一系列战略性举措、变革性实践、突破性进展、标志性成果，向孩子们讲好改革开放的故事和取得成就的原因，增进孩子们的情感认同。可以引导队员开展"我把幸福告诉你"活动，通过走进家门寻变化、采访长辈问变化、走上社会看变化、回到中队讲变化，让队员体会到今天的幸福生活是党带领人民一道拼出来、干出来、奋斗出来的，培养他们亲近党、崇敬党的朴素感情。要引导队员将感受到的幸福传递给同窗同学、手拉手好伙伴或尊敬的老师、家长，让孩子们知道感知幸福感悟爱、传递幸福传递爱的人，是世界上最快乐、最幸福的人。

用生动的历史、具体的现实、切身的体会，让孩子们明白船长与航船、个人与国家、小我与大我的基本逻辑，懂得东西南北中、党政军民学，一切都要靠党的领导、靠核心的领航，懂得自身对于国家、对于民族所肩负的责任，着力培养少先队员作为新时代中国人的自信和骨气，增强国家意识、民族意识、责任意识，勇敢担当起实现中华民族伟大复兴的历史使命，成长为当仁不让、堪当重任的时代新人。

少先队幸福教育案例：

"红领巾畅想长三角"金点子征集活动

长三角，地邻、人亲，合作由来已久。习近平总书记在首届中国进口博览会上宣布：将长三角一体化发展上升为国家战略。长三角三省一市的少先队员是长三角的小主人。共建长三角的美好未来，不仅是大人的事，也是小朋友的事。引导广大少先队员用小眼睛关注大社会，积极参与长三角一体化发展，以我所能、服务大局、增长才干、健康成长，成为长三角三省一市少先队组织的共识和追求。

一、发动长三角队员参与

如何积极去争取长三角队员的参与呢？上海市红领巾理事会小理事童时杰、周怡玲发起倡议活动，写道：我们身边的叔叔、阿姨都在开展大调研，而作为少先队员的我们，也要开展一些小调研。可以通过调查问卷，对长三角未来展开畅想。我们有很多亲戚都居住在江苏、浙江、安徽，平时常来常往，长三角是我们共同的家园，每一位小伙伴都应该以我所能为长三角发展作贡献。

二、长三角发展"金点子"征集

孩子们在小伙伴中开展长三角发展"金点子"征集活动。来自上海的童时杰畅想长三角所有城市实现公共交通一卡通；来自上海的王子晗畅想让"中国芯"等高科技知识走进长三角校园；来自江苏的杨雨洵畅想在长三角的每一个社区都能建立为居民健康服务的"中医文化馆"；来自浙江的李自源畅想在长三角推出能够为垃圾分类积分的智能垃圾箱；来自安徽的赵博涵畅想在长三角学校之间开通共同开展研学之旅的"校际直通车"；还有成立长三角校园足球联盟、共享长三角网络课堂、建立长三角共享读书亭、手绘长三角红色地图、成立长三角国学文化宣讲团等。"红领巾畅想长三角"十佳金点子新鲜出炉。

三、立志做长三角的建设者

长三角的孩子们"脑洞"大开，发挥聪明才智，积极献计献策，共同畅想着长三角的美好未来。

　　也许小伙伴们的"金点子"还很稚嫩，但"金点子"一定会在少年儿童心中播下长三角大发展的种子，激励小伙伴们今天做长三角的畅想者，明天做长三角的建设者。"红领巾畅想长三角"活动，是一次发动儿童社会参与的有益尝试，是凝童心、汇童智、聚童力的积极探索，更是少先队主动服务大局的生动实践。

第三节 组织化的自主自动

少先队是具有鲜明政治属性的少年儿童群团组织，中国少年先锋队的名字就充分表明少先队组织所具有的鲜明的政治属性，红领巾、队礼、队旗、队徽、队歌等少先队标志礼仪具有丰富的政治内涵，让孩子们在少先队组织中打下鲜红的人生底色，埋下全心全意为人民服务的种子。我们应在生动活泼的少先队活动中启蒙孩子们的政治意识，激发集体主义、社会主义的萌芽。

根据队章规定，少先队员的年龄范围是 6 周岁到 14 周岁的少年儿童。我们要尊重少年儿童不同成长阶段的认知规律和行为特点，实施少先队员阶梯式成长激励体系，构建"外在激励＋内在激励"的成长激励台阶，组织开展规范的队前教育，做好入队激励、奖章激励、荣誉激励、岗位激励、实践激励、推优激励等，引导队员在追求一个个小目标的过程中接受政治启蒙。

注重对接好"两张张时间表"：以"学雷锋纪念日""五四青年节"、"六一"国际儿童节、"七一"建党纪念日、"八一"建军节、"十一"国庆节、"十一三"建队日等为节点的"党团队工作时间表"；以党代会、"两会"、政府实事工程启动等为节点的"政府、社会工作时间表"，在工作推进中加强与全局中心工作和社会"大循环"的衔接，提前筹划，注重启蒙，提高少先队工作在少年儿童和社会生活中的影响力。

少先队幸福教育案例：

学校、社区少工委双报到、双结对

闵行区平南小学少工委　张小娟　翟　艳

平南小学少工委和古美路街道社区少工委因为"少先队"走到了一起，又因为一个有温度的词，"少先队15分钟幸福圈"，成为一对亲密的"幸福合伙人"。通过学校、社区的"双向奔赴""同频共振"，学校与社区少先队工作实现深度融合，推动"幸福圈"活动常态化开展，引领少先队员在新时代体验幸福、创造幸福、分享幸福。

一、合心合力合为，找准"双向奔赴"的立足点

学校和社区少工委合力挖掘有效资源，为少先队社会化活动注入动能，成就幸福校园。充分利用社区提供的各种资源和设施，发挥时间和空间的优势，引导队员就近方便地开展"社区争章15事"，将传承红色基因、赓续红色血脉融入社区少先队活动主题，带领队员在红色读书会、"在行走中学'四史'"、五老讲党史、国旗下成长等红色活动中厚植爱党、爱国、爱社会主义的情感，突出"15分钟少先队社区幸福圈"的红色底色，引导少先队员扣好人生第一粒扣子。

二、共建共育共享，把握"双向奔赴"的着力点

学校和社区少工委充分发挥队员在社区基层治理中的作用，凝聚家、校、社三方力量，共同创建"社区小体验官"项目。双休日，队员走进社区开展"社区小体验官"活动，通过沉浸式体验开展社区活动。他们自治自理，化身"社区议事员"，参与社区"四位一体"会议；化身"社区巡查员"，在社区辅导员的带领下开展社区网格巡查；化身"社区宣传员"，向不文明行为说不，为疫情防控发声；化身"社区美容师"，巧手捏制彩泥昆虫装扮社区，为小区凉亭带去一抹亮色；化身"社区规划师"，结合所在社区生活的原生态体验，根据居民的切实需求，提出社区建设的"金点子"。队员范子珺提出的"早晚高峰让小区双车道真正双向畅通"的建议，得到社区的采纳并实施。

三、有为有乐有效，夯实"双向奔赴"的支撑点

为更好地落实"双报到、双结对"后活动的有效开展，不断提升服务的精准性，夯实"双向奔赴"的支撑点。我们完善"点单制"活动机制，将社区、学校"端菜"变为少先队员"点菜"，打造以"少先队幸福争章 15 + N 事"为主线的活动项目库，开展队员喜闻乐见的活动项目，将丰富的少先队校内外活动以需求端"点单"的方式送到少先队员身边，进一步提升活动的趣味性和实效性。

学校和社区少工委依托"双报到、双结对"联动制度，着力打造属于队员自己的"少先队 15 分钟幸福圈"，实现学校和社区真正意义上的"双向奔赴"，听见队员幸福的声音。

第四节　生活化的场景回归

我们要紧密联系当今中国社会主义建设的伟大实践，联系身边的事、身边的人，讲好今天的事、今天的人，像习近平总书记要求的那样讲好中国故事，讲好中国共产党治国理政的故事，讲好中国人民奋斗圆梦的故事。

要紧密结合人民城市建设，为少年儿童搭建他们力所能及、可以参与的"生活化"场景，让少年儿童在亲身参与国家和家乡发展的过程中，立志向、增本领、长才干。"15分钟幸福圈"是上海少先队幸福教育的重要载体，也是少年儿童亲身参与上海"人民城市"建设的实践平台。如，"儿童议事会"从少年儿童的视角参与城市规划，为城市发展贡献金点子；"社区实践营"引导少年儿童关注身边变化，为社区建设提供儿童良策；"榜样对话会"引导少年儿童从身边的先锋榜样身上感受责任、汲取奋进力量，从小学先锋，长大做先锋。

要用好"生活化"场景和平台，引导少先队员用小梦想激发大志向，用小美德培育大情怀，用小脑筋创造大智慧，用小眼睛观察大世界，让孩子们从身边问题的"小道理"感悟治国理政的"大道理"，将政治启蒙融入队员血液、沁入队员心扉，为新时代党的少年儿童事业作出新的、更大的贡献。

少先队幸福教育案例：

寻找"幸福四叶草"

青浦区徐泾第一小学少工委副主任　董　丽

我校的合作伙伴——国家会展中心，会展中心的四片叶子寓意着笑迎八方案，中间的笑脸图案体现了"我志愿、我快乐"的精神。基地的志愿者被亲切地称为"最美四叶草"。

一、见证幸福——探寻最大"四叶草"

学校充分利用区域优质实践教育资源，推出"寻找幸福四叶草"研学活动，以任务驱动，通过参观、采访、实践小课堂等活动，引导队员了解志愿者工作，理解志愿服务精神，提升队员的志愿服务意识和志愿服务能力，展现当代少年的精神风貌和当代少先队员的幸福感受。

少工委充分发挥区域优质实践教育资源的作用，带领队员走进志愿者基地，以研学任务为驱动，通过参观访问、参与实践小课堂、自主社区实践等子项目活动，用行动诠释"当好小小东道主、领巾添彩进博会"的誓言，提升当代少年的幸福感。

二、理解幸福——寻访最美"四叶草"

找到四叶草就是找到幸福，四叶草就在我们眼前，幸福就在我们身边。研学活动分导览参观、小组访谈、课堂体验、拓展实践等板块，以基本任务推进。队员通过观看视频、完成各环节的探究任务，扫码答题赢得通关章，最终完成研学。

队员观看视频，聆听红领巾讲解员的导览，走进国家会展中心志愿者基地，探秘"微笑四叶草"之家。观看"寻找幸福四叶草"采访视频和志愿者故事视频，了解"最美四叶草"志愿者代表的故事，同时也认识身边更多的"最美志愿者"。

三、体验幸福——争当最佳"小叶子"

通过"知识小课堂"的学习视频，队员跟随基地辅导员，学习做志愿者的基本知识。队员认真听、仔细看、用心记，出色地完成一份份研学任务单，还用不同形式的成果，展现自己参加研学的收获。在这些活动中，队员体验志愿者工作，学习有关技能，为线下开展志愿者服务打下基础。

队员利用课余时间，积极参与社区或家庭组织的志愿服务活动，体验志愿者服务工作，感受为他人服务、为城市文明添彩的幸福。

　　小小红领巾志愿者把所见所闻，编成舞台剧小剧本。源于生活的剧本被搬上舞台，号召少先队员积极行动，为文明创建贡献力量，实践"尽我所能为祖国为家乡尽责任"的铭言。

　　总之，少先队的幸福教育就是要引导少先队员体会到今天的幸福生活是党带领人民创造出来的，让少先队员感知幸福、体会幸福、表达幸福，将来还要去创造更美好的幸福。

第二章 | 少先队幸福教育的目标

幸福的童年是少先队员一生成长的营养，少先队员这个称呼不只意味着明天，它更意味着今天。对每个少先队员来说，童年只有一次，童年不会重来，把幸福的童年还给少先队员，为少先队员一生的幸福奠基，这是每一个辅导员神圣的责任和崇高的使命。

第一节 让少先队员更喜欢少先队，成就幸福童年

少先队幸福教育观点：

幸福的童年要从从小树立远大志向开始。

幸福的童年要解放少先队员的五官。

仪式教育的经历往往令少先队员终生难忘。

一、树立志向

习近平总书记深情寄语广大少先队员：志向是人生的航标。一个人要做出一番成就，就要有自己的志向。一个人可以有很多志向，但人生最重要的志向应该同祖国和人民联系在一起。

幸福的童年要从从小树立远大志向开始。加入少先队是孩子"人生三件大事"中的第一件大事，以后还要成为好青年，还要争取入团、入党。孩子志愿入队，就表示他们志愿接受党的领导，为党的事业而奋斗，党的目标从此变为少先队员追求的远大志向，表示从此加入为共产主义而奋斗的预备队中来了。随着少先队员年龄和知识的增长，特别是经过入队后一系列的教育，他们的认识将会逐步清晰起来。许多优秀的党员、干部、英雄模范在回顾自己的成长过程时，都把入队作为"人生第一高度"，这就证明少先队组织在接班人成长过程中所起的引导理想志向的作用。

志向是人的精神动力的最高境界，树立一种志向，就是确定一种生活的目的和意义，就为日后形成正确的人生观、世界观、价值观和幸福成长打下基础。

少先队幸福教育案例：

幸福宣言温暖童心

市红领巾理事会副主席、市西初级中学八（1）中队　李至柔

2025 年 6 月 1 日，我参加了上海市第九次少代会，带领少先队员发出了上海少先队幸福宣言：做党的红孩子、做党的好孩子、做党的棒孩子。对于我自己来说，我不仅是这样说的，也是努力这样做的，从中我体验到了少先队幸福教育甜甜的味道。

一、党的红孩子就要传承好红色基因

我是军人的孩子，红色基因渗入血脉。我们开展"我把幸福告诉你"活动，通过走进家门寻变化、采访长辈问变化、走上社会看变化、回到中队讲变化，体会到今天的幸福生活是党带领人民一道拼出来、干出来、奋斗出来的，亲近党、崇敬党的朴素感情油然而生。

党的二十大召开之际，我光荣地成为"学习二十大　争做好队员"上海市红领巾讲解员，从"我来听"到"我来讲"，联系身边的事、身边的人，讲好今天的事、今天的人，像习爷爷要求的那样讲好中国故事，从而把有深度的故事讲得有温度，把有精神的故事讲得更精彩。

2023 年 6 月 19 日，在共青团十九大开幕式上，我作为上海少先队员的代表，与来自全国其他地区的七位小伙伴一起向大会献词。当我们代表全国一亿一千万少先队员，喊出"请习爷爷放心"时，习爷爷的眼中充满了爱意与期待。习爷爷对少年儿童的关爱天天幸福陪伴在每一个孩子身边，我们对习爷爷的真挚情感天天幸福跳动在每一个孩子心中，我感受到我们是世界上最快乐、最幸福的人。

二、党的好孩子就要实践好科技创新

少先队员是城市的小主人，我们积极做调研、发声音、搞活动。2021年全国两会期间，我提出了一个议案：《如何让小朋友更爱走进博物馆》，建议增加儿童讲解服务。今年上海市第九次少代会期间，我又提出了《如何缓解博物馆预约难》的提案，希望能方便更多同学前往博物馆参观学习。暑假里，我发现上海好几座博物馆不仅延长了开放时间、增加了博物馆奇妙夜等活动，还提供了丰富的文创产品和儿童导览手册。我的小建议被大朋友们采纳了，我感到真幸福。

我还积极参加少年科学院的活动，从中体验创新的幸福。比如，汽车"开门杀"事故经常造成人员伤亡，我研究如何让两轮车驾驶人提前获取汽车"即将开门"这一风险因素，在车门把手上安装传感器，实时检测开门动作，在车门打开之前就向外发送预警信号，消除开门动作的"突然性"。我凭借这项研究被评为上海少年科学院小院士。

三、党的棒孩子就要保持好身心健康

新冠疫情防控期间，我们居家隔离了。通过微信，我组织楼栋里来自12所中小学的21名少先队员，成立了"幸福雏鹰"楼组混龄小队。队员里既有幼儿园的小弟弟小妹妹，也有高年级的大哥哥大姐姐，我们组织云上音乐会，撰写联名感谢信，向艰苦奋斗在抗疫一线的医护工作者致以少先队员最崇高的敬礼。我们邀请家长志愿辅导员，线上教授中医护眼小妙招，受到了队员和家长的热烈欢迎，这些活动还被全国少工委公众号推广报道。

解封后，"幸福雏鹰"楼组小队继续发展壮大，我们一起采访社区里的红色先锋榜样，一起参与社区才艺展示。我从小学习太极拳、武当剑、剪纸、竹笛、中国舞等优秀传统文化，坚持参与太极进社区公益项目。我们了解到复旦的大哥哥假期要去云南支教，就发动队员们捐出零花钱，为云南山区的留守儿童送去笔记本、课外书。大家都感受到"自己的事自己做，他人的事帮着做，公益的事争着做"原来是多么幸福的一件事！

为了向全市少先队员推广"15分钟少先队幸福圈",我和大队辅导员跟随赵老师一起走进上海人民广播电台,分享组建混龄小队的心得体会。与小伙伴们携手"童"创幸福圈,这让我感到自豪又幸福。

感谢少先队的每一位老师,教会我们从小感知幸福、长大创造幸福。我将用实际行动为红领巾增添新的荣光,带领更多的少先队员一起向幸福出发!

二、解放身心

少先队的教育,就是要让孩子成为一个幸福的人。幸福是儿童的权利,理应受到少先队组织的保护。少先队工作者要从满足少先队员最关心、最直接、最现实的需求问题出发,借鉴中外幸福教育的先进理论,暖童心、聚童声、凝童趣、集童智,使少先队的身心得到解放。

幸福的童年要解放少先队员的大脑,使他们能独立地想;解放少先队员的双手,使他们能创造性地干;解放少先队员的眼睛,使他们敢看;解放少先队员的嘴,使他们敢说;解放少先队员的时间,使他们能够尽情地玩耍;解放少先队员的空间,使他们能到大自然、大社会中去开阔眼界、增长才干。

要让每个队员都拥有课余这片自由的天地:朝气蓬勃的早晨,给头脑充充电、给身体加加油;自娱自乐的课间,走走动动,放松放松;轻松愉快的午间,开展十分钟队会、午间俱乐部活动;自主多彩的课后,开展各种红领巾社团活动,从灯光下到阳光下,都是幸福活动、幸福生活的重要组成部分。这不仅能让队员的课余生活有安排,活动内容丰富、充实、有规律,更在于其能为队员个性自由、充分、全面地发展创造条件,为锻炼队员独立自主的主人翁意识,提升与人相处、与人交往的能力提供机会和阵地。

少先队员要做"双减"的小主人,走出家门,走进社区,一起向幸福出发。一是管理好自己的时间。合理利用自己的课余时间,做有意义的事

情，充实自我、不断进步；二是开展好自己的活动。在社区参与队的组织，开展丰富多彩的实践活动，强身健体、修养品性；三是帮助好自己的伙伴，结交邻里好朋友，一起学习一起玩，互帮互助、共同成长；四是守护好自己的幸福，感受社区的幸福氛围，学会用双手创造幸福，成就自己的幸福童年，将来为更多人谋幸福。

少先队幸福教育案例：

"童言无忌"议事会
徐汇区华泾镇社区少工委

"童言无忌"议事会围绕"解放孩子"主线，用"1米视角"参与社区公共事务，促进少先队员幸福成长。

一、打造"我参与"平台

"童言无忌"议事会依托镇域内8个青年中心，以青少年趣缘、业缘为需求导向，专业社会组织再组织，搭建家、校、社三位一体的参与平台，为少年参与社区公共事务提供表达诉求和参与决策的机会，打造少先队社区幸福教育的实践基地。

议事会连续三年就儿童友好公园建设、生活盒子青少年活动空间建设等开展议事，在重大项目建设中以"童视角"发出"童声音"。每个项目，我们都依托家校社联动体系，发动学校、社区青少年主动报名，经过社会组织的再组织，专家指导培训，开展"新华泾、新发展"议事主题活动，对城市建设、社区治理、文化发展、民生事项、生态文明等提出建议，将"金点子"转化为城市治理的"金钥匙"。

二、构建"我做主"机制

少年参与公共事务、发表自己的意见，能否落地是其"愿景图"变成"实景图"的关键点。华泾镇注重建设"议事—决策—落实"的闭环机制，让少年的意见得到尊重，合理的建议能落实。

对即时落实的建议，如2023年模拟政协项目对青年中心硬件及环境氛围布置的调研，小朋友提出的增强消防栓显示度、对入口处绿植墙进行美化、增设标语牌等意见，最终由财政预算保障实现，增强"我做主"的体验。

三、推进"我负责"项目

在"模拟政协"项目中，华泾镇通过专项培训、实地调研、新闻发布、界别讨论、集中展示等环节，促进民主协商思维方式在青少年学生中扎根萌芽；"小小委员"们掌握了和而不同的道、参与议事的法、沟通协商的术，增强了自己的社会能力。这些活动充分展示当代少年的精神面貌和家国情怀。

如根据参与者提出的"学校优秀兴趣课程进社区"的建议，社区安排"小小泾营师"活动，位育中学的《千树万树梨花开》、上海中学的《对"画"苏东坡》以及中国中学的《字，因你太美》等"泾品课程"，便是由队员志愿者打造的兴趣课堂。

四、实现"我幸福"愿景

"童言无忌"议事会下设多个品牌子项目，在倾听"童声音"中给予各类青少年群体实现幸福的可能。

如北杨华发片区青年中心设置童馨盒子、艺趣盒子、游戏盒子、爱知盒子等功能空间，将其作为少年享受公共服务、不断完善自己的活动阵地。如阅读空间，拥有自习阅读功能，通过定期开展的少年读书分享会等活动，很多少年在这里寻找到知心人、合伙人；文化展示空间通过不定期展出少年优秀摄影作品，用少年视角定格华泾的发展历史和新风貌。

三、注重仪式

少先队仪式是队旗、队礼、队歌、红领巾、呼号、宣誓、鼓乐、队服、队标志等综合运用的少先队特有礼仪和用这些礼仪综合组织的各种仪式性

活动，少先队仪式通过营造特殊的教育氛围，借助多样的教育形式，会对少先队员的心灵产生深刻、持久、潜移默化的感染效应，是少先队组织激励引导少年儿童全面发展的有效载体。对于处在人生起步阶段的少年儿童来说，仪式教育运用具象化、形象化的方式，精心提炼少年儿童易于理解、能够接受的价值理念，把核心价值体系的要求转化为易懂、易记、易于遵循的通俗表达和行为准则。

少先队员通过仪式的参与及体验，获得一种精神上的满足，获得某些情感能量，包括对少先队组织的集体情感与集体意识。仪式的魅力在于仪式感，那些直抵心灵的仪式让我们摆脱日常生活的平庸琐碎，让我们崇高庄严。仪式感会让队员在心灵深处产生认同感、愉悦感，进而固化、强化队员成长过程中的每一个闪光点，每一次进步，每一份成绩。仪式教育的经历往往令队员终生难忘，仪式教育所带给队员的感恩之情是深刻的，这份情感是队员心中的记忆，以一颗感恩少先队、感恩辅导员老师、感恩父母、感恩社会的心为起点，走出校园、走向社会，引导队员将来关注少先队发展，关心他人，回报社会，将少先队员的优秀传统发扬光大，让少先队员的优秀品格照亮人生之路。

要积极发挥每个年级的仪式教育作用：一年级"争做党的好孩子　准备加入少先队——'争章入队'启动仪式"；二年级"我是光荣的少先队员——少先队入队仪式"，颁发"少先队员证"；三年级"今年我10岁　养成好习惯——10岁集体生日仪式"；四年级"手拉手　心向党　共进步——大带小结对仪式"；五年级"我在队旗下成长——颁章仪式暨小学毕业典礼"；六年级"人大领巾大　人大责任大——少先队建队暨换戴大号红领巾仪式"；七年级"责任　互助　勇敢——重温铭言仪式"；八年级"迈好青春第一步——十四岁集体生日仪式"；九年级"珍爱少先队　向往共青团——少先队离队仪式暨初中毕业典礼"。由此打造仪式教育链条。

少先队幸福教育案例：

整体化设计、分年级实施少先队仪式系列活动

少先队仪式教育是少先队组织文化建设的重要内容。要形成一套系统完整、特点鲜明、有意义有意思的仪式教育体系，把少先队最重要、最经典的仪式教育开展好，增强仪式教育的感染力和社会影响力，成为童年经历的重要组成部分。

一年级 "争做党的好孩子 准备加入少先队——'争章入队'启动仪式"

一年级是儿童从幼儿成为小学生、开始学校生活的起始年级，同时也是少先队组织教育的启蒙阶段。少先队组织要帮助儿童尽快适应学校生活与集体生活，养成基本的行为习惯。在进入学校的第一学期，少先队组织通过开展"苗苗章"的争章活动等实施组织教育，开展生动的活动，激励一年级小学生快乐学习、幸福成长。

二年级 "我是光荣的少先队员——少先队入队仪式"

二年级是儿童从队前组织向少先队组织发展的关键阶段，"时刻记住'六知六会一做'，准备加入少先队"成为这一年级组织教育的明显特点。要积极开展丰富多样的活动，引导孩子们在组织中学会活动、学会交往、锻炼能力、培养兴趣、感受幸福，促进全面发展。要认真做好引导孩子们加入少先队的教育，以"星星火炬章"争章活动为主线，把队的章程的初步学习、队的知识的启蒙、入队前做一件好事的指导等内容落到实处，使队前教育更扎实有效。

三年级 "今年我十岁 养成好习惯——十岁集体生日仪式"

三年级是小学阶段一个重要的转折期，队员从儿童期向少年期过渡。在孩子十岁生日的时候，要教导他们懂得感恩父母、感恩老师。该年段正处于少先队员加入组织后的第一学年，是少先队组织教育的关键时期。三年级组织教育以少先队的性质为主要内容，以"自动章"的争章活动为主要实践载体，把"自主自动，学做小主人"作为三年级少先队组织教育的基本目标，引导队员立志向、有梦想。

四年级 "手拉手 心向党 共进步——大带小结对仪式"

经过一年的队组织的教育，进入四年级的少先队员的主体意识在不断增强，综合能力得到发展。在此基础上，要引导队员进一步理解、感悟少先队的作风，并引导他们将队的作风转化为关心集体、辅导低年级弟弟妹妹、自主发展的实际行动。组织教育应当适合队员发展特点，突出队员主体性，以"向日葵章"的争章活动为主要载体，引导队员听党的话，跟党走，争做党的好孩子，使队员在多种实践活动中感受党对少先队员的关心爱护，按照党的期望健康成长。

五年级 "我在队旗下成长——颁章仪式暨毕业典礼"

五年级是上海队员小学生活的最后阶段，也是小学少先队组织教育的最后一年。从组织教育的角度，小学五年级将重点开展以"五爱"为主要内容的理想启蒙教育，同时开展"五星红旗章"的争章活动，在生动具体的实践活动中激发情感、形成观点、培养信念。"我在队旗下成长"毕业仪式是小学阶段少先队组织教育成果的集中展示，在回顾小学少先队生活的过程中激发队员热爱学校、老师，热爱少先队的真挚情感，为队员在初中阶段取得更大的进步打好基础。

六年级 "人大领巾大 人大责任大——少先队建队暨换戴大号红领巾仪式"

六年级队员处于小学与初中两个学段的过渡期和适应期，中队成员构成的复杂性、队员心理的差异性与特殊性，以及队员在面对陌生的伙伴、全新的集体与学习生活环境时的融合能力的不同，使创建良好的少先队集体、促进身心健康、增强实践能力及培养责任担当成为这一阶段少先队工作的主要内容。结合"立志章"的争章活动，少先队组织以换戴大号红领巾仪式为契机，着重进行立志教育，以"红领巾相约中国梦"活动激励队员树立远大理想，立志为国家、为人民作出更大贡献。

七年级 "责任 互助 勇敢——少先队重温铭言仪式"

七年级的队员正进入青春发育期，精力旺盛，活动需求高。少先队员的学习主动性、独立性、坚持性较儿童期大大增强，自制力也较强。三句铭言，突出表达了爱国、互助、勇敢的新时代少先队员良好品质。少先队组织以"铭言章"的争章活动为载体，引导队员重温少先队铭言，提升队员修养，发扬少先队的精神，增强对自己、对组织、对社会的责任感。同时，还要适时进行团前教育，激发队员向往共青团的美好情感。

八年级　"迈好青春第一步——十四岁集体生日仪式"

正值初二年级的队员处于"心理性断乳期"，生理迅猛发育，带来的是青春期心理的巨大变化。他们的情绪情感偏激，爱凭感情行事；自尊心、自信心、争强好胜心在急剧增强；具有较强的独立意向，成人感，自主、自立意识迅速提高。少先队组织重点开展"接力章"的争章活动，举行争章启动仪式，组织团章学习活动，引导队员珍爱少先队，向往共青团。少先队在组织教育中突出队礼教育，引导队员牢记队礼精神，把"人民的利益高于一切"这一信念化为日常的实际行动。

九年级　"珍爱少先队　向往共青团——少先队离队仪式暨毕业典礼"

初三队员处于初中教育的最后阶段，也是少先队组织教育的最后一年。少先队组织根据这一阶段特点，首先要关注少先队员的需求，帮助他们掌握科学的学习方法，减轻焦虑情绪，给予队员更多的人性关怀，全面完成义务教育阶段的学习任务。少先队组织要继续做好推优入团工作，开展"珍爱章"的争章实践活动，激励队员铭记队的教诲，落实"九年义务教育、九年组织教育、九年素质教育"任务，将仪式教育融入孩子们的学习生活之中，引导他们走好今后的人生路。

四、创造快乐

幸福的童年需要快乐作为基础。少先队倡导的快乐有它的特质：一是"群乐"，众乐乐高于独乐乐；二是"表乐"，把快乐表达出来，愉悦自己，感染同伴；三是"创乐"，共同创造快乐，不"坐享其乐"。因此，"在快乐中学习，在快乐中成长"既是对儿童迫切需要快乐心灵的呼唤的回应与引

导，也是对少先队组织建设科学理论和优良传统的继承与发展。

少先队倡导的快乐有它的要素：一是"快乐为先"，特别是在中队集体建设中，突出快乐，以快乐为先，这是适应儿童对儿童组织的第一需求，符合儿童集体形成发展的规律；二是"民主为基"，快乐集体的基础是民主。民主增强集体，民主产生快乐；三是"友情为结"，少先队组织情结、集体情结，从友爱情结开始，再由组织情结迁移上升为对学校、家乡、祖国的情结；四是"道德为魂"，快乐队建就是快乐德育，就是在集体生活中实施的自然而然而又生动实际的"活德育"；五是"组织为体"，组织是集体的本体，又是建设的主体（对象），要把少先队的各级组织建设好，发挥好少先队的各级组织作用。

少先队幸福教育案例：

提升少先队员的"快乐"指数

徐汇区向阳小学少工委

快乐是孩子成长的最好的"心灵鸡汤"，只有快乐的孩子才能更健康地成长。学校致力于打造"五个快乐"，不断提升学生的快乐指数，让孩子充分享受快乐童年。

一、快乐唱歌

学校提倡学生快乐唱歌，唱好听的歌，唱鼓舞人心的歌，唱有教育意义的歌。将每天下午12点三刻至1点列入全校课程表，即固定的"音乐频道"，周一至周四教唱儿童歌曲，周五为"红领巾点歌台"，让学生点播自己喜欢的音乐作品。学校还提倡大家利用一切可以利用的时间多唱歌，队会课要唱歌，两分钟预备铃时可以唱歌，中午饭后也可以唱歌，升旗仪式等重大活动时一定要精神饱满地唱好歌。

二、快乐游戏

学校一直提倡遵循儿童的天性，鼓励队员张扬个性、舒展天性。每到课间，操场上就会看见"老鹰抓小鸡""马兰花""兔子舞"、跳橡皮筋、造房子等游戏活动，午间休息时，班级足球队的射门赛、师生的投篮比赛等活动，引导队员会玩、玩好。学校还多次举办主题为"我为游戏狂"的向阳创造性游戏节。在游戏节中，老师不但教授孩子们玩的方法、玩的技巧，还与孩子们一起创造游戏，一起参与游戏。这不仅能提高孩子们的快乐度，还能引导他们学会合作、包容等品质，师生间的情谊也得到增强。

三、快乐运动

由于场地较小，学校只能踢"三人制"小足球，每个中队都有小足球队，每个年级都有足球精英队，每个学期都要举行各种形式的足球对抗赛。学校已经连续举办几届"上海市向阳杯三人制小足球赛"，吸引全市许多学校踊跃参与。学校每天保证学生在校锻炼一小时，每年外借体育场举办运动会，让孩子在运动中不仅能感受到快乐，还能接受"规则意识"的教育，队员的身体素质好，百分之百达到国家规定的体质健康标准。

四、快乐创造

拥有创新精神和创造能力是未来人才的重要指标。向阳小学向来重视引导学生动手动脑学创造。学校每年都举办"向阳科技节"活动，从"迎接科学的春天"到"让校园更美好""到月球上去旅行"等主题活动，深深吸引着孩子们。向阳的孩子们都特别喜欢科技，不少学生在全国、市科技创新大赛中获得大奖，涌现出一大批小小科技明星。

五、快乐学习

为了引导孩子们快乐学习，学校重视平时评价。学生的平时作业、练习、上课质疑问答等均可以作为评价的依据。学校也重视过程评价，队员学习的态度、习惯，学习过程中的实际状况是评价的重要根据；重视运用激励原则进行评价，让每个孩子都能感受到"我有进步，我能行"；重视队员自我评价，引导队员自我认识、自我要求、自我调节等。通过这些改革措施，向阳小学逐步形成有利于学生全面发展、健康成长的评价体系，进一步激发队员的学习积极性。

少先队教育的目的，就是让少先队员成为一个幸福的人。幸福的密码是什么？是让每一个少先队员从内心感到快乐，在幸福中学习，在幸福中成长，让幸福成为少先队员学习成长的开路先锋。

第二节 让少先队辅导员更热爱少先队，成就幸福人生

　　少先队辅导员是党的少年儿童思想政治工作者，是少年儿童亲密的朋友和指导者，是党的少年儿童思想政治工作中的重要力量，是中小学思政教师队伍的重要组成部分，是共青团选派的从事少先队工作的专业人才。建设一支素质优良、充满幸福感的少先队辅导员队伍，引导辅导员走好幸福人生路，是繁荣红领巾事业、促进少先队工作科学发展，培养中国特色社会主义事业合格建设者和可靠接班人的重要保证。培养专业的人，干好专业的事，要坚持思想政治素质和专业业务本领两手抓。

少先队幸福教育观点：
读懂当代儿童这本不断更新的"立体书"。
少先队充满活力的实践，是辅导员创新思维不断迸发的幸福源泉。
提炼工作亮点，做到人无我有，人有我优。

一、塑造童心

　　少先队辅导员要忠于党，自觉践行为人民谋幸福的初心和使命，以少先队员为中心，把孩子放在心中最高位置，千方百计为孩子谋幸福、谋发展；要从少年儿童的年龄特点、兴趣愿望和实际情况出发，想孩子之所想、爱孩子之所爱、忧孩子之所忧、乐孩子之所乐，一切为了"让孩子们成长

得更好"，增强少先队员的光荣感、归属感、幸福感，并在这一过程中体验热爱和奉献为自身带来的幸福。

少先队辅导员要尊重少先队员，尊重他们的主体地位和在少先队组织中的自主权利；要相信队员群体的首创潜能，相信少先队具有学校、家庭、社会教育所无法替代的自我教育力量。为此，少先队辅导员要讲队员听得懂、听得进的话；要干队员乐于参与、渴盼去干的事；要做队员能认同、信得过的人。要坚持从队员中来到队员中去，像水中鱼一样生活在队员中间，理解他们的所作所为，帮助他们解决烦恼，走进他们的童心世界，引领他们健康成长。

少先队辅导员要树立现代儿童观，努力读懂当代儿童这本不断更新的"立体书"，需要以童心共振为桥梁。现代儿童观的本质是将"儿童作为权利主体"的理念转化为教育行动，要完成从"教育者"到"成长伙伴"的定位转换，摒弃居高临下的说教姿态，建立平等对话关系，跳出成年人的思维模式，蹲下身子，倾听他们的所言所讲。辅导员要特别注意避免两种倾向：一是将儿童主体性简单理解为放任自流，二是把尊重儿童等同于娱乐化教育。真正科学的儿童观，是在党的教育方针指引下，实现政治引领与儿童成长规律的有机统一。

童心是最纯洁的人类之心，是深藏在每一个人内心的宝贵财富。培育童心需要辅导员一切为队员的幸福着想，要认识到少年儿童是大自然中最可爱的生命，要让祖国的花朵开得更加绚丽，这是辅导员神圣的责任和高尚的德行。在认识并自觉履行这一责任的过程中，少先队辅导员能够收获获得感和对自身价值的认同感，从而逐渐体验并收获幸福。

少先队幸福教育案例：

红领巾议事厅　倾听少先队员幸福心声

嘉定区城中路小学　倪立昊

蹲下身子，倾听心声，凝聚少年儿童智慧，我校与菊园新区嘉呈社区共建共享，为少先队员打造专属的参政议事活动空间——"晨晓"红领巾议事厅。

一、幸福的时刻：记录红领巾议事厅第一场活动

红领巾议事厅成立后，正值端午传统佳节，嘉呈社区联合议事厅决定举办一场节日主题活动，议事员们也将承担一个表演环节。主题活动前一周，队员组织了多次议事会议。第一次议事会议，队员当起了调查员，深入社区走访，了解到本次活动的观众中有许多缺少晚辈陪伴的老人；经过议事，队员决定用童声为老人带去温暖，他们召集会弹吉他、会打鼓、会唱歌的小伙伴，表演一首《成都》。第二次议事会议，队员明确了分工，有的担任导演，有的担任后勤，紧锣密鼓地排练节目。第三次议事会议，队员对歌曲中的部分歌词进行改动，从描写"成都"转为描写"嘉定"，一起改写歌词。很快，主题活动的日子到了。社区活动室的舞台上，吉他手指尖拨动琴弦弹起了伴奏，领唱女生唱到歌曲高潮处，大家一起合唱，观众眼中闪出些许泪光。"晨晓"议事厅成立后策划的第一次活动，成功啦！

二、幸福的辅导：观察议事厅活动中队员的蜕变

嘉定区少工委根据上海少先队幸福教育理念编制《幸福课程指导手册》，其中四年级第一单元"我与自我"中，有一项目标是"发现自己的特长，勇于展示自己，抓住每一次上台展示自我的机会，从勇敢踏出第一步开始"。参与第一次红领巾议事厅活动的队员均为四年级的队员，在社区舞台上的成功演出，正是队员勇敢踏出第一步的见证。经过这次主题活动表演，几位队员在平日更自信开朗了，他们会在学校小花园中组织其他队员来一场"花园音乐会"，歌声笑声营造了浓浓的氛围感，队员的脸上洋溢着快乐，自信的力量在校园里传递。

三、幸福的活动：通过红领巾议事厅活动做城市小主人

"社区花园改造""野孩子冬令营""社区垃圾分类"……一个个鲜活的议题、一次次红领巾议事厅活动，让一位位"城市小主人"迅速成长起来。通过深入社区，队员学会从身边发现问题、考虑问题，逐步树立服务社会的意识。通过筹备节目和参与各类主题活动，队员有机会担任不同角色，锻炼组织协调、领导团队以及与他人有效协作的能力。红领巾议事厅为队员提供了

公开表达观点的平台，队员在议事中表达自己想法，也学会了倾听他人意见，提高了语言表达能力和沟通技巧。在这个 由学校与社区共建共享的议事空间里，越来越多的少先队员在为城市做贡献的珍贵体验中获得成就感和幸福感，极 大地提升了自信心，促进自身主动全面地发展。

通过"晨晓"红领巾议事厅，辅导员体验到如何"塑造童 心"，从少年儿童的年龄特点、兴趣愿望和实际情况出发，想孩子之所想、爱孩子之所爱、忧孩子之所忧、乐孩子之所乐。

二、练就本领

少先队辅导员要练就智慧的头脑，汲取一切优秀智慧成果，倾听时代与科学前沿信息的呼唤。面对火热的少先队生活，要勇于尝试、善于积累、敢于突破；要准确把握党、团、队文件精神，并及时、有效地传递给少先队员；要把党的关怀和要求布置在校园、中队最醒目的位置，让每个队员看到就受到激励，激发他们的人生理想，让每个老师看到就受到鼓舞，增强他们的责任意识。

少先队辅导员要练就智慧的眼睛，发现今天的队员。当代少先队员是在互联网时代迅速成长的一代，是奔向中国梦的一代。少先队辅导员要了解他们的所思、所想、所需，孩子的问题就是我们的课题，孩子的教育不能等待，孩子的引导不在明天就在今天。少先队辅导员要不断学习发现孩子的新技能，练就发现孩子的新本领，并将之应用于工作之中，让少先队活动更具针对性，以务实的成效提升自身的成就感、幸福感。

少先队辅导员要练就智慧的手，打响重点项目，做到声、频、报、网同时发力；要积极探索智慧少先队应用场景，让新媒体赋能，可以通过线上社区去了解线下儿童的内心世界；要提升辅导艺术，把要求与需求、计划与市场、公转与自转、现实与浪漫相结合，体现时代特征，注入情感、时尚、伙伴、艺术之元素；要传承好少先队历史经验，开展国际比较研究，充分汲取国际儿童组织的有益经验，让新时代少先队工作走出新路径。

少先队辅导员要练就智慧的嘴，善于把内部语言转化为外部语言，通过清晰的条理、队员喜闻乐见的表达方式传递到他们的耳中，让队员听得懂、记得住、做得到；要善于点燃队员心中的火焰，调动起他们的积极性、主动性和创造性，大胆放手让队员在玩中学、在做中学，在做中增才干、长见识、强能力、树信心，从而赢得队员的喜爱，也让自己的幸福感不断提升。

少先队幸福教育案例：

少先队辅导员名师带徒工程

"名师带徒发展导航工程"，即以"名师"命名、团结一批资深的少先队工作者建立名师工作室，选择能长期稳定、有培养发展潜能的优秀年轻辅导员为学员，有计划、有目标地扶助、指导学员，加速优化发展，使之成为少先队工作的"未来专门家"。通过少先队名师这一示范群体来影响和带动更多少先队辅导员迅速成长，在少先队工作者中形成"学优引航、带优启航、留优远航"的良好氛围，造就一支长期稳定从事少先队工作的专业化队伍，并在素质教育中发挥更大的作用。

一、学优引航

1. 建立少先队辅导员名师队伍

被命名的名师，可以从建队 75 年来曾获全国先进称号、具有高级职称、在少先队工作岗位上取得群众公认的业绩，并且愿意承担带徒责任的资深少先队工作者中产生。少先队名师积极发挥"传帮带"作用：传好的师德和品格，传好的事业心和精神面貌，传好的科研兴队的工作方法，传如何做人、如何做事；帮助学员解决工作中的矛盾和困难；带领学员在实践中体验，为辅导员骨干在职业生涯中竖起引航的灯塔，把方向、促成长。

2. 建立少先队辅导员学员队伍

选拔具有高度事业心、爱岗敬业、作风正派、热爱队员、为人师表，并且具有较强的教育引导和组织管理能力和较大发展潜力的中小学骨干大队辅

导员进行重点培养，帮助确立1至2个研究课题，定期开展业务指导、专家咨询、专题讲座、经验总结等工作。学员与少先队名师结对签约，在名师的帮助下，引导学员真正成为党的少年儿童思想政治工作者、少先队员的亲密朋友和指导者。

3. 建立少先队辅导员顾问队伍

为切实提高学员研修质量，充分发挥少先队专家的引领作用，聘请有一定知名度和影响力，且能及时掌握教育教学和少先队专业领域前沿的改革和发展动态的专家学者、大学教授等导师组成顾问团队，帮助名师指导学员研修。

二、带优启航

1. 培养目标

把政治标准放在第一位，围绕少先队工作者专业化发展的实践和理论研究，以形成高质量的研究式培训孵化机制为目标。两年为一轮，通过建设工作室，提高少先队辅导员的业务水平，使他们成为爱岗敬业、勤奋工作和专业能力良好的优秀辅导员骨干，从而产生一批在本地区有一定影响力的少先队辅导员带头人。

2. 培养任务

培养骨干队伍，积极发挥"工作室"的作用，设计和制定培养方案和工作计划，深入开展少先队教育研究。加强实践研究，破解新形势下少先队工作的难点问题，组织开展课题研究，每个"工作室"每轮完成1—2个应用性实践研究课题，推动少先队重点工作落地落实。

3. 培养形式

辅导员名师工作室在工作推进过程中要注重倾听学员心声，从满足学员研修最关心、最直接、最现实的问题出发，构建"研训教"一体化少先队分层研修新模式，帮助广大学员在发掘研修兴趣和潜能的基础上实现梯队成长、快乐成长，

三、留优远航

1. 配备多层次、多元化的政策保障

团委、教委、中小学幼儿教师奖励基金会对工作室给予经费资助，按

1∶1配套资金予以支持，进入工作室培训的学员由学校给予经费资助；把少先队辅导员名师工作室纳入普教系统名师培养系列工程，并为将来产生少先队学科领域的特级教师奠定基础。

2. 举办"名师讲坛"

"名师带徒工程"两年为一个周期，期满后为了继续帮助已结业学员持续进步，少工委可组织"名师讲坛"活动，既可以名师讲的方式，也可以在名师指导下由学员讲的方式，为辅导员骨干施展才华提供舞台，让他们在少先队事业上扬帆远航。

3. 出版《少先队名师丛书》

把为少先队工作走向科学化和学科化作出突出贡献的名师在各年代发表的关于少先队教育的理性思维文章汇编成《少先队名师丛书》，以启示、帮助广大年轻的少先队辅导员学习、继承和发展，让星星火炬代代相传。

实践也证明，参与"名师带徒工程"的名师是一面火红的旗帜，能成为引导年轻辅导员成长进步的导师；是一个创新的集体，能成为培育年轻辅导员成长进步的摇篮；是一支茁壮的队伍，能成为推动年轻辅导员成长进步的力量。少先队名师带徒发展导航工程对进一步发挥少先队名师的作用，确保少先队事业在新时代的可持续发展起到重要的促进作用。

三、创新实践

创新能力是一个民族进步的灵魂，是国家兴旺发达的不竭动力。少先队辅导员要紧扣立德树人根本任务，坚持思想政治素质和专业业务本领两手抓，坚持理论研修和实践创新相结合，坚持自主学习与集体学习相结合，坚持骨干培养与引领辐射相结合，将少先队工作的要求和理念内化为辅导员的内在素质和能力，在开拓创新中收获幸福。

少先队辅导员要善于从工作中发现、探求有利于造就创新人才的新观念、新理论和新方法，提出创新的目标。创新目标有大小、远近之别，在确定创新目标时要实事求是，循序渐进，把锐意进取的精神与脚踏实地的

作风结合起来，把创新精神同科学态度结合起来，使创新活动能够为队员的成长服务，提高创新活动的社会意义和社会价值。

少先队辅导员要善于学习少先队的最新理论，并运用理论去分析和指导工作。要敢于突破原有的经验，不唯上，不唯书，因地制宜，因时制宜，因人制宜，努力在继承、借鉴前人和他人有益成果的基础上，解放思想，实事求是，积极创新，勇攀高峰，使自己的思绪在少先队工作的领域里自由翱翔，创造出富有地方特色和本校、本队特色的新形式、新作品、新成果。

少先队工作充满活力的实践，是辅导员创新思维不断迸发的幸福源泉。对于每一个辅导员来说，只要意识到星星火炬事业的重要意义，并把自己的生命与这个事业凝结在一起，创新能力就会像蕴蓄的宝藏一样被挖掘出来，焕发出璀璨的光彩，少先队辅导员就会进入追求不止、永远进取的幸福状态。

少先队幸福教育案例：

建设培训学院　成就幸福人生

上海团校学科建设部副部长、

上海少先队辅导员培训学院执行副院长　凌怡

少先队辅导员是少先队工作最为重要的力量。上海少先队辅导员培训学院作为专门为党的少年儿童思想政治引领培育工程设立的学院，在上海团市委和上海市教委的支持下，由上海市少工委与上海团校于2023年8月联合创办。学院立足上海、辐射长三角、面向全国，将提升少先队工作者政治素质和履职能力，加强少年儿童思想政治引领、提升光荣感作为根本遵循，从涵养学科建设、研发精品课程、推动人才孵化、构建展馆阵地、加强政治培训等五个维度纵向发力、形成合力，成就辅导员幸福人生。

一、勾勒幸福框架，建立党的少年儿童工作一级学科

学院创立"党的少年儿童工作学"一级学科，探究中国共产党领导下的

少年儿童事业的发展规律与实践路径，设置党领导的少年儿童运动史研究、少先队辅导员专业化队伍培养等研究方向，为少先队幸福教育提供坚实的理论与人才支撑。

学院采用"学科长牵动—学科体系带动—学科成果推动"运行模式，构建"建—权—责—管—评"五维联动实体化管理模式，推行"四个一"矩阵式生长模式，即"一个发展体系""一张系统规划""一份履职协议""一套系列产出"。学院建立以来，开展了30余场联合学科活动，不断拓展学科影响力。2024年，聚焦百年上海少年儿童运动史研究，形成上海首份《中国共产党领导的上海少年儿童运动的历史探源与百年启示》白皮书，相关成果获评上海共青团调研奖、登上上海市委办公厅《信息快报》。

二、配置幸福色盘，建立少先队辅导员培养课程群

学院秉持全国有要求、上海有追求、基层有需求的理念，着力打造具有政策引领性、学术信服力、基层需求度的培养课程群。通过提炼少先队辅导员幸福人生路径探究，形成"少先队辅导员政治素质和履职能力画像"，课程研发的丰富性与配置的合理性让幸福色盘充满生机与活力。

学院注重路径探究形成培养目标，明确理论武装、家国情怀、广阔视域、科学思维、专业知识、综合素养等培养维度。注重块上联动、逻辑贯通、架构鲜明，以"史""论""法""技"为课程逻辑，设四大课程模块、八个课程单元、十大课程方向，注重课程间有联动、有联系、有联合。注重体系完备，课型多元，含案例式、访谈式、行动教学、剧本互动、移动巴士教学等形式。关于该课程体系的相关研究作为上海学校共青团工作重大课题，获评上海团市委直属机关干部调研成果奖。

三、精磨幸福画笔，建立三级联动人才师资库

学院着力打造"范围广""通道多""队伍强"的人才孵化场域，构建"全国—市—区"三级联动人才库。一方面，形成导师孵化机制，学院聘请党校、团委、教育等多领域专家进入动态师资库，目前已有30余位导师参与课程研发、学科研讨、培训授课等工作，为学院发展提供专业支持。

另一方面，形成讲师孵化机制，学院组建辅导员讲师团，引领辅导员不

断磨砺专业能力，让绘就幸福人生的画笔更加流畅。在上海团市委、市少工委、市教委的支持下，各区少工委推荐辅导员骨干成立上海少先队辅导员"百人团"，并在此基础上孵化23位辅导员作为首批课程讲师团讲师。他们已活跃在各级各类少先队展示和主体培训班次中授课，形成一定影响力和示范性。

四、铺就幸福画布，建立百年上海少年儿童运动史展馆

资源阵地的拓展为学院发展提供广阔画布，学院已建成中国少年儿童运动史上海馆。团中央少年部、全国少工委办公室主要负责同志为展馆正式揭牌并予以充分肯定：方向把得准、脉络理得清、传承做得好、故事讲得小、形式搞得活。展馆相关项目被学习强国、上海人民广播电台等媒体报道累计20余次，并获评上海市委宣传部"光荣之城"重点项目、上海市发改委全市儿童友好型城市实践点等。

学院铸牢"光荣之城"红色文化传承地，将百年足迹转化为滋养印记，研发"海派沪语版""国际传播版""剧本体验版"等八类叙事版本，让历史文物活起来、领巾记忆唤起来、城市地标亮起来，推动红色记忆成为幸福教育的生动素材。学院建强"为党育人"红色资源联动地，以城市文脉赓续政治血脉，依托"红色巴士""红色轮渡"等将馆内外资源串联起来，形成"光荣之城溯光荣""改革之城探改革""科创之城融科创""人民之城为人民"四大模块、近十余门"理论微课＋现场教学"特色课程，增强幸福教育的感染力。学院创活"儿童友好"红色业态实践地，让网红热地成为研学宝地。展馆集纪念馆、资料馆、教学馆、活动馆等功能于一体，形成仪式教育、队前教育、亲子实践等鲜活实训场景，孵化原创少先队歌曲剧目、有声故事、红色小说、短视频等文化产品，为少年儿童提供丰富的幸福教育实践资源。

五、校准幸福画轴，建立横纵向立体贯通培训体系

学院构建"横向全类别""纵向全周期"辅导员培训体系。横向以"四季培训模式"为依托全年开班，对标《少先队辅导员管理办法》中的四类辅导员群体，设计定制化幸福手册、幸福奖章、幸福证书等，遵循"四适原则"：内容适配、比重适切、形式适合、成果适用，形成"春耕·夏生·秋丰·冬藏"培训体系，过程中穿插全国各省市班次、市区校三级联动班次、创新特色类班次等，满足不同辅导员的培训需求。

纵向以"少先队辅导员阶梯式培养激励体系"为依托全周期培养，针对辅导员初任期、成长期、骨干期、成熟期等不同阶段，推出上岗资格证，制定评价和激励指标体系，打通人才接续培养发展通道，提供上海少先队辅导员培训学院项目实训平台，为辅导员的专业化发展提供有效路径，推动幸福教育落地生根。上海市少工委与学院提交的培训体系建设报告获上海市委领导的肯定性批示，彰显了学院育人的重要价值。

目前，学院正在全力推进上海全市各区辅导员培训分院的实体化建设，与总院协同联动，化无形为有形，化理念为成果，化单打为多赢，着力办强班、建金课、育名师，深化幸福教育理念，推动培养具有为中国式现代化挺膺担当能力的辅导员队伍，赋能少先队发展、服务共青团与教育工作大局，让幸福教育绽放更闪亮的光彩，成就少先队辅导员的幸福人生。

少先队幸福教育案例：

培养新任少先队辅导员的幸福感

嘉定区少先队教研员　解　艳

少先队的幸福教育中有一个非常重要的内容就是让少先队辅导员更热爱少先队，成就幸福人生。少先队大队辅导员是学校少先队工作的主要组织者和指导者，对于学校少先队工作的开展起着关键作用。对于新上岗的大队辅导员来说，在他们职业生涯伊始就通过一系列切实有效的措施，促进新任辅导员专业成长，能够有效增强新任辅导员从事少先队事业的幸福感，从而为成就辅导员的幸福人生奠基。基于以上思考，我们开展了一系列实践与探索。

一、调研先行，把脉新任辅导员幸福感的需求点

每年九月，我们都会对大队辅导员现状做一次调研，从而掌握每年新任

大队辅导员的基本情况。少先队工作具有较强的专业性，通过调研我们了解到担任大队辅导员的教师大多没有相关专业的知识背景，少先队知识结构缺失，履职水平参差不齐，角色定位不明，急需聚焦实际需求、对症下药，开展有针对性的培训，从而增强新任大队辅导员的幸福感。

二、仪式激励，让新任辅导员感受入职的幸福感

新上岗的大队辅导员都参加过市里的统一培训，对自身角色地位与功能有一定了解，但将理论转化为实践尚需时日，面对琐碎的工作，辅导员容易产生挫败感，从而影响其对少先队工作的幸福体验。我们利用建队日活动，举行新上岗大队辅导员聘任与宣誓仪式，由团、教领导亲自为新上岗大队辅导员授聘书，庄严宣誓。领导的重视，隆重的仪式，让每一位新上岗的大队辅导员体会到岗位的光荣感，更为自己从事这份事业感到幸福，也将更热爱自己的岗位。

三、分层培训，增强新任辅导员释疑解惑后的幸福感

在辅导员的培训中，我们将大队辅导员划分为三个层次，分别是新任期辅导员，是指两年以内的新上岗的大队辅导员；成长期辅导员，三年以上、已初步熟悉和了解少先队工作的大队辅导员；骨干期辅导员，区骨干和中心组成员。

分层培训便于聚焦新任大队辅导员的成长需求，有针对性地开展培训。在培训前，我们会进行培训意向调查，了解新任辅导员需要培训的内容，希望的培训方式以及培训频率等。培训围绕大队辅导员主要职责展开，采取集中培训与网络研修相结合、理论学习与跟岗实训相结合的方式。培训内容如，指导召开少代会、各类仪式教育，建立并使用好少先队阵地，管理好中队辅导员队伍和少先队小干部等。因为分层培训内容贴近新任辅导员的日常工作需求，可以解决新任辅导员工作中的难题与困惑，从而能够让新任辅导员迅速成长，在工作中得心应手，从而激发他们的幸福感，使他们感受到辅导员工作的快乐。

四、青蓝结对，激发新任辅导员专业成长的幸福感

为每一位新任辅导员聘请一位区骨干或中心组的辅导员师傅，不仅仅是为了满足新任辅导员专业成长中的个性化需求，更是为他们树立一个看得见、摸得着的学习榜样。我们会举行隆重的拜师结对仪式，签订师徒带教协议，明确师徒带教权利义务，对师傅的指导内容和指导频率、徒弟的学习态度和学习任务都提出明确要求。由师傅指导徒弟进行展示。在带教结束时，师徒各自填写结对反馈表，反馈对师傅带教或徒弟学习的意见和建议。新任辅导员可以随时向师傅请教工作上的困惑，而他们在工作中的烦恼，由于师傅也是过来人，能够理解并用自身的经历现身说法。师傅的悉心指导能让新任辅导员感觉到自己在工作中有坚强的后盾，能够引导他们向骨干辅导员看齐，从而激发起自身的幸福感。

五、双线研修，新任辅导员在同伴互助中收获幸福感

对于新任大队辅导员来说，除参加针对新任辅导员专门培训和带教师傅的"小灶"外，还要参与全员研修的线上和线下双线研修。

线上研修是精读少先队理论书籍，由教研员指定或片组自选，片组长制定读书计划并组织片组成员展开网络研讨，汇总、提炼片组成员观点。线下全员培训是以主题式研修开展的片组研修，以东南西北四个片为单位，由片组长组织各片成员承担研修任务。双线研修内容丰富，形式多样，新任辅导员在与同伴的学习中交流观点、碰撞思维，能够拓展工作思路，感受少先队群体中开拓创新与积极向上的氛围，收获个体在团队中成长的幸福感。

六、专家引领，不断提升新任辅导员的幸福感

在新任辅导员的成长过程中，我们注重以专家理论指导让新任辅导员的实践更有方向，少先队专家的引领能够让新任辅导员跳出繁忙琐碎的工作，不再只是闷头苦干，而是学着抬头看路，去反思、梳理自己的工作，学会总结、提炼，创新工作方法，让自己的工作事半功倍，这能激励新任辅导员在专业上有更高的追求。近年来，老一辈的少先队名师、市少先队总辅导员、少儿研究中心专家、市少先队辅导员带头人工作室主持人，都成为我区引领新任辅导员成长的专家名师。越来越多的新任辅导员也立项市级课题，在《少先队研究》杂志上发表文章。

综上所述，我们要在新任辅导员入职之初为他们创造条件、搭建平台、

促进成长，让新任辅导员快速上手，对自己的工作产生认同感、热爱自己的工作，并收获成功，不断地精益求精，追求卓越，我想这就是新任大队辅导员的幸福成长之路。而获得幸福感的辅导员会更热爱少先队，更坚守少先队，成就自己的幸福人生。我们从"少先队幸福教育"中找到了辅导员队伍建设的新的思想、方法和途径，我们会不断坚持，做得更好。

四、提升素养

少先队事业发展呼唤少先队工作专门家的诞生。各级少先队总辅导员队伍的建立，为培养少先队工作专门家提供了条件和可能。设立少先队总辅导员，使其相对稳定在少先队工作岗位上从事少先队工作，是从制度层面解决团干部流动性和少先队专业性矛盾的重要举措。实践证明，总辅导员是基层学校少先队辅导员的辅导员，是辅导员群体中思想作风正派、业务能力过硬的"领头雁"，能够发挥指导、引领、示范的作用。

作为少先队总辅导员，要以自己的一言一行去做给年轻辅导员看，带着队员干，凡是要求年轻辅导员和少先队员做到的，自己应该首先做到；要建设"温暖工程"，温暖自己，也温暖队员；要点亮自己，也点亮年轻辅导员和队员，聚拢起人心，更聚拢起力量，为少先队事业的新发展而共同奋斗。

要根据上级少工委工作精神，结合区域实际，全面谋划本地区、本校少先队标准化建设的基本内容、主要内涵和操作流程。如，按照时钟顺序，从早晨到校、出操时段、课间、午间、课余、放学前到离校，熟练掌握在学校生活的各个时间段需要进行思想引导的具体内容，做好辅导员的"一日常规""一周备忘""一月重点"和"一年指南"。

要提炼工作亮点，做到人无我有，人有我优。从基础队务抓起，从基本规范做起，不仅要知道"干什么""怎么干"，更要知其所以然，即"为什么这么干"，要有意识地提升自身的少先队专业素养和理论研究水平。

每一位少先队辅导员都要把政治素质的养成、辅导本领的增强深深扎根于辅导员幸福人生与职业生涯的全过程，为我们党赢得千秋大业的美好未来而不懈努力。

少先队幸福教育案例：

建立少先队辅导员职称评聘序列

多年来，在少先队辅导员队伍建设上一直存在一个瓶颈问题，就是辅导员从事少先队工作的业绩无法成为他们参评教师职称的主要依据。在上海团市委与市少工委的大力推动下，在市教育委、人力资源和社会保障局的大力支持下，上海在中小学教师职称评审中开展设立少先队教育科目，取得一定成效。

一、职称对于少先队辅导员的重要性

1. 职称是专业技术人员的标志

当今各行各业都讲究技术含量和专业深度，而职称就是一项重要的标志，是专业技术人员的专业技术水平和能力的等级称号，代表着一个人的学识水平和工作实绩，表明劳动者具有从事某一职业所必备的学识和技能，同时也是自身专业素质被社会广泛接受、认可的标志。中小学教师职称既是衡量教师教育教学水平的专业评价标准，又是构成教师职业发展的专业激励手段。

2. 职称是辅导员职业成长的动力

评职称是对少先队辅导员进行科学客观的评价，能够为辅导员的职业发展提供目标和努力的方向。对专业技术人员职务进行评聘，能够提高辅导员的地位、改善他们的待遇、调动他们的积极性，能够体现尊重知识、尊重人才的社会风尚，能够发挥辅导员的作用，促进辅导员队伍结构的不断改善。从某种意义上说，职称能够成为少先队辅导员职业选择主要的衡量因素，成为辅导员最为关心的内容。

3. 职称是辅导员专业化的保障

职称对辅导员具有很强的现实意义，它对辅导员的学科地位、经济待遇

和社会评价的影响非常大。根据目前国家中小学教师职称改革的方向，中小学教师最高可以评上正高级职称。推动辅导员职称评聘，有利于引导辅导员全身心投入工作，寻求内心深处对少先队事业的归属感和幸福感，成为少先队工作的名师和专家，在育人和学科领域作出贡献。

4. 职称是解决好辅导员"干什么"与"评什么"脱节问题的"牛鼻子"

职称是制约辅导员专业化、职业化发展的关键因素。近年来，一些地区的调查显示，辅导员转岗较为频繁。辅导员队伍的不稳定和没有建立辅导员职称序列有着密切的联系。从制度性和长期性角度来看，职称评聘是事关辅导员队伍专业化、职业化的"牛鼻子"，也一直是基层辅导员的强烈呼声。

二、建立少先队辅导员单列职称序列

探索建立辅导员参加中小学教师职称评聘的单列专业科目，是促进辅导员队伍向专业化、职业化发展的重要保障。少先队辅导员是中小学教师队伍的一部分，要按照中小学教师职务评聘的规定和要求，做好符合条件的大队辅导员的职称（职务）评聘工作，根据少先队辅导员工作内容、工作量和工作质量进一步细化符合其自身特点的职称评价标准。

以上海少先队为例，2011年，团上海市委、上海市教委、上海市人保局、上海市少工委联合制定《关于进一步加强新时期少先队辅导员队伍专业化建设的若干意见》，正式启动辅导员职称评定工作，建立辅导员参加中小学教师职称评聘的专业科目，鼓励有志于长期从事少先队工作的辅导员向职业化方向发展，这些举措取得显著成效。《上海市少先队辅导员参加中小学少先队教育科目教师职务评聘办法（试行）》明确表示，上海市教育评估院组建的上海市教师专业技术职务任职资格评审委员会中下设"少先队教育"科目，实行四个单列。

1. 评聘对象单列

这明确了"少先队教育"科目职称评聘的对象范围，包括各初中、小学在岗专职从事少先队教育的少先队大队辅导员、分管少先队教育的党政干部，各区县少先队总辅导员、少先队教研员，各初中、小学的少先队中队辅导员和派驻各社区从事校外少先队辅导员工作的中小学教师。

2. 评聘标准单列

评聘标准紧密结合新时代少先队组织主责主业，贴近少先队辅导员专业工作和管理工作"双肩挑"的实际，为少先队辅导员实现"双线晋升"提供依据。评聘标准依据《中小学辅导员专业化建设职业标准》，包含全面履行思想启蒙和价值观培养、加强少先队组织教育与组织建设、辅导开展少先队活动、实施少先队活动课程、培养各级少先队队长、引导队员争当新时代好少年、领导管理中队辅导员、开展少先队群众性科研活动、维护少儿合法权益等。

3. 学科评议组单列

在上海市中学高级教师专业技术职务任职资格评审委员会下设单列的"少先队教育"学科评议组，将熟悉、了解少先队发展情况和工作实际的专家纳入高评委库，并定期进行动态调整，增强评委会组成人员的专业性、权威性和公正性，对申报少先队科目的辅导员进行综合评议，并合理确定当年度辅导员高级职称评定名额。

4. 评聘流程单列

主要对少先队专业的要求和高级职称教师任职的资格等逐一进行评聘。评聘的一般程序有：（1）论文。参评者递交一篇关于少先队工作的专业论文，评委会对其科研成果进行评价。（2）笔试。考察参评者对少先队教育专业知识和德育工作的理论知识的掌握程度。（3）听课。参评者上一堂少先队活动课，评委会听课进行评审。（4）面试。参评者直接向评委会汇报自己在少先队工作中的实践、思考与特色，并回答评委会专家所提出的各类相关问题。（5）综合评定。评委会根据参评者的书面材料，并汇总之前各个环节的情况，进行综合评价。

三、健全少先队辅导员职称评聘各项保障

1. 突出政治标准

改革完善少先队辅导员评价机制，把政治标准放在第一位，严格评聘标准，完善评聘程序，不断提升少先队辅导员的政治能力，拓宽教育成果和研

究成果认定范畴。根据辅导员岗位职责、履职要求，强化政治标准，科学设定考核内容，重点考核辅导员的履职实效，按照国家有关规定研究并细化、量化考核内容和具体标准，将大、中队辅导员所组织的少先队活动的效果和育人实效的年度考核结果纳入职称评定指标，加强结果运用。

充分发挥政治素质优秀的辅导员的引领和导向作用，强化少先队辅导员政治素质，将其作为辅导员职称评聘的重要依据。建立评价和动态管理制度，健全少先队辅导员职称准入和退出机制，对思想政治素质表现差、违背教师职业道德的人员，实行师德"一票否决"制。

2. 创新激励机制

团组织从获评中高级职称的辅导员中选拔团代会代表和委员会委员、常委。团组织积极推荐获评中高级职称的辅导员加入党组织。团组织、教育部门、少工委按国家有关规定表彰工作成绩显著或作出特殊贡献的中高级职称辅导员，授予"优秀少先队辅导员"等称号。教育部门表彰的优秀教师、优秀教育工作者中，应有中高级职称的辅导员代表。团组织表彰的"五四"奖章获得者中，中高级职称的辅导员应占一定比例。

在团、队组织的重要活动中，注重宣传、展现获评中高级职称的优秀辅导员的先进事迹。团组织、教育部门所属的媒体应设立专栏，大力宣传获评中高级职称的优秀辅导员的事迹。应推荐获评中高级职称的辅导员参加红领巾讲师团，担任各级人大代表、政协委员候选人，并列入教育系统校级后备干部培养序列。

3. 注重源头培养

对于参评少先队辅导员中高级职称的辅导员，建立参评辅导员"评前培训＋在岗培训＋专项培训"的分级培训体系，以职称评聘为契机，促进辅导员素质提升。加强辅导员政治培训，将其纳入"青年马克思主义者培养工程"培训体系，在团组织、少工委、教育部门举办的辅导员培训中，加大政治培训课时。

将少先队相关课程纳入师范类专业课程内容，依托"少年儿童组织与思想意识教育"学科，建设高水平的课程体系。大力建设全国少先队辅导员网络集体备课平台，研发少先队课程，培养参评辅导员职称的人才梯队。

4. 加强组织领导

团组织、教育行政部门、人力资源社会保障部门、少工委负责少先队辅导员职称评聘工作的统筹与实施，建立工作机制，及时开展督导，抓好政策落地落实，结合本地区实际，切实承担起加强新时代少先队辅导员队伍建设的主体责任，积极争取党政有关部门支持落实。

推动在中小学教师职称序列中新设"思政类"科目，符合中小学教师职称评聘条件的少先队辅导员，可参评"少先队教育"教师职称，也可以参评"思政类"教师职称。在职称评审时，大队辅导员的任职年限按班主任工作年限计算，辅导员从事少先队工作的课时可折算为学科课时或思政课课时。

辅导员参加"少先队教育"教师职称或"思政类"教师职称评聘后，将来转向其他专业学科教学，仍然可以参评其他专业科目更高层级的职称，实现双线晋升。对于始终选择学科教学职称的辅导员，从事少先队工作的工作量和工作成果应计入职称评定。

从2012年至今，上海少先队辅导员高级职称的评聘工作已连续开展十三年，已有162名具备高级职称条件的一线辅导员评上少先队教育专业的高级职称，还出现3位正高级教师，2位特级教师。这些辅导员在各自的岗位上发挥着重要的作用，也鼓舞和鞭策着年轻辅导员在岗位上奋力拼搏。辅导员高级职称评聘工作的顺利进行，激励着辅导员终身从事这一职业，能够稳定辅导员队伍，进一步推动上海少先队工作高质量地深化发展。

总之，少先队辅导员是少先队事业最为重要的力量，建立辅导员职称评聘序列，激励辅导员走专业化、职业化道路，必将为推动新时代少先队事业取得更大发展作出积极贡献。

第三节　让校长更重视少先队，成就幸福校园

　　打造孩子喜欢的幸福校园和幸福教育生活，让学校成为孩子们理想中的好地方，成为他们天天向往的地方；让孩子们看到就欢呼雀跃的学校，才是理想中的幸福校园。校长是学校教育教学管理的第一责任人，学校少先队工作的幸福指数与校长的重视程度息息相关。实践证明，如果学校充分重视、发挥少先队组织的主体作用，将少先队教育纳入学校教育整体规划之中，让少先队教育真正成为学校整体中一个不可缺少的重要组成部分，幸福校园指数将大大提升。

少先队幸福教育观点：

校长担任学校少工委主任，是身份的改变、角色的转换，更是全新的体验。

幸福校园的创建需要形成人人都是辅导员、处处都有辅导岗位的幸福氛围。

少先队的一个重要任务，就是在课堂教学的主阵地上发挥组织作用。

一、构建校队一体

　　学校与少先队的教育对象、培养目标一致，紧密相连，相辅相成。校队一体不是合并同类项，而是教育的优势互补、优化组合。而探索学校少

工委的建立，就为构建校队一体的幸福局面提供了组织保证。

1. 校长重视少先队从"情分"变为"名分"

校长有了学校少工委主任这一"头衔"，带来的是身份的改变、角色的转换，更是全新的体验。这样做，能更好地把少先队工作纳入学校工作的总体布局；能把对少先队工作的指导、检查纳入学校行政部门的工作体系；能把少先队基础建设纳入学校布局。同时，应把少先队幸福中队的创建作为班集体建设的有效载体，把中队建设的情况作为衡量中队辅导员（班主任）工作成果的一个重要指标，使密切关联的班集体与队集体建设，相互结合、相互促进、共同发展。

2. 校长重视少先队从"随意"变为"制度"

在校长的领导下，少先队工作的时间、空间和人力、物力都得到制度保障，充分发挥助手作用，在制定计划、开展工作时，遵循学校教育规律，结合学校教育、教学工作实际，并主动关心、参加学校教育改革，促进幸福校园的形成，在学校各领域发挥组织作用。依托少先队组织，积极探索学校领导与少先队员的联系渠道和联系制度，事关少先队教育的有关决策及涉及有关学生问题的处理，校长都要征询和听取少先队组织的意见。

3. 校长重视少先队从"单线"变为"双赢"

一方面，校长把少先队工作纳入学校和班级工作，成为学校教育的有机组成部分，不再"两张皮"；另一方面，学校中的少先队大队、班级里的少先队中队成为全校、全班学生唯一的主体组织，实现以队为基础、以队为主体。只有把大、中队集体建设好，学生才能真正成为学校、班级的主人。同时，寓班主任主导作用于学生为主的少先队组织主体作用中，这就使班主任的作用得到加强和扩大，促进中队辅导员将民主辅导的理念付之于实践。

建立学校少工委　形成学校支持少先队制度性安排

浦兴中学少工委

加强学校少工委建设，是新形势下少先队基层组织建设的全新探索。

一、工作机制进一步完善，少先队工作更有保障

学校少工委的成立使学校少先队工作机制更加成熟，少先队工作得以在各方面得到保障：在人力方面，主要体现在少先队活动课程的落实上，学校成立由中队辅导员、学科教师等人员组成的少先队活动课程工作小组，让各科老师都走进少先队活动课；在经费方面，学校每年的财政预算中列有少先队工作专项经费，使得少先队活动的开展有经费上的保障；在制度方面，由校长担任学校少工委主任，将少先队工作纳入学校工作的议事日程，通过专题会议讨论少先队的重要工作和活动，让少先队工作的开展更加顺利。

二、优质资源进一步整合，少先队活动更有亮点

学校少工委的成立，使学校各个部门拧成一股绳，共同为少先队工作出力，校内优质的课程资源、活动资源得以共享。家委会成员作为学校少工委的一员，为孩子们的社会实践活动搭建更多的平台。学校采用"请进来——开设家长微课程"的方式聘任家长担任活动课的辅导员，为孩子们打开更多认识世界的窗口；"走出去——建立红领巾实践基地"则让大学校园、农业园、公园、工厂、博物馆等成为孩子们体验世界、拓宽视野的实践基地，少先队活动课也因此更加丰富，亮点频现。

三、议事能力进一步提升，队员代表更有活力

队员代表作为学校少工委的一员，其议事能力在具体实践中得到提升。比如，学校少代会上，队员提出"不让肚子下午咕咕叫"的提案，学校总务主任针对该提案作出明确的答复，并允诺近期进行相关设备的更新和改建。在每月一次的学校少工委例会上，队员代表再次提出此提案，督促学校尽快落实。队员还成立"小拍客"队伍，对设备更新和改建工程的进展情况进行监督，并向全体队员通报。这一民主监督过程就是锻炼队员能力的过程。

四、工作任务进一步明确，辅导员更有动力

原本少先队辅导员的工作没有量化标准，繁重的教学工作往往使中队辅导员不能集中精力做好少先队工作，这是制约少先队发展的重要因素。学校少工委成立后，各中队辅导员名正言顺地成为少先队教育的主要成员，其辅导作用无可取代。这表明学校把少先队辅导员队伍建设放在少先队建设的重要位置。学校不断加大少先队工作培训力度，提高辅导员的综合素质，进而培养出一支开拓进取、勇于创新、思想过硬的辅导员队伍。

二、培养全员辅导员

培养"全员化"辅导员，帮助辅导员实现又好又快的幸福成长，应当成为校长的一项重要使命。幸福校园创建的实践需要形成人人都是辅导员、处处都有辅导岗位、时时都有辅导内容的幸福氛围。

1. 让每个教师都成为少先队辅导员

创办一所现代学校，必须让全体教师都树立先进的辅导理念：尊重孩子、引导孩子、解放孩子。关心少先队员的幸福成长绝不仅仅是班主任辅导员的事，而是每一位教师的神圣使命和光荣职责。为此，校长可以在传统的每个中队一名中队辅导员的基础上，再聘请"第二辅导员"，让所有教师都加入辅导员的队伍中来。每学年的开学典礼上，学校都要举行隆重的受聘仪式，在光荣的宣誓之后由少先队员为中队双辅导员颁发聘书，一岗双员让更多教师能有机会服务于少先队组织。通过全员参与、全员辅导的形式，学校践行"辅导全员化"，使少先队工作与学校工作和谐统一，使少先队教育和学校教育相辅相成、相得益彰。

2. 让每个辅导员都成为幸福辅导员

校长要从校本专业培训入手，帮助辅导员掌握辅导方法和辅导技巧，帮助辅导员幸福成长。校长要努力教会辅导员把自己"变小"，说孩子的语言、玩孩子的游戏、模仿孩子的行为，然后再来研究队员成长的客观规律，思考辅导员工作的科学方略，让每一次的专业培训成为全体辅导员重温孩

提时代幸福情景的时空旅行，也成为辅导员彻底释放工作压力、真正做一回孩子的幸福时刻。校长还可建立辅导员人才培养的"蓄水池"，一方面把大队辅导员输送到上级少工委挂职锻炼，使之好中更优；另一方面建立大队辅导员校内挂职锻炼机制，选拔有潜质的骨干青年教师到辅导员岗位上锻炼培养。

3. 让每个幸福辅导员都来带领队员和集体创先争优

上海少工委发出"争创少先队幸福教育示范校"号召，辅导员带领队员主动策划，以争"金"夺"银"大擂台为载体，拉开少先队创先争优活动的序幕；同时，发动全体教师辅导员发挥专业特长，向学科辅导员转变，以红领巾学科小社团创建活动为载体，指导各中、小队，引导队员积极争当幸福好少年。学校还可邀请共青团的哥哥姐姐们进校园，举办"大手牵小手，幸福校园我做主"团带队各项活动。

少先队幸福教育案例：

培养队员自己管理自己的课余活动

上海市第一师范附属小学少工委

如何把队员零星的、分散的课余时间组织起来，分别冠以名称，赋予每段时间以不同的活动内容，统合起来加以运用？上海第一师范附属小学创造了新的经验：把课余活动的支配权交给队员，让队员学会自己管理自己，学会自己来组织有规律的生活，做课余活动的幸福小主人。

一、朝气蓬勃的早晨

早晨，孩子们的精力最充沛，晨间活动的内容由各中队自己决定：利用早晨好时光，听听早新闻广播，给头脑充充电；跑跑步，进行体锻达标训练，给身体加加油；低年级的队员在高年级队员的带领下搞游戏类的小队活动；少先队鼓号队也常在早上进行练习，整个校园充满生机。

二、自娱自乐的课间

抓紧课间十分钟，开展踢、跳、拍等自由活动，走走动动，放松放松，让孩子们的精神、情绪都能得到很好的调节和休息。少先队值日中队每周一轮换，一人一岗位，让队员自己管理校园生活，自己负责课间队员活动秩序的维持，一周值日结束后还要对全校各中队进行点评，谈成绩、讲问题、提建议。

三、轻松愉快的午间

午间大休息时间比较长，可以开展午间俱乐部活动，内容有桌上游戏、各种棋类活动、阅览图书、读书读报、学唱新歌、欣赏音乐、讲故事等，由中队值日队长负责活动的安排和管理。还可以开展十分钟队会，内容大致可分为三类：一类是表演性的；一类是比赛性的；还有一类是有主题的，通常是以学校教育为中心的。表演性的队会，形式不拘，内容由队员自己设计创造，每个队员轮流当主持人，既是主持人，又是活动的设计者；既是导演，又是演员。

四、自主多彩的课后

从学校和队员的实际出发，队员可以参加学校的兴趣小组、社团活动，可以参加棋课，学习围棋、国际象棋；器乐课，学习娃娃吉他，学习手风琴和笛子吹奏；队员还可以参加快速打字、书画、电脑基础训练等。另外，学校还依据队员不同的兴趣爱好组织红领巾合唱队、舞蹈队、戏剧队，建立生物爱好者协会、红十字会等。队员还可以与小伙伴一起到社区，参加雏鹰假日小队活动。

每个孩子都拥有课余这片幸福的天地。课余活动，尽管所占时间尽在课余，但却是愉快活动、愉快生活的重要组成部分。这不仅让队员的课余生活有安排，活动内容丰富、充实、有规律，更能为队员自由、充分、全面地发展创造条件，为锻炼队员独立自主的主人翁意识，提高与人相处、与人交往的能力提供机会和阵地。

三、形成课队结合

少先队员的主要任务是学习。少先队的一个重要任务，就是让少先队代表儿童主体，在课堂教学的主阵地上发挥组织作用，开展饶有趣味、富有实践性的幸福活动，实现"课队"之间的有机整合。

1. 少先队评价进课堂

传统的评价仅依靠单元测试与学期考试，仅以学业成绩的优良来评价队员，而忽视队员其他方面的潜能，忽视队员平时在课堂上的表现，显得过于片面、单薄，缺少民主。而红领巾奖章则具有目标内化、激发兴趣、评价激励的作用，巧妙地把教师的课改要求、教学要求变为队员自己主动积极追求的目标，发挥引导作用，实现"章章都有课，课课都有章"的新局面。

2. 少先队小队进课堂

小队具有组合多变、互动性强和自治管理的特点，将它引进课堂，队员喜欢上了学科小队合作学习的方式。小队与学习小组结合在一起，发挥合作学习、探究学习、活动学习的作用。小队不再只管课外、只在课外存在，小队组织进入学校教育主阵地，发挥着机动灵活的组织作用。

3. 少先队活动进课堂

结合教学开展学科性队活动，使之发挥自主自动、合作实践、愉快活泼的"特异功能"，把知识的传授转移到队员全体参与的活动中来，使教学活动主体化、组织化。通过变换课堂教学形式，队员在幸福的活动实践中既能学到知识，又能激发学习兴趣，搞活了课堂气氛。

少先队幸福教育案例：

"跨学科"升旗仪式

晋元高级中学附属学校少工委

作为上海市少先队幸福教育实验校，学校少工委结合校情，倾力打造"晋"显风采——升旗仪式跨学科主题教育项目，将庄重的升旗仪式与跨学科主题教育相结合，关注队员个性发展，促进团队合作出彩，让队员体验学以成人、全面发展的幸福感。

一、项目缘起，阐释幸福教育内涵

少先队幸福教育旨在通过丰富多彩的活动，让少先队员在快乐中成长，培养他们的爱国情怀、集体荣誉感和社会责任感。这种教育模式强调儿童化的政治启蒙、情感化的实践体验、组织化的自主自动以及生活化的场景回归，与我校"立己立人、共同成长"的精神高度契合。

（一）立人教育，幸福聚点

《义务教育课程方案（2022年版）》明确提出，"各门课程用不少于10%的课时设计跨学科主题学习"，这是对未来人才培养和世界教育变革的积极回应，也是促进队员核心素养发展的重要载体。因此，学校少工委指导各中队结合跨学科学习项目，发挥队员爱好特长，设计喜闻乐见的展示方案，探索利用升旗仪式平台集中展示，让每一个队员都有"学以成人，人人出彩"的机会，同时，促进团队凝聚力的提升。

（二）多维育人，紧扣中心

展示活动不仅要体现升旗仪式主题，队员还要能运用多学科的知识和技能，锻炼创新思维、团队协作和解决问题的能力。升旗仪式跨学科主题教育展示，作为校园文化生活的重要组成部分，不仅能够为队员提供展示自我、锻炼能力的平台，还能够丰富校园文化生活。

二、落地设计，勾勒幸福教育路径

学校结合幸福教育理念与新课程方案要求，系统规划、设计晋元附校利用升旗仪式平台进行跨学科展示的幸福教育路径。

（一）系统规划，融入实践

少工委围绕爱国主义、文化传承、人格培养等升旗仪式主题，结合各中队跨学科学习项目，确定展示项目。鼓励队员运用语文、历史、美术、音乐等多学科知识，通过演讲、表演、歌舞等多种形式，出彩展示。学校注重发展性、过程性评价，关注队员活动参与度、合作能力、创新思维等方面的表现，评选星级中队加星章。组织师生对展示活动进行反思和总结，收集反馈

意见，为今后的活动提供改进方向。

（二）资源整合，聚力共享

学校少工委结合"明德、善学、敏事、康健"校本课程，积累、挖掘跨学科学习资源，发挥家校社协同育人优势，为各中队跨学科展示提供技术支持。

三、育人成效，绘就幸福教育画卷

2023年9月以来，四校区116个中队，举行风采展示100余场，1000余名队员参与活动，队员充分发挥了自主性和创造性，也体验了个性抒发、团队进步的幸福感。

（一）求实效果，落地有声

升旗仪式跨学科展示活动具有多重价值，不仅能够提升少先队员的思想政治素质、综合素质和集体荣誉感，还能够为他们的终身学习和发展奠定坚实基础。

中队辅导员老师评价，"升旗仪式跨学科主题教育"不仅落实了立德树人的根本任务，还培养了队员的综合素质和创新能力。这种自主参与的方式不仅激发了队员的学习兴趣和创造力，还培养了他们的团队协作能力和责任感。

队员表示，通过展活动，更加喜欢少先队活动了。"我们在升旗仪式中树立志向、解放身心、在仪式教育中收获成长、创造快乐。""为了更好的舞台呈现，我们手绘队形图，一遍一遍地排练，搭配适合演出主题的服装，展现出最真实、最自信的自己。"在清明祭英烈跨学科展示活动中，队员了解到先烈的故事和英雄事迹，这些知识与现实生活的紧密联系让他们更加珍惜来之不易的幸福生活，同时也更加坚定了为国家发展贡献力量的决心。在"规律睡眠，益智护脑"世界睡眠日主题升旗仪式上，队员自创自导设计了小品，讲述了队员"小明"在网络游戏的影响下，睡眠不足导致成绩下滑，最终在队员的帮助、老师的指导下，改掉熬夜的坏习惯的故事。

（二）幸福起航，细悟笃行

升旗仪式跨学科主题教育，发挥了队员的自主性、创造性，把少先队主体化、自动化和创造教育相结合。他们在学中创、玩中创，创出新思维，创出新形式，也创出闪耀的自我。一年来，队员在活动中收获成长：取得2023年区青少年篮球比赛冠军、足球比赛一等奖，2024年全国第七届中小学生艺术展演上海戏剧专场一等奖、上海市中小学生羽毛球锦标赛团体冠军等出色成绩；学校收获了全国航空特色学校、上海市未成年人思想道德建设工作先进单位等集体荣誉。

跨学科学习，是课程综合化和实践化的有效策略，也是服务于综合育人的有力举措。下阶段，学校少工委将进一步规划、丰富升旗仪式跨学科展示的主题细分、目标设定、形式变化和成果呈现，加强校际交流，拓宽合作视野，为队员提供更多综合运用知识解决问题、展示个性的机会与平台，引导他们提升综合素养，体验幸福成长。

少先队幸福教育案例：

"幸福食光"校园下午茶 让"五育"有滋有味

上海科技大学附属学校少工委主任 陈 芳

自2019年开办至今，我们学校坚持队员在校一顿正餐两次点心的饮食安排。在2024年6月召开的上海市第九次少代会上，由小代表提出的《让肚子下午不再咕咕叫——希望在校园里享用美味的"下午茶"》提案引发共鸣。

一、我们的认识

在高效率、快节奏的校园生活中，"下午茶"不仅有助于恢复队员的体力，还能帮助他们解压、保持精力，帮助他们养成健康的饮食习惯。

"下午茶"概念的提出，为我校的饮食安排指引了新方向。我校积极践行把食育作为"五育融合"的载体，以食润德，以食益智、以食健体、以食尚美、以食助劳，让"五育"变得有滋有味。

二、我们的做法

1. 美味的"下午茶"+润德

下午茶时光，可以培养队员的节俭意识，传承饮食文化，学会安排闲暇时光。例如，我校借助传统节日节气，开展丰富多彩的"下午茶"活动。"爆竹声中一岁除"，阖家团圆的春节，让队员参与到年夜饭的制作中来，为家人做一道菜；在"春行路不遥，芳序且元宵""清明时节雨纷纷""端午临中夏，时清日复长""千里共婵娟""每逢佳节倍思亲"等的传统时节，队员在品尝传统点心时，也和家人分享传统文化，平添家庭温馨。每一次活动都让队员对传统文化的认识加深一点。在"下午茶"中感受到传统节日与传统饮食文化的魅力。

2. 美味的"下午茶"+益智

下午茶时光，可以以"知食就是力量"为主题，开展项目化学习和跨学科学习，引导队员养成健康饮食好习惯。例如，结合学科学习，利用思维导图，制作美食报告等。

3. 美味的"下午茶"+健体

下午茶时光，可以补充能量、缓解压力、增强记忆力、调剂好心情。希望附校的孩子皮肤黑一点、牙齿白一点、眼镜少一点、体质强一点、笑容多一点。

4. 美味的"下午茶"+尚美

下午茶时光，可以引导队员维持健康体型、熏陶茶歇礼仪、提升品鉴能力。如，结合队会、午会、主题活动，开展点心鉴赏会、红蓝茶坊会等。

5. 美味的"下午茶"+助劳

下午茶时光，可以培养队员的自我管理能力，引导队员学习食物制作技能、开展生存教育。如以中华传统节日为载体，结合道法课、劳技课，带领队员学习制作传统节日点心，如春卷、青团、汤圆、馄饨、饺子等。

三、我们的建议

从我们学校的实践来看，想要做好"下午茶"工作，就要发挥硬件和软件的优势。

一是硬件优势：

1. 拥有固定的点心操作间，新建食堂已布局。

2. 拥有专职的点心制作师，中式西式都兼具。

3. 拥有经营的专项资质证，食堂经营证齐全。

4. 拥有餐费收取的原基础，一餐二点心至今。

5. 拥有制作设备的多样件，品种多样受欢迎。

二是软件优势：

1. 有一支服务团队。食堂工作人员先将点心分装好，以中队为单位，小学直接送至班级；初中由值日生自行领取。既方便又高效，确保队员能够在课间及时补充能量。

2. 有一支管理团队。小学中队辅导员组织队员在教室里，伴随着轻音乐，享用点心，吃完后加入环保行动。中学在中队辅导员的陪伴下，采取值日方式，队员轮流服务，培养自我管理能力，确保点心发放的及时性和有序性，还增加了适当的交友互动空间。

3. 有一支志愿团队。"下午茶"不仅是教师引领下的教育活动，更是家校共育互育的良好平台，"家长进课堂活动"也为"下午茶"活动提供了良好的保障与支持，这不仅拉近了家校、亲子间的距离，也挖掘了家长资源，在"有滋有味"中实现食育价值的最大化。

我们做了一点尝试，期待能够有更多的改进和创新，让队员在校园下午茶中收获幸福感，让校园生活更加美好。

总之，让校长更重视少先队工作，能够实现校队、班队、课队工作目标、内容、载体、方法的有机整合，民主、开放、生动、活泼的幸福校园定会促进师生幸福成长。

第四节　让家长更支持少先队，成就幸福社会

习近平总书记在全国教育大会上指出，家庭是孩子的第一所学校，家长是孩子的第一任老师，要给孩子讲好"人生第一课"，帮助扣好人生第一粒扣子。少先队要主动向家长宣传少先队教育理念，带动家长用正确思想、正确行动、正确方法教育、引导孩子，让家长成为支持少先队工作和校外实践活动的幸福力量。

少先队幸福教育观点：
转变家校结合中家长被动参与的角色，激发家长的积极情绪体验。
家长与孩子们一起分享红领巾所赋予的光荣与责任。
倡导"共享父母"理念，形成家长和队员的良好互动。

一、家校结合

组织家长参与学校管理，有利于加深家长对学校教育措施的理解、对学校少先队组织的认同，也能最大限度调动家长的积极性和幸福感，体现学校教育的社会化和开放性。

一是家长担任辅导员。学校可以成立图书馆和护校辅导员队伍。图书馆辅导员进入图书馆，可以帮助归类整理书籍，更可以接待并辅导来图书馆自修的队员，帮助队员养成与书籍交朋友的好习惯。护校辅导员参与校园安全管理，护送孩子们安全出入，维护学校门口的交通秩序，引导队员

红灯停、绿灯行，养成自觉遵守交通规则的好习惯。家长辅导员非常看重自己的职责，如果学校能把家长的热情调动起来，家长会成为引导队员的重要力量。

二是家长参与导师制。家长具备专业的知识、丰富的资源，但缺少教育方法和环境；学校希望培养学生的兴趣特长、开展职业理想教育，有着专业的教育方法和课程设置，但缺少职业化、专业化的体验环境和针对性指导。如何各取所长，在辅导员指导、家长领衔下开展专业化职业素养指导、体验式活动？"家长导师制"应运而生，它为学校开展兴趣培养和职业理想教育提供有利条件。原本的兴趣课都依靠教师的业余爱好和课外学习加以开展，家长导师的参与能够丰富、优化学校的课程活动和职业体验。

三是家长进入少工委。在学校少工委中设立家长委员，邀请校级家委会派员参加，只要是与队员相关的事务，都可让家长委员参与讨论，如队员的队服、用餐，春秋季社会实践考察活动的地点、内容和形式等。学校少工委要认真倾听家长的需求和建议，充分吸纳来自家长的智慧。活动结束后，学校少工委应邀请家长委员对目标达成度进行评价，及时反馈，跟进落实。家长委员的设立，能够尊重家长群体的参与权和话语权，转变家校结合中家长被动参与的角色，激发家长的积极情绪体验，提升家长的获得感，增进家校合力。

少先队幸福教育案例：

"戎 young 金岭"

普陀区曹杨新村街道金岭园社区少工委

曹杨新村街道是新中国成立后建设的第一个工人新村，金岭园社区是曹杨"最年轻的社区"，最老的工人新村与最年轻的社区相遇，会碰撞出什么样的火花呢？"曹杨新村街道社区（少年）军校—戎 young 金岭"给出了答案，从三个方面实现少先队幸福教育与国防教育的"双向奔赴"。

一、"体系化"打造，共筑幸福教育工作

金岭园联合曹杨新村街道社区少工委探索社区（少年）军校试水工作，组建以居民区党总支书记、街道团工委书记、社区服务办主任，以及社区内青年骨干为中坚力量的工作小组，结合"15分钟少先队校外幸福活动圈"工作会议、实地走访等方式，对"戎young金岭"工作共同谋划、共同部署、共同推进、五方聚力。从党建带团建、队建出发，依托"军、地、校、企、社"五方联动共育机制，聚合资源、整合力量、联合行动，积极对接资源进社区，进一步丰富爱国主义教育、国防安全教育的新内涵，拓展矩阵。

积极拓展校外少先队服务阵地，"曹杨社区（少年）军校—戎young金岭"项目按照"1+1+1"同家庭、各类少年儿童的需求和兴趣点，围绕市级爱国主义教育基地——曹杨新村村史馆、曹杨社区文化活动中心和金岭园青春驿站形成国防幸福教育服务矩阵，依托物理空间多样化、设施设备现代化、课程活动个性化将爱国爱党拥军的种子播向"红领巾"的心田，强化对少先队员的政治引领，旗帜鲜明地培养共产主义接班人。

金岭园社区依托"戎young金岭"不断拓展少先队幸福教育实验社区的活动内涵和载体，借助军事训练、劳动实践等，为社区少年儿童提供近距离感受大国重器、亲身体验现代练兵、学习身边的榜样力量的机会和展示自己的平台。

二、"订阅式"服务，打造国防教育活动新模式

我们立足曹杨资源禀赋优势，依托强有力的区域化党建团建基础，按需设计"曹杨社区（少年）军校—戎young金岭"项目。金岭园针对"双减"政策推行后，越来越多的家长苦于、难于找到"离家近又有意义"的活动，以及"神兽被困家中"这一情况出新招，推出"可订阅"活动清单，对接不同家庭、各类少年儿童的需求和兴趣点，为"红领巾们"定制"国防+"系列课程，做到内容为王。

"曹杨社区（少年）军校—戎young金岭"项目针对少年儿童群体的特点，全新打造"曹杨社区（少年）军校—戎young金岭大课堂"系列。推出以二十大宣讲、国防大讲堂、公益农场为主题的"红星耀金岭"系列，开展

以老兵讲故事、红领巾闪耀为内容的"光辉耀初心"模块，并以"时代耀红领巾"为主题，组织升旗仪式和做一天居委会书记等活动，实现国防教育从课堂到田间、从操场到社区的转变，切实丰富了学生们的330课程。"每一个课程、每一项活动都很'硬核'！"一名来自金岭园社区的张同学表示，"老兵讲故事"活动给他留下了深刻印象，"通过兵爷爷们的讲述，我从中汲取到了自强不息、砥砺奋进的力量，在努力学习和丰富自己的过程中更有行动力"！

三、"乐高式"拼搭，推动少年军校项目新发展

"曹杨社区（少年）军校—戎young金岭"项目是少先队幸福教育"遇见"国防教育的一次有益尝试，依托项目化开展，让少年儿童能够浸入式参与国防实践体验课程，形成以"小家"带动大家，让"小家"融入"大家"的良好局面。"戎young金岭"项目依托"曹杨社区教育发展联盟"和共建军队资源为载体，充分整合曹杨二中、二中附校、上海市实验幼儿园等一大批优质园、校资源和专业军队力量，加强军、校、社联动，它们是少年儿童开展国防进社区教育的"最强后援团"。

金岭园居民区在街道少工委的指导下，探索成立红领巾议事会，通过"走进去、请出来"的方式，以少先队员视角为社区建设"建言献策"，从小培养军民鱼水情，听党话、跟党走，引导社区少先队员树立"家园意识"，带动更多的少先队员对社区少先队组织产生归属感，稳步提升社区少先队的吸引力、凝聚力、组织力。"我希望能够多多参加这种'童言童语'的活动，大家可以倾听我们的心声，从我们自己的视角为社区发展贡献自己的'头脑风暴'。"来自恒陇丽晶小区的"童意团"小团长冯同学表示，"下一次我会带更多新的小伙伴一起参加，希望我们的意见能够让我们的社区越来越好！"

"曹杨社区（少年）军校—戎young金岭"项目是融合区域内外军地资源，面向社区国防后备力量和广大青少年，开展爱国主义教育、国防教育所创设的新品牌、新平台、新项目。下一步，金岭园将持续深化"曹杨社区（少年）军校—戎young金岭"品牌，让有益又有趣的国防幸福教育更加"入脑又入心"。

二、家队结合

家长群体蕴藏着巨大的参与活动、辅导活动的积极性，他们看重把自己的子女放在集体中来教育，让孩子享受集体的快乐，接受集体主义精神的熏陶，满足孩子爱好群体交往的幸福需求。

一是家长参与少先队中队事务。学校少先队可以赋予家长参与中队事务的四个权利：知情权，了解中队的活动计划；咨询权，向中队辅导员咨询活动安排；参加权，应邀参加中队的少先队主题活动；建议权，对中队管理工作提出建议和意见。让家长在中队事务中充分行使自己的权利，能够壮大中队辅导员的后援力量。

二是家长参与少先队节日活动。少先队大队要为队员创建浓厚的校园节日文化氛围：读书节、艺术节、科技节、体育节等，为家长的身影活跃在节日活动中创造条件。如在体育节中，家长全情参与，他们或组成方阵，与老师、队员一起迈着整齐的步伐走进运动场，或作为学校的一员负责运动员的检录，管理着运动场上各个区域的秩序；又如在艺术节上，他们或是和队员同台演出，或是担任幕后工作者；还如在读书节中，他们设计读书活动，或是担任评委裁判，又或是和队员共同品味书香。

三是家长参与少先队仪式活动。每个年级的少先队仪式活动，家长也渴望参加，希望能共同见证孩子成长的时刻。如入队仪式，不但应邀请全体家长参加，还要请家长当场写下他们的期许，那人生第一步的体验和一句句激动的话语，让在场的老师、家长和新队员都为之动容。初中换戴大号红领巾仪式，在邀请全体家长参与的同时，可以提前给队员和家长布置"任务"：为孩子、为爸妈写一封信。读着对方所给予的那份真诚和爱，家长与孩子们一起分享红领巾所赋予的光荣与责任，他们眼中的泪水是那么幸福和温暖。离队仪式，家长和孩子们更是久久不肯离开，家长带着孩子与校长和老师的一张张合影，记录了家校互动活动的永久记忆，他们围着校长，念着对老师的那份依依不舍之情，更让人感受到家长为学校少先队出力的激情，家校共同承担着孩子成长的重任。

少先队幸福教育案例：

家风建设　亲子契约

青浦区教师进修学院附属小学大队辅导员　顾心怡

良好家风建设是幸福家庭和幸福人生的源头，推进家风建设是打造少年儿童幸福人生的有效载体，弘扬好家风、协同家庭教育可以推动现代家庭新风尚，提升家校共育幸福家庭的正能量。

一、发挥家委会在家风建设中的作用

举办中队家长微论坛。在学校家委会的牵头下，学校开展"传承良好家风　打造幸福童年"家长微论坛，以中队为单位，由家委会主持，家长各抒己见，形成共识：家风建设是培养孩子为人、为事和为学的沃土，需要父母正确引导、营造良好的德育知行环境；两代人要在家风建设中共同成长。

开展中队家风建设调查。由家委会设计调查表，对中队家长进行家风调查，结果显示，家长认为很多孩子存在任性、娇生惯养等问题；同时，很多家长需要构建良好的家风和严谨的家教，以此培养孩子的品行。在此基础上"家风建设　亲子契约"活动应运而生。

二、"亲子契约"是家风建设的有效途径

亲子契约——来自家长和孩子的共同创意。学校设立"爱'箱'伴"亲子信箱，鼓励队员和家长大胆写出心里话，使之成为获取亲子互动信息和沟通亲子心灵的桥梁。学校定期将收集到的问题进行归类和整理，最终将"亲子契约"的主题定为"作业管理类""自理自律类""亲子互动类""心灵开导类""假期生活类"等五类。

全家协商——制定个性化的家风建设"亲子契约"。学校大队部在全校发起"家风建设　亲子契约"倡议，并设计契约主题菜单供每个家庭选择。经家长和孩子共同商议，选择符合家庭实际情况的契约主题，从孩子身心发展特点、家庭生活实际出发，并结合学生家庭个体差异和情感需求，制定契约内容。

三、"亲子契约"需要双向互动践行

履行"亲子契约"，从他律到自律。比如，有的家庭将契约打印出来，

贴在家里醒目的地方时时提醒家长和孩子；有的家庭用星星榜记录每天的行为，根据契约制定合理的奖励措施；有的家长在制定契约后，根据契约内容用标签纸写上"耐心、恒心、细心"几个字贴在家门上，孩子很快也在书桌前用标签纸写下"踏实、坚持、认真"，在潜移默化中，学生自主养成良好的学习行为习惯。

互相督促，有助于良好家风建设。契约不仅约束孩子，对家长同样有约束力。家长说话要算数，带头执行规定，以身作则。为了帮助孩子树立好习惯，亲子双方需要对自己每天的言行举止进行观察、监督、指正、表扬或批评，避免"啰唆"和"唠叨"，避免情绪上的对抗。"亲子契约"体现出双方互相强化和互惠互利的关系，学生成为家庭良好家风建设的经历者和小管家，家长也成为家庭良好家风建设的新标杆。

"亲子契约"能有效提升家庭的幸福指数。幸福感可以理解为满意感、快乐感和价值感的有机统一，幸福是对生活与境遇的一种体验与感受、理想与追求。"亲子契约"能让孩子学会为自己的行为负责任，提升他们学习的自主性，从而改变他们的学习习惯、培养他们的自主性和自律性，也让他们在自律的同时监督家长的行为，体现亲子之间"讲诚信""互尊重"和"都平等"的关系，让亲子双方更有成就感、认同感、幸福感。好家风润物无声，却力拔千钧，为整个家庭托起稳稳的幸福。

三、家社结合

随着"双减"政策逐步落实，家庭和社会的教育观念发生变化，孩子的时空出现让渡，队员幸福成长面临重大机遇，社区少先队工作与活动可以抓住这一契机蓬勃开展起来。

一是树立好爸爸好妈妈典型。社区少先队工作与活动创造了"就近就便、功能互补"的活动空间，也为家长创造了"共事"机会。如上海静安区临汾路街道"好爸爸讲师团"，其发起人周浩在社区少工委的支持下，组织一批有育儿经验的父亲从课堂走向社区，搭建起"老爸小讲堂"。又如静安区卓悦居民区"好妈妈议事会",由一群热心参与社区治理的妈妈组成,策划翻新亲子活动的新花样。

二是晒晒幸福社区生活。可以围绕"'双减'后的周末、假期怎么过"等主题,加大宣传报道力度,组织开展红领巾新闻评论员、红领巾说新闻挑战赛,引导队员在家长的带领下,以视频记录"双减"后在社区少先队工作与活动中家家户户的见闻,通过电视台、电台、报刊和新媒体广泛传播和展示。

三是倡导共享父母理念。充分考虑家长的差异化特点,引导家长主动参与社区少先队工作与活动建设,不断完善家长多样化参与路径。如推广"幸福'双减'大转盘"模式,倡导每次活动由楼组小队队员轮流担任队长,队员家长轮流担任志愿辅导员,形成家长和队员的"双轮"良好互动,倡导"共享父母"理念。还可以发挥"名校长公益大讲堂"品牌影响力,邀请知名校长为青年家长分享"育儿经",有效缓解家长因"双减"引发的教育焦虑。

少先队幸福教育案例:

爸爸陪伴日

松江区佘山镇高家社区少工委

高家社区少工委立足青少年实际需求,凝聚合力、盘活资源、细化工作、丰富内涵,不断推进少先队幸福社区建设。

一、爸爸陪伴日之缘起篇

市少代会提案:在上海市第九次少代会上,来自松江区佘山学校少代表吴沐恩提出,他发现在一次少先队活动中,17组家庭中只有3组是爸爸和孩子一起参加的,不少小伙伴都很羡慕吴沐恩能和爸爸一起来参加活动。因此,他带来一份《爸爸快来陪陪我》的提案,被评为十佳提案。

写给爸爸的一封信:孩子的一封"爸爸能不能多陪陪我?"的信也让我

们陷入深深的思考，短短的一行字，却让人看着止不住地心疼。社区少工委敏锐地意识到，推进"爸爸陪伴"是打造少年儿童幸福人生的有效载体，应通过呼吁爸爸陪伴，推动家校社共育幸福家庭新风尚。

父亲陪伴好处多：一个孩子的成长必定需要家人陪伴。母亲的陪伴只是满足了一半的需求，还有一半的需求必须由父亲来完成。父亲陪伴孩子多，孩子会更加自信，会更有力量感，会更有安全感。

二、爸爸陪伴日之融合篇

开展"爸爸的陪伴"调查问卷：为了解社区家庭父爱教育现状，分析影响家庭中父亲参与育儿的因素，我们发布了一份关于"家庭中爸爸的陪伴"调查问卷，里面有我们最关心的问题。比如"平均每周陪伴孩子的时间""陪伴孩子的方式是什么""你认为哪种陪伴方式对孩子最重要"等。

头脑风暴，孩子成长路上的真情"父"出：由高家居民区少工委牵头，联合学校家委会以及少先队校外辅导员和辖区家长代表开展"家风建设之爸爸陪伴"联席会议，热议"如何成为一名合格的父亲"，一同探讨父亲参与少年儿童活动的方法和模式。

区域联动，盘活资源：通过亲子一起阅读的方式，平日沉默严肃的爸爸一改往日面貌，不仅对孩子敞开心扉、畅所欲言，更是用亲子阅读链接起爸爸与孩子之间爱的纽带；在"人力推车""围点打援"等充满竞技和趣味的运动游戏中，爸爸和孩子紧密配合。随着系列活动的开展，爸爸在养育中的缺位得到弥补，这有助于孩子在社交和情感方面得到更好的发展。

三、爸爸陪伴日之提升篇

让新兴领域从业者爸爸加入陪伴：依托党建引领，紧紧聚焦新兴领域群体子女"父亲缺位"现象，深入排摸需求、精准链接资源，形成服务对象清单，以"服务温度"提升新兴领域群体以及子女的"幸福指数"。

社企联动，设立"亲子参观日"：联合佘山工业区各类企业开展"亲子企业开放日"活动，搭建起"家"与"业"的桥梁，让孩子走进爸爸上班的地方、了解爸爸的工作内容、实地参观爸爸工作的环境，对爸爸的工作有更直观、更深刻地认识，更加理解爸爸工作的辛苦与付出。

打造专属"爸爸在家活动点"空间：例如共享园艺中心和共享乒乓球房等，积极号召社区"能人爸爸"充分发挥各自所长，利用自己的空余时间、专长与资源，让辖区内的孩子们一起"共享"爸爸们的大能量。

"爸爸陪伴日"推动少年带动爸爸融入社区，让"红领巾"在社区里幸福地迎风飘扬。

总之，家长是全社会的缩影。家长支持少先队，能够开辟学校教育、家庭教育、社会教育和少先队教育相结合的幸福局面。这是学校教育的延伸，少先队组织作用的拓展，也是家庭和社会教育的革新。

第三章 | 少先队幸福教育的内容

我们常说，要让有信仰的人讲信仰，其实还应该再补充一句，要让有信仰的人潜心钻研将"大道理"转化成"小故事"的政治引领方法，从而真正做到会讲信仰，提升传播信仰的幸福感受度。

第一节　政治启蒙感受幸福

少先队幸福教育观点：

"少先队员证"是队员人生道路上第一份具有特殊意义的证书。

让队员在既"可信"、又"可靠"、还"可爱"的文化产品和网络话语体系中接收正能量。

听过的容易忘记，看过的也不一定能记住，唯有实践体验才会刻骨铭心、终生难忘。

一、让队员听得懂

要尊重少年儿童在不同年龄阶段的身心成长规律和认知发展规律，坚持科学合理、有计划、有步骤、分年段地开展有针对性的政治引领，不搞"一刀切"和"拔苗助长"。

如，一至三年级的队员的成长就像小树苗的"种子""萌芽""苗苗"阶段，他们的思维方式以形象思维为主，少先队辅导员可借助生动具体的故事、数字、图片、视频等来进行政治启蒙教育；四至六年级的队员的成长就像小树苗的"成长""绿叶""小树"阶段，他们的抽象思维能力开始发展，需要为他们树立行动的参照，少先队辅导员可借助先锋榜样、英雄模范的事迹来开展政治引领；七、八年级的队员的成长就像小树苗的"苗壮""挺拔"阶段，他们的逻辑思维明显增强，对国家、社会、少先队组织的情感需求与政治兴趣呈上升趋势，少先队辅导员要引导他们进行实地寻访，帮助他们在实践体验、独立思考中接受政治引领。

少先队辅导员还可以总结提炼不同年龄段政治引领的主题，根据少年儿童的情感特征，突出引领的不同要点，把大道理讲得让队员能听懂，把故事、成就、英雄和队员自己紧紧相连。比如，小学低年级阶段，让队员知道"党是太阳我是花"，花朵只有沐浴阳光雨露才能盛开绽放，引导队员在生活情境中启发政治意识；小学中年级阶段让队员知道"党像妈妈关心我"，要像听妈妈的话一样听党的话，引导队员在实践体验中将政治意识进一步内化；小学高年级阶段让队员知道"党的政策为我们"，因为有了党的好政策我们国家才取得了很多成就、我们的生活才越来越幸福，引导队员在交流分享中提升政治意识；初中阶段让队员知道"党的理论指引我们"，通过辩论引导队员从不同角度看问题、分析问题，让队员们感觉到正是党探索的理论、方法，让我们战胜了很多难题，党的理论是管用的，要坚持，引导队员学会在对比中进一步明辨是非，逐步树立人生志向、形成正确政治意识。

少先队幸福教育案例：

崇明童谣　点亮儿童化政治启蒙

堡镇小学　李迎迎

实施少先队幸福教育，要强调儿童化的政治启蒙。崇明童谣，正是这一理念的生动实践。崇明区堡镇小学充分挖掘家乡非遗文化——崇明童谣，开发实施了"谣唱童年"少先队主题系列活动。这一创新举措让少先队员在寻找、学习、传唱、演绎、绘制和创编童谣的过程中体验到了幸福教育的真谛。

一、寻童谣、学童谣——探寻幸福源泉

堡镇小学大队部精心设计崇明童谣研学任务单，鼓励队员开展"寻童

谣"研学活动。队员走访长辈，搜集那些流传在民间的崇明童谣。学校为此成立了校本课程开发组，从德育、智育、体育、美育、劳育五个角度，在队员搜寻到的童谣中选取了20首，形成《谣唱童年》拓展型学材。

结合崇明方言的特点，学校开展"学童谣"活动，引领孩子们了解崇明风俗、学说方言。针对有的孩子不会用方言念唱童谣的问题，我们采用标注拼音和注释的方式帮助他们学习，如童谣《牵磨结嘎喂》中，"擢勿起"的意思为"抬不起"。校园里，孩子们学童谣，探寻着童谣中蕴藏的幸福童年。

二、玩童谣、唱童谣——重拾幸福时光

"小皮球，歇歇来，落地开花二十一……"，这样的游戏童谣时常出现在每天的十分钟队会中。孩子们学会童谣后拍皮球、跳皮筋。童谣《金锁银锁》讲述的是小朋友们积攒零用钱献爱心的故事，让孩子们选择合适的角色模仿也很好玩。学校给各中队提供头饰、道具、乐器等操作材料，让崇明童谣"玩"出了童趣。

音乐老师们协助大队部将适合演唱的童谣进行配乐，形成朗朗上口的歌曲。如，崇明童谣《灶花》在配乐时加入崇明山歌曲调，在让孩子了解家乡发展变化的同时，也能唱出家乡的幸福旋律。学校组织开展了"崇明童谣我来唱"活动，评选优秀的童谣演唱作品，在每周五蒲公英广播台"谣唱童年"栏目中播放，童谣的旋律在歌声中飞扬。

三、演童谣、画童谣——展示幸福画卷

童谣的价值更多体现在其背后蕴含的文化价值上，在学唱童谣的基础上，大队部开展了"童谣节"活动。队员根据崇明童谣所表现的内容，创作的历史背景和崇明人民生产、生活的方式，通过舞台表演的形式进行表现，如《铜鼓咚咚锵》，"铜鼓咚咚锵，喇叭声声响，我俚童子军，也要上战场……"队员再现情景，展示了少年儿童年少志高、保卫家乡的决心。这不仅是对童谣的传承，也是对幸福童年的最好诠释。

红领巾小社团发起了"崇明童谣我来画"活动。孩子们拿起画笔，勾勒出童谣所描绘的生动场景。如谜语歌《螃蟹》中的"老毛蟹"是崇明的特产，在童谣中被赋予了形象与活力。队员将童谣与儿童画相结合，每一幅画作都充满情趣。

四、编童谣、爱童谣——描绘幸福生活

学校鼓励孩子们发挥自己的特长和兴趣，不断创新崇明童谣的表现形式。在玩、唱、演、画、编等多姿多彩的活动中，传承并发展崇明童谣，赋予它们新的魅力。队员们发起"崇明童谣我来编"活动，创作反映现代崇明发展和幸福生活的童谣。崇明童谣中蕴含的有趣故事、好玩游戏、优美旋律、深刻哲理，就像一颗颗种子一样，悄然埋入孩子们的心田，生根发芽、开花结果。

"让童谣回归儿童，滋养心灵，展现家乡之美！让崇明童谣点亮儿童化的政治启蒙"这不仅是堡镇小学的初衷，更是我们不懈的追求和永恒的愿景。

二、让队员看得见

树立和增强少先队员的光荣感是少先队改革的重要目标之一。队员刚戴上红领巾的时候感到很光荣，但如何让他们的光荣感持续增强呢？上海建立"少先队员证"制度，记录队员的基本情况、入队时间和地点、组织关系转移等信息，设置新队员戴上红领巾与父母合影的个性化照片插页，展现新队员入队时的幸福感悟和父母的寄语，为队员留下一份看得见的珍贵记忆，是他们人生道路上第一份具有特殊意义的证书。

少先队辅导员可以将每个年级的仪式教育和红领巾奖章活动进行优化组合，使其显性呈现，这对于引导少先队员入脑、入心具有明显的作用。如，将"向往少先队、戴上红领巾"入队仪式和争"立志章"进行结合；将小学毕业典礼和争"向阳章"进行结合；将初中少先队建队暨换戴大号红领巾仪式和争"立德章"进行结合，将少先队员重温入队誓词仪式和争

"传承章"进行结合,让每一个仪式、每一枚奖章成为有效增强队员光荣感、组织归属感和幸福感的有效途径。

少先队幸福教育案例:

颁发少先队员证　增强队员的光荣感

静安区第一中心小学少工委

静安区第一中心小学新入队的队员见证了"少先队员证"的诞生,并成为第一批试用者。

一、队前教育初识队员证

少先队员证那红彤彤的封面就如同队员心底那团炙热的火焰,与随风飘扬的红领巾一起,记载着队员的美好童年。打开少先队员证,习近平总书记对少先队员的殷殷期望跃然纸上。新队员在一遍遍阅读习爷爷的话语时,为自己的组织能由中国共产党领导而骄傲,为自己能成为光荣的少先队员而自豪。

少先队员证里还有一枚由中国邮政发行的以"少先队员入队纪念"为主题的个性化邮票,名为"领巾飞扬,梦想启航"。队员不仅要在少先队员证上仔细填写个人的基本情况,还要填写入队时间、地点、组织关系转移、获得的荣誉等。许多小朋友表示,希望入队这一天赶快到来,自己将为早日获得星星火炬章、加入队组织,付出更大的努力。

二、入队仪式伴随队员证

在学校大操场上举行的"我是红领巾,我快乐,我光荣"——上海少年儿童庆"六一"主题活动,市委、市人大、市政府、市政协的领导伯伯们向新队员表示热烈祝贺,向广大少先队辅导员、少年儿童工作者致以崇高的敬意。

队员对此深感光荣,右手握拳,贴近耳侧,左手捧着队员证,置于胸前,以清脆的童音跟着首届全国十佳少先队员、原静安区第一中心小学大队长金冰一大哥哥庄严宣誓。这是孩子们的诚挚心声,也是他们的庄严承诺。

三、参加活动完善队员证

入队仪式之后，新队员在队徽背景前敬队礼、与父母合影，并立刻将照片打印在明信片上，将其插入少先队员证中。手持少先队员证的新队员感受到身为少先队员的责任，纷纷表示"今后我会做得更好，为红领巾增光添彩""我要无愧于少先队员的称号"……这让孩子们在人生中第一次体会到神圣的使命感和责任感。

孩子们的父母也按捺不住心中的激动，纷纷写下对孩子的亲情寄语。有的家长激动万分地写道："女儿，看到你光荣地戴上红领巾，拿着队员证，敬着队礼，我们从心底为你骄傲。"有的家长回想起当年自己的入队时刻，向孩子提出"严格要求自己，快乐、茁壮地成长为国家的栋梁"等要求……

入队是少年儿童热切期盼的光荣时刻，少先队员证作为少先队组织教育的创新载体，在增强少先队队本文化的同时，使少先队组织更具号召力、凝聚力和影响力，也有效地激发起少先队员的组织归属感、光荣感以及使命感。红红的少先队员证如同温暖人心的火焰，把入队的神圣感永远地留在孩子们的心中，时刻指引新队员为着理想勇敢前进。

三、让队员记得住

研究发现，少年儿童往往对课堂式的思想教育记忆不深，对于自己亲身参与体验的集体活动则有十分鲜明的记忆。因此，少先队辅导员要把有意义的活动开展得有意思，令队员印象深刻。如引导队员从中华传统经典故事中吸取养料，培育社会主义核心价值观，讲"精忠报国"故事体验爱国、讲"闻鸡起舞"故事体验敬业、讲"商鞅立木"故事体验诚信、讲"孔融让梨"故事体验友善。

还如在开展学雷锋、小手公益我能行，以及上海提出的倡导"公正、包容、责任、诚信"城市价值取向活动时，上海少先队员开展"排排队"行动来体验公正，开展"微微笑"行动来体验包容，开展"弯弯腰、擦擦亮"行动来体验责任，开展"勾勾手"行动来体验诚信，创造"日行一善"的新形式，实现学校、社区、家庭的联动。

少先队幸福教育案例：

探索"红领巾幸福三长"实践，创新少先队社会化政治引领

浦东新区周家渡街道少工委

在周家渡街道有这样一群"红领巾"，他们积极参与楼组文明创建、树木花草认养、水资源保护等社会治理工作，人称"红领巾幸福三长"："红领巾小楼长""红领巾小林长""红领巾小河长"。街道党工委牢牢把握新时代少先队工作社会化发展的方向，立足对少先队员进行政治引领，以社区少工委为平台，打造"红领巾河长、林长、楼长"品牌，形成覆盖广泛、动员便捷、校内外有机衔接的工作机制，以增强少先队员参与家园建设和社区治理的积极性，帮助他们在实践体验中感受为人民服务的幸福和价值。

一、绿水青山和人民城市理念融入"红领巾幸福三长"实践

以公园、河道为实践阵地，如在蔓趣公园探索打造浦东新区首家红领巾幸福小林长、幸福小河长学习实践基地，为少先队员提供学习、培训、实践的空间。来自上海戏剧学院附属新世界小学、上南新村第二小学、上海实验学校等的少先队员积极走进红领巾上岗培训区，红领巾蔓趣课堂，红领巾藤蔓知识科普长廊，红领巾幸福林长、河长观察区（认领区），结合学校以环保为主题的学校课程化项目，开展探究性课题、科普讲座、水质检测等活动。少先队员在实践中深刻领会习近平总书记提出的"绿水青山就是金山银山"论述，树立亲近自然、城市可持续发展的理念。

以养老中心为服务基地，如在邹平路养护中心打造"红领巾志愿服务基地"，上南北校、南校以及辖区少先队员踊跃来基地打卡，陪伴老人做游戏、讲故事，一起参与非洲鼓手指操、DIY纸杯鼓手作、益智桌游、红领巾读报、小小书画等活动。队员在老小互动花园当好园艺师，为老人打造红领巾小花园，通过切身体会"老吾老以及人之老"，践行习近平总书记在全社会弘扬的孝亲敬老传统美德，增进代际融合，培养少先队员人文关怀和高尚品格。

以红领巾社区提案为作用舞台。选出中队长、组织员、宣传员，队员

围绕小楼长走访发现的问题开展议事活动，参与小区"环境""低碳""公益""科普"社区治理，他们的全过程人民民主能力得到培育。红领巾幸福楼长在活动中了解到小区汽油车占用共享充电位影响新能源车充电的情况后，通过"红领巾提案"的方式出谋划策，寻找合适的途径和方法，邀请党总支、居委会、物业、业委和社区辅导员加入讨论，提出开展红领巾文明行为倡议活动，通过一位红领巾带动影响一个家庭、一个楼道、一个社区，小区停车秩序和充电使用率得到改善和提升，由此吸引更多红领巾当好幸福"小楼长"，共筑共治共建美好家园和幸福社区。

二、建立"红领巾幸福三长"实践的长效机制

打造"周家渡少年说"发声渠道。以兴趣为纽带鼓励少先队员在社区主动发声，用他们的语言表达参与到包括"习爷爷教导记心中""精品城区建设""文明创建""传统文化研学""共塑好家风"等多元化的实践活动中，帮助少先队员从构筑家园情怀到树立家国情怀。

开展"寻访红色足迹"主题活动。云青中队红领巾们组队在社区辅导员老师的带领下走出社区，开展"领巾心向党、红色永传承"红途打卡学习活动，从浦东到浦西，从中共一大会址到二大会址，再到中国社会主义青年团中央机关旧址，少先队员的外衣被汗水湿透，但在学习现场，他们依旧认真聆听，纷纷表示要牢记习爷爷的嘱托，珍惜现在的幸福生活，在未来的学习生活中更加勤奋努力，坚定理想信念，磨炼坚强意志，为长大后建设好家乡和参与国家建设发展做好准备。

幸福来自学习、分享，来自运动、坚持，来自关心和关爱，幸福的核心更在于用心去付出、用双手去创造。周家渡街道社区少工委让更多红领巾及家长一同晒出属于他们的"花样"幸福！

四、让队员信得过

如何以队员喜欢的榜样来对他们进行政治引领？学校可以邀请各领域的先锋模范、偶像人物、专家学者走进中队，为队员讲述童年立志的故事、

人生奋斗的故事、取得成就的故事，让少先队员从内心产生认同、形成崇尚、确立追随，增强少先队教育的吸引力和感染力。

在信息化时代，少先队的旗帜要在互联网上高高飘扬，因此，少先队辅导员要自觉学习、牢固树立互联网思维，大力建设微信公众号等平台，发动各方力量，积极研发符合网络时代传播特点，适合不同年龄段少年儿童特点，传播党、团、队核心价值理念和少先队标识的歌曲、动漫、微视频等宣传文化产品。

当代少年儿童喜欢运用互联网、动漫作品中的表达方式，在孩子们的世界里这貌似是一种"通用语言"。少先队辅导员要研究、掌握、运用网络世界、动漫世界里少年儿童熟悉的"网言网语"，要与孩子们对得上话、说得开话，把党的意识形态、党的主张化作儿童化的网络语言，讲给孩子们听，让队员随时能在既"可信"、又"可靠"、还"可爱"的文化产品和网络话语体系中接收正能量。

少先队幸福教育案例：

讲好儿童化的政治

金山区少先队总辅导员　杨晓燕

在进行儿童化政治启蒙的过程中，如何让队员从内心深处信任辅导员的讲解，这是我们需要着力探索的重要课题。

一、找准"时间点"，与时俱进有新意

辅导员要学会关注重要的节庆日，如"七一""八一""十一""建队日"等；抓住当年重要会议，如党代表大会、团代表大会、少先队代表大会等；结合当下重要事件，如神舟飞船、天舟货运飞船、问天实验舱发射等，及时组织宣讲教育活动，让活动有新意、有实效性，做到节日年年有，年年有创新。

比如，我在上少先队活动课《了不起的劳动者》时，组织活动课，专门带领队员了解袁隆平的故事，并且提出"怀念袁爷爷，好好吃饭"的号召。

第二天，有一个家长还给我发来了微信，留言说，她二年级的儿子以前从来不知道"袁隆平"是谁，正因为这堂课，当妈妈和姐姐讨论袁爷爷过世的消息的时候，他突然说："妈妈，我们都要好好吃饭！"那一刻，她作为家长很感动。作为辅导员的我们，也感觉很欣慰。

给辅导员的建议：善于学习、时刻关注新闻；做好及时的"输入"，以更好地"输出"给队员。

二、找准"突破点"，以小见大有深度

要围绕少先队主责主业的大主题，寻找大主题下的小切口。宣讲主题要小而聚焦，不要采用泛泛而谈的口号式，如《讲好红色故事　传承红色基因》太过空泛，红色故事众多，你选择哪一件？红色基因内容丰富，你聚焦哪一个？

很多少先队活动课、主题宣讲或者实践活动往往内容泛泛，看似什么都讲了，其实队员什么都记不住。宣讲毫无穿透力，抽象、枯燥或流于表面。这就要求辅导员要紧紧围绕主题，寻找切入口，挖深挖透。主线清晰、具体、指向性强，不能过于宏观，要以小见大，以点及面。如，汤杰老师党史故事的突破口《寻味》，鲁旻老师建团百年宣讲的突破口《青年突击队》等。

给辅导员的建议：善于梳理、寻找重点，用小故事来解析大道理，深入浅出，讲透讲清。

三、找准"结合点"，共情共享有合力

要找到宣讲内容与队员生活的结合点、与周边资源的结合点等。

首先，要找好与队员生活的"结合点"。 辅导员要将宣讲的内容与少年儿童实际生活、少先队的组织元素紧密联系，寻找共同点，在宣讲中巧妙地融合起来。比如，《家书里的百年信仰》，在讲述"黄继光家书"时，利用一个生活常识"躲避飞来的足球"，帮助队员理解黄继光堵枪眼这一行为背后"保家卫国"的强大精神力量。这样的对比迁移，能够缩短队员在认知与情感上与英雄行为的距离感，从队员熟悉的场景和经验出发，触动情感，以实现宣讲的良好效果。

又如，《了不起的劳动者》少先队活动课，辅导员向二年级小朋友讲述团队带头人的重要性，用了生活中队员熟悉的"火车"来举例，"火车跑得快，跑得好"全靠"火车头"来带，这能更好地帮助队员理解。

又如，讲述王二小的故事时可以融入队歌的含义，女排的精神可以与少先队的作风"勇敢"结合。找到融合点，能让宣讲更贴近少先队员。党史组《党员徽章里的小秘密》以孩子们熟悉的党徽切入，探寻共产党人"为人民服务"的理念以及少先队队礼的含义。

宣传建团百年精神，邹璐邑老师通过自身成长经历，以《话团缘》为主题，和队员分享自己入队、入团的故事，增强宣讲的感染力。

其次，要找好与周边资源的"结合点"。 少先队活动重实践，辅导员要从校内走向校外，积极寻找学校周边的红色场馆、聘请各条线的优秀校外辅导员，在共同协力开展的"红领巾心向党"主题活动中，传承好红色基因，打造红色基因全链条。

给辅导员的建议：善于横向联系、家校社联建共育，共筑少先队15分钟幸福圈。

四、找准"延伸点"，学、践结合有实效

优秀的宣讲，队员得到的感动是瞬间的感受，辅导员要紧紧围绕少先队"实践教育"这一法宝，抓住契机，引导队员把当下的感动落实到实际行动中去。一次主题教育活动后必然开展一个后续的主题实践活动，活动要有评价，可以与少先队的奖章激励、岗位激励、荣誉激励、实践激励等结合起来。

如《了不起的劳动者》少先队活动课，在引导队员认知、感受后，给队员安排了21天的岗位服务计划，设计任务卡，让队员把对劳动者的崇敬转化为行动，用自己的劳动为他人带去幸福。21天后，开展《我的劳动故事》分享会，引导队员分享个人劳动成果，讲述如何为他人带去快乐的故事。21天的行动让40分钟的少先队活动课的效果真正落地。

给辅导员的建议：关注活动延伸，用好少先队成长激励体系，让少先队教育有实效。

五、让队员做得到

对孩子说一百遍不如让孩子做一遍。因为听过的容易忘记，看过的也不一定能记住，唯有实践体验才会刻骨铭心、终生难忘。如上海、江苏、浙江、安徽的少先队辅导员广泛开展实践体验活动，结合长三角一体化发展国家战略，以红色基因传承为主题，开展党、团、队旗传递活动，吸引长三角地区少年儿童广泛参与线上体验和线下仪式，还发动长三角地区少年儿童从儿童视角出发，为加快建成长三角一体化贡献金点子。

少先队辅导员还可以采用适合队员特点的红色研学路线，开展"行走中的队课"，把红色的景、红色的人、红色的物编成童谣、作成动漫、拍成短视频，探索富有代入感、亲近感、时代感的活动方式，让队员在"沉浸式"政治引领中得到深刻感悟、接受精神洗礼；引导队员争做"红领巾讲解员"，从"我来听"到"我来讲"，把有深度的故事讲得有温度，把有精神的故事讲得更精彩；开展红色小品展演活动，注入榜样元素、艺术元素、情感元素，扩大少年儿童政治引领的覆盖面和实效性。如，贵州组织12293名易地扶贫搬迁社区少先队员参与红色研学实践活动，将党的关怀传递给广大少先队员。

少先队辅导员要结合少先队社会化建设，广泛开展家门口的红领巾小小志愿者、15分钟幸福圈等社区实践体验活动，鼓励孩子们用"小眼睛关注大社会"、用"小故事诠释大主题"、用"小切口反映大时代"、用"小建言影响大决策"、用"小行动助力大发展"，引导孩子们从身边的"小道理"感悟国家治理的"大道理"，贡献小孩子的大智慧，把城市或乡村建设得更美好。

少先队幸福教育案例：

聚焦少年儿童政治引领　深化"15分钟幸福圈"建设
静安区大宁路街道社区少工委

大宁路街道在上海市少工委打造"15分钟幸福圈"工作的指引下，通

过建组织、立机制、盘资源、拓阵地、强队伍、链活动，充分发挥少先队实践育人作用，突出少年儿童政治引领，全链、全域、全程积极推进大宁少先队工作社会化高质量发展。

一、固化圆心，始终立足为党育人根本任务

找准和固化圆心才能画好"幸福圈"，这个圆心就是加强党对少先队工作的领导。在街道层面，始终坚持党建带团建、队建，大宁路街道在成立社区少工委的基础上成立大宁社区少工委工作指导委员会，由街道党工委书记担任主任。在居民区层面，由辖区25个居民区党总支书记担任社区少工委委员、队建指导员，持续完善"社区大队—居民区大中队—楼群混龄小队"三级网络，广泛聘请党员身份的各类社区骨干担任校外辅导员。在楼组层面，充分发挥社区少先队组织混龄教育的特点，组建"混龄小队"，开展"幸福'双减'大转盘"，队员和家长分别担任"轮值队长"和"轮值辅导员"，依托"亲子阅读营""少年军校""爱心暑托班"激发幸福社区内在动力。

二、扩大半径，延伸覆盖实践育人立体维度

时间维度上，社区充分利用课后、节假日等实现"学校放学、社区开学"，积极搭建"校内＋校外"评价共认、阵地共用、活动共办、队员共育的机制，举办"国旗下成长"、"四点半"混龄课堂等爱党爱国教育品牌活动，学校、社区少工委"双向奔赴"，共谋社区实践活动，搭建"红领巾奖章"社区争章平台，并将其纳入学校评价体系，让少先队实践教育的时间更有保障。空间维度上，大宁路街道依托大宁优质教育资源集聚的优势，搭建"家校社企"联动机制，做亮社区家长学校、慕课堂双品牌，云课堂首推二次元的"宁宁校长"，为家庭教育减忧赋能。绘制少先队社区实践地图，覆盖青年中心、新时代文明实践分中心、文体场馆、图书馆、档案馆、科创实验室等校外阵地，党群服务中心挂牌成为区级"社会化争章基地"，让少先队实践教育的空间更广阔。场景维度上，队员实践体验项目在各居民区实现"百花齐放"，云平居民区打造队员"小林长"项目，金茂居民区带领队员建立"领巾书屋"传递"社区书香"，云荣居民区引导队员成立"领巾议事厅"

投身社区治理等，这些项目的实施让少先队实践教育的场景更丰富。

三、绵延用力，共筑社区少先队幸福"三圈"

构筑"家庭亲情圈"，家、校、社共育使社区少先队焕发出新活力，在党员家长的带领下，更多家长越来越重视和支持少先队工作，红色寻访、志愿服务、助老敬老、亲子阅读、手作体验、文体娱乐使得家庭关系更亲密健康。做实"伙伴友情圈"，大宁"花儿与少年　筑梦共成长"职业体验成长营已开设40多期，混龄队员在社区里、工地上和军营中实践锻炼、提升本领，学会互助、理解家长、服务社会。助力"社区温情圈"，"小宁盟红领巾儿童议事会"组建以来，队员参与、儿童赋权的"大宁模式"愈发成熟。街道每年特邀2名队员代表参加社区代表大会，支持红领巾发声和行动。比如，队员提交的"希望户外活动场所更多元、更安全"的建议已被采纳落地。我们鼓励队员贡献更多金点子，培养他们树立"人民城市人民建"的小主人翁意识，让"少年儿童幸福成长在大宁"。我们着力在一次次社区实践中激发广大少年儿童爱党、爱国、爱家乡的情怀，推动社区少先队工作焕发新的生机与活力。

总之，少先队辅导员要用少年儿童喜闻乐见的方式、易于理解的童言童语，自觉做儿童化阐述党的创新理论的幸福实践者，引导少先队员从政治启蒙中感受幸福、树立信仰。

第二节　集体建设发现幸福

少先队集体是队员天天学习、生活在一起的最基本单位。少先队组织在建设中队集体过程中，为队员创设在决策、管理、执行等建设流程中的多重参与机会。队员通过情景体验，规范行为，认知社会，获取自我满足，发现在少先队集体建设中不一样的幸福。

少先队幸福教育观点：

集童智、聚童愿，必然会富有童趣、美意乃至独特的幸福色彩。

让每个队员都能在为他人服务的社会实践中收获幸福的感受。

让环境布置充满唤起少先队员幸福感怀的氛围。

一、制订美好目标

有了美好的目标，队员就会喜欢自己的集体，就能够增强幸福感，这有利于他们组织观念的养成；有了美好的目标，队员心中就有了愿景，并储存在每个人的潜意识里，能够增强他们的集体自豪感，增强幸福动力，增强对组织的热爱。目标要集童智、聚童愿，体现队员的共同心愿，还要能够引导队员为之共同奋斗。

队员常常将目标寄托于美妙又幸福的队名上。如某中队取名"春笋"中队，各小队纷纷取名为"泥土""雨露""春风""阳光"，寓意小队为春笋的天天向上而出力。某中队取名为"阳光绿舟"中队，表示中队怀有理想，充满活力，迎着阳光，挑战风浪。某初二中队起名为"五快乐"中队，寓意让眼睛、耳朵、四肢、大脑、心情都快乐起来。某小队以市花命名"白玉兰"小队，表露出小队队员的心愿：白玉兰象征着纯洁无瑕的心灵，队员要相互勉励，做热情纯真的好少年。

配合队名，辅导员可引导队员制作幸福队标、编幸福歌曲来自我激励。还可一起制订幸福公约，形成共同规范、规则，用以自勉、自律。条文不宜太多或过于死板，否则容易变成一种束缚，切忌辅导员包办、指定，更不能过于教条、抽象、成人化，也不应搞成由教师自上而下规定的"班训"。应发动队员集童智、聚童愿，如此便必然会富有童趣、美意，乃至形成独特的幸福色彩。

少先队幸福教育案例：

星星火炬激励我们成长进步

——上海"三代人共话少先队员幸福感"寻访调查

上海市青少年研究中心　元　琴　林　频

幸福感是因为自己或者与自己有关的集体与个人所具有优良品质或所取得伟大成就而感到光荣的心理。组织幸福感是组织成员对组织的一种认同感、从属感、责任感。

本次寻访调查活动在上海全市7个区县106个家庭开展，让少先队员自己成为寻访调查的主体，记录自己家庭中祖孙三代人在少先队组织中的幸福时刻和精彩故事。少先队员通过对三代人的寻访，强烈地感受到，少先队员幸福感不是凭空产生的，它是组织教育引导、组织文化熏陶的结果。少先队组织是我们成长进步的大学校，星星火炬的激励是我们成长进步的巨大力量。

一、入队时刻最幸福

参加入队仪式，戴上鲜艳的红领巾，这一幸福时刻深深地印在少先队员

的心里。飘扬的队旗、嘹亮的队歌、坚定的呼号,队员的组织光荣感,从那庄严一刻开始萌发。队员激动地回忆起自己入队的那一刻。一位爷爷说:"我出生在1954年。那个时候,生活条件非常艰苦。我们从小在农村长大,身上的衣服都是哥哥姐姐留下的,缝满了补丁,十分破旧。本来,新队员的红领巾都是由老队员留下的。但是那年,老师自己买来了好大一块红布,为新队员缝上了新的红领巾。我很幸运,得到了珍贵的红领巾。我特别珍惜胸前的红领巾,感到无比幸福。"一位妈妈说:"我们那时候入少先队跟你们不一样,是分批进行的。记得第一批班里有五个同学被选,我就是其中一个。在入队仪式上,是一位高年级的姐姐帮忙戴上的红领巾。我心里非常自豪,想着今后要更加努力学习,争做一名德智体美劳全面发展的学生。"一位爸爸说:"我们那时候参加少先队,就好像拥有了很高的幸福感,干什么事都精神百倍,处处带头搞卫生、擦黑板、排座位等。劳动课在地里干活更卖力,好像有种使命感在驱动着我们。"一位现在的少先队员说:"鲜艳的红领巾捧在手心里。不知是不是因为手小,觉得这红领巾沉甸甸的。望着红领巾,我知道这意味着成长与责任。领巾的红色是革命先烈的热血。把领巾佩戴在胸前,我清楚自己肩负起了一份责任,继承先烈的革命复兴中华的责任。清风徐徐吹过,领巾胸前飘。那一刻,心中满满的幸福。"

与此同时,进入初中后换戴大号红领巾、"十四岁生日"佩戴团徽、初中入团等仪式都能燃起队员心中的光荣感和责任感。有一位队员说,自己曾经辅导学弟学妹上队课,帮助他们加入少先队,这也是非常幸福的体验:"二年级的时候我对学弟学妹进行辅导,教他们唱队歌,带领他们学习少先队章程。阳光下,我亲自主持他们的入队仪式,亲眼见证他们用稚嫩的小手,系上鲜红的领巾,内心充满自豪。""在帮助新队员戴红领巾的时候,感觉自己正在传递星星之火,让少先队的精神延续下去。在那一刻,我感到无比幸福和自豪。"

二、快乐活动最幸福

戴上鲜艳的红领巾,参加丰富多彩的少先队活动,每一个少先队员都感到兴奋和骄傲,很多场景至今记忆犹新。一位外公说:"六一儿童节真是激动人心，整个会场布置得特别庄严、庄重，锣鼓喧天、彩旗飘飘，庆祝大会的议程有入队仪式、文艺节目、体育表演、田径比赛，那一刻的心情真是万分激动……使人终生难忘。"一位妈妈说："小学六年级时，我作为少先队代表第一次来到中福会少年宫，参加少先队活动，看到了当时非常著名的'燕子姐姐'。她还给我签了名。作为全校唯一一个参加这个活动的人，我感到非常光荣。""小时候，六一儿童节的时候，下午放假。戴着红领巾，去南京路上的上海杂技场看杂技演出，然后和班级同学一起去人民公园玩。"一位现在的少先队员说："那一次暑假的'卖报活动'让我感到自豪而幸福。那天，我用自己的零花钱和班级中的 11 名同学一同买了当天的报纸，然后来到地铁口义卖。我们之后把卖报纸的钱，捐给贫困山区的孩子。通过自己的劳动获得报酬，又将这份报酬捐给同龄的孩子，我感到十分幸福。"

调查表明，少先队仪式能带给孩子一种神圣感，是孩子人生的重要体验，可以帮助孩子实现幸福成长。要不断提升仪式的精神内涵，通过仪式教育，让少先队的文化深入每一个孩子的心灵，从小种下幸福的种子，长大开出枝繁叶茂的花。

三、组织激励最幸福

在队旗下成长，自己点滴的成长进步都能够得到辅导员老师和伙伴们的认可。多样化的精神奖励让队员感到非常光荣。"外公在国庆十周年被学校选出来参加当天在人民广场的活动。国庆当天，他们戴着红领巾，看见千万只和平鸽腾空飞起，他们欢快地跳起集体舞。虽然已经过了五六十年，但外公仍记得当时的场景。他认为，自己被选为品学兼优生参加活动，十分幸福。"一位妈妈说："在我小时候，每年都会有'金星队员'评比，我努力地获得了这个称号，那时候觉得特别光荣，直到现在，那本荣誉证书还被我保留着。"很多队员都提到了自己被选为升旗手的经历。

"我感到最幸福的时候是我被选去当升旗手的时候，我认为这代表着同学和老师对我的信任。当我亲手把国旗升上天空时，我感到无比幸福。"竞选队干部，对很多队员来说，也是自己成长过程中非常难忘的体验。有队员

分享了她竞选队长的故事:"竞选大队长时我十分紧张,生怕失败。后来转念一想,没选上也没关系,至少我努力过。最终,在我的优秀表现下,我当上了大队长。当老师为我戴上大队长标志时,我无比兴奋与自豪,并提醒自己:'一条杠杠一份责任,不要辜负大家对你的期望。'"

还有的队员回忆自己小学五年级尝试竞选大队长的经历:"虽未成功,但上台演讲时的那份既担心又激动的心情,至今难忘。"少先队集体取得的胜利是每一个成员的光荣。"学校每周都有流动红旗的评选活动。当主持人公布获奖名单,念到'八一彩虹中队'时,是我感到最幸福的时刻。这面红旗虽小,却是我们中队每一位队员用自己辛勤的汗水换来的。当我代表中队上台领奖时,心中无比自豪。台下的队员个个脸上都露出灿烂的笑容,红领巾在胸前飘扬,我们是幸福的少先队员!"

四、帮助他人最幸福

少先队员在组织中快乐成长,在自己取得进步的同时,他们还不忘伸出援手,帮助身边有需要的人。在帮助他人的过程中,他们感受到快乐,也感受到作为少先队员的幸福。"最令外婆感到幸福的是她作为一个少先队员帮助同学的事。那时有许多家庭困难的学生,到了家里也无法复习功课、做作业。而那时老师身体也不好,作为成绩最好的少先队员,外婆主动在自习课上为同学解答问题,虽然很累但也很高兴。这样下来,不仅同学的成绩提高了,对外婆来说,自己也得到一种提高,正所谓'教学相长'。""当父亲还是少先队员时,他们会去慰问孤寡老人,看到老人过马路,会去搀扶,每当乘公交车时,总是第一个站起来让座,每当他们被赞扬以及被感谢时,父亲都十分骄傲,感到十分光荣。""我感到最光荣的时刻是为家庭经济困难的同学捐款的时候。我三年级的时候,我们学校一位五年级的同学不幸被查出患上白血病,面临着残酷的命运摧残。当其家庭因无力承担巨额医疗费用而一筹莫展的时候,全校师生及时伸出援助之手,最后筹集爱心捐款六万余元。这一刻,我觉得自己作为一名少先队员,能帮助其他同学,无比幸福!"

二、实行民主选举

少先队集体要建立民主选举、民主决策、民主管理、民主监督、民主换届制度。首先要让队员在民主选举自己满意的小骨干的过程中获取幸福。要指导队员把握小骨干的选举标准，正确行使民主权利。

小骨干选出后要进行队长宣誓，以强化角色意识："一当火车头，样样事情能带头；二当孺子牛，热心服务勤奋走；三当水中鱼，团结队员做朋友；四当智多星，能出点子会创新；五当小火箭，自动向上齐奋进。"队委建立后，要通过队长学校、每周例会、日常指点帮助、表扬好骨干等多种形式和途径进行队长学校培训，帮助小骨干学习各种工作技能，增添幸福情感体验。

要抓好大、中、小队骨干选举中的"申请、审核、参选、投票"等重点环节，要关注性别优化组合，务必重视男孩小骨干的培养。还要实行民主管理、民主监督，建立小骨干述职制、评议制。

少先队幸福教育案例：

大队辅导员参与队委会民主选举

1988 年 10 月 19 日的《少年报》，头版头条报道了学校大队委员会的竞选活动。正如编者按中所写的：普陀区中心小学的少先队员，认真负责地搞好队组织的改选工作，采取多种竞选办法，选出自己称心的队干部，使广大队员接受了一次民主和竞争精神的教育、锻炼。是啊，在编队改选的日子里，大队干部竞选成了队员的热门话题。教室里，竞选小组的成员在向队员介绍他们的候选人的事迹；学校的宣传橱窗前，队员饶有兴趣地看着候选人的彩照、竞选词和有关材料，七嘴八舌地议论着，气氛非常热烈。

一

"大队委员会要改选了，怎样搞好改选工作呢？"大队部首先发动各中

队的队员进行讨论。经过热烈的讨论，大伙懂得了每个队员都享有选举、被选举和自荐的权利。他们说：这次我们要用民主竞选的形式，由全校队员投票，差额选出有能力的、称心的大队干部。

校领导和大队辅导员全力支持红领巾的建议，民主竞选大队干部的活动开始了。队员有的三五成群商量推荐名单；有的沉思要不要去大队部自荐……不到两天，大队部就收到了17位候选人的名字，其中自荐的就有7名。五（2）班的刘晨骅就是其中的一位。

刘晨骅，平时比较调皮，但他学习成绩好，有组织能力……他走进了大队部，郑重地对辅导员说："我有能力干好，虽然我有缺点，但我一定会改的。"好啊，就这样，一个敢于面对自己缺点的勇敢的候选人产生了。

二

为了让全大队队员了解自己中队的候选人的情况，每位候选人都有一个由三四个人组成的竞选小组，小组成员一般有对竞选人比较了解的、活动能力较强的队员或者届满离任的前任队干部，尽力帮助候选人竞选。竞选小组的队员走访老师、家长、里弄干部，全面了解候选人在校内外的表现，收集候选人的动人事迹，到其他班进行演说，扩大他的影响，帮他的竞选出谋划策，同时督促他改正缺点。

在纪念建队39年的检阅式上，候选人在操场上向全体队员作竞选演讲，接受队员的评议。各竞选小组也为自己的竞选人作介绍。出人意料的是，大队辅导员也加入了竞选演说者的行列，只见他向全校队员演说道："今天，我作为大队委员会中平等的一员也来参加竞选，我的职责是辅导好大队委员带领队员开展丰富多彩的队活动，让快乐充满校园，让友爱充满心田。请大家投我一票。"话音刚毕，全场响起了一阵热烈的掌声。原来，大队辅导员认为，过去都是选大队委员，这次选的是大队委员会，成员应由辅导员和大队委员组成，辅导员也是平等的一员，也应由全体队员选举产生，这样做，可以使学校领导自上而下的行政任命和自下而上的队员拥护相结合，使辅导员真正成为少先队员的知心朋友。通过演讲活动，全体队员对候选人的情况心中有了"底"。

<h2 style="text-align:center">三</h2>

接下来，就要考察每位候选人的实际能力，过"能力关"了。学校成立了一个由校领导、大队辅导员、8 名队员代表，以及候选人组成的考核评议小组，对自荐担任大队某项委员的候选人进行测试。评议小组请大队长候选人谈召开少代会的设想，设计会议过程；请宣传委员候选人设计一块队报版面；请文娱委员候选人谈如何搞好午间俱乐部；请劳动委员候选人谈如何带领队员投入"洁齐美"竞赛；请儿童委员候选人谈如何培训好小辅导员……一个个候选人开动创造性思维，胸有成竹地应答着。评议小组和候选人一起逐个打分，结果按分数高低排列，取前 12 名加上大队辅导员共 13 人为正式候选人。

正式候选人的一张张彩照在大队黑板报上公布啦，彩照下面是候选人的主要事迹和竞选词。每天，都有许多队员在观看、议论，因为他们知道，进入大队委员会的只有 11 人啊。

学校第六届少代会召开的当天早晨，经过全校队员的差额投票选举，11位大队委员会的成员终于顺利产生了！在下午召开的第六届少代会上，校长受大队委员会的委托，宣布了选举结果。当宣布到大队辅导员以 421 票（离全票差 17 票）的最高得票数当选时，会场内顿时响起了一阵热烈的掌声。在庄严的鼓号声中，就职仪式开始了。校长把鲜艳的红领巾佩戴在辅导员的脖子上，辅导员把崭新的标志授给新当选的干部们。在辅导员的带领下，全体大队委员进行了就职宣誓，表示了搞好工作的决心和信心。

竞选结束了。但两个星期里的竞争和民主气氛，给队员留下了深刻的印象。每个队员都积极地参与选举，行使自己的权利，选出了自己满意的干部，培养了民主精神和竞争意识。大队委员会的竞选，使全体队员真正"当了自己的家"。

（"少先队大队辅导员参与队委会民主选举"荣获建队 50 年上海市少先队工作首创奖）

三、组织集体活动

活动是队的生命，共同活动是集体的黏合剂。队的活动是队员获取幸福、凝聚童心、建设好集体的基本因素。但不是任何活动都能发挥此作用的，行政化、一律化、成人化的活动都很难受到队员欢迎。队的活动部应给队员提供可自由选择的"菜单式"活动，特别是孩子们自我创造的活动，如十分钟队会，队员特别喜爱。还有"双减"后的红领巾小社团活动，深受队员的欢迎。

少先队活动贵在自主设计、自己组织、自己实施，即使是从上而下部署的活动，也都应该发挥队员的主动性和创造性。队员在少先队组织中，应是幸福并快乐的，要帮助他们在队中形成"我为人人，人人为我"的良好人际关系，让每个队员都能在为他人服务的社会实践中树立为人民服务的思想，收获幸福的内心感受和情感升华。

少先队要引导队员学习从事劳动服务以及进行社会活动所必备的本领，给予他们精神生活的幸福。集体里应建立起人人都能奉献才能、人人都能尽小主人责任的岗位机制。如，"石榴"中队给每一位找到岗位的队员都起了一个名字或外号：小小粉笔头、可爱开心果、队风纪小警铃、体育小健将、音乐小细胞、节能棒小子……在组织中让人人都有服务岗位，提倡友爱合作，继承、发扬队的优良传统作风，让每个队员都有奉献并施展自己才能、尽自己小主人责任的机会。

少先队幸福教育案例：

小公民自治委员会

静安区第一中心小学少工委

"小公民自治委员会"作为我校少先队的特色品牌，历经十年耕耘，已构建起独特的自治体系与活动模式，深受少先队员及家长的喜爱与认可。我们以志愿服务部环保队为例，展开说说队员如何自主自治。

一、有愿景——红领巾铸就绿色梦想

为了更好地践行生态环保理念，志愿服务部下设的"环保队"充分发挥自主策划、自治管理、自我成长的作用。队员在辅导员的指导下积极策划一系列校内志愿服务和校外实践活动，不仅能承载传播环保知识的责任，更能激发"小公民"参与生态保护的自主性与创造性。

二、有行动——红领巾驱动绿色实践

学校少先队坚持校社协同，以队员为主体、以机制为保障、以育人为宗旨，通过校社联通多样化、校社联合长效化、校社联动项目化，努力营造育人氛围，让少年儿童在校内外的少先队组织活动中牢记嘱托、热爱生活、幸福成长。

（一）漂流行动：自治创新，资源再生

环保队发现校园内许多图书都是八成新的，但使用率却较低，于是开动脑筋发起"漂流行动"，鼓励少先队员将旧物循环利用。在学校的能量驿站，就有这样一处地方用于流转从全校各班收集到的书籍和学习用品。除此之外，我校还积极与江宁街道进行联建，"学雷锋——爱心义卖"专场中总能听到志愿服务部队员热情的吆喝声。这样的形式不仅能拓宽活动的影响面，还能增强区域间的合作，让"环保"之花开遍校内外。

（二）光盘行动：自治监督，习惯养成

每天中午，我们都会看到这样一群身穿绿马甲、戴着红领巾的队员穿梭在楼道教室门口，他们时而检查湿垃圾桶内的餐食剩余情况，时而提醒同学们有序排队……原来是由环保队队员担任的"光盘小小监督员"在检查各班的用餐情况。对于用餐情况良好的，环保队的队员给予其优秀个人和优秀集体"光盘环保章"的奖章激励，能在一定程度上有效提升队员的勤俭节约意识，展现出较强的自治能力和社会责任感。

（三）"自治区"劳动：自治自理，美化校园

每周四中午的"自治区"劳动是我们的传统，这是培养队员劳动能力和责任心的一种方式。几轮下来，我们发现中队"自治区"劳动效果参差不齐。为此，环保队的队员围坐一起出谋划策。最终，在大队部的指导下队员

制定了"自治区"劳动评价表，从"劳动准时""工具齐全""打扫认真"这几个维度进行评价打分，对于发现的问题及时向中队辅导员汇报。

三、有渠道——红领巾拓宽幸福边界

学校依托"15分钟幸福活动圈"项目，构建内外联动的自治实践平台，为队员积极开拓各类有益的外出实践基地。例如，在梦清园实践基地，"小公民"开展环保生态行动——捡拾落叶、分类垃圾、清理公共设施，这让队员对环保事业、无废城市的建设有了更加生动、直观的了解。队员也将学习所得带回学校、家庭进一步宣传。

四、总结与展望——自治力铸就幸福同心圆

在这一年的实践探索中，我们深刻感受到"小公民"自治力的巨大潜力与价值。在未来的工作中，我们将继续深化"组织化的自主自动"理念，在提升队员参与度、增强行动胜任力、加强校家社协同等方面不断努力，形成更多可借鉴、可推广的自治经验。我们相信，在全体师生的共同努力下，"小公民"的自治力将不断得到提升，幸福同心圆将越绘越大、越绘越美。

四、创建环境阵地

用美好的文化环境来熏陶人，用巧手慧心来创造有趣而又让人自豪的环境，让环境布置既充满唤起少先队员幸福感怀的氛围，又能充分展示队员的成就和中小队的集体风貌，让他们更加热爱自己的大、中、小队，受到无声的感染。

学校可以发动队员用巧手布置温馨中队，让大家获得一个幸福的学习、生活环境，充分展示队员的成就和中、小队集体生气勃勃的风貌，凸显组织的独特文化，激发队员的幸福感，并利用环境和队员进行对话，实现环境氛围"无声胜有声"的育人功能。

在中队里，中队要有自己的"幸福角"和"小家务"等活动阵地。比如各种各样的"幸福角"：植物角、荣誉角、奖章角、新闻角、游戏角。可

以布置幸福门，门上贴有中队全家福照片，标有中队队名、辅导员寄语。可以布置幸福墙，墙上展示的中、小队活动照片，都配有文字表达：我动手，我幸福；我阅读，我幸福；我创造，我幸福；我运动，我幸福。还可以布置幸福园地，创建幸福争章图表、中队荣誉手册、队员获奖瞬间，以展现各中队的幸福模样。

少先队幸福教育案例：

融创未来学园

浦东新区张江高科实验小学大队辅导员　马雯晔

"融创未来学园"是在校园中打造的一个少先队员可以自主管理、学习与创造的幸福乐园。它不仅是在物理空间上的创新，更是面向幸福教育理念和未来教学模式的革新。

一、空间建设：打造"融创城 N+"幸福实践阵地群

（一）物理空间建设

聚焦儿童化的政治启蒙：学校少先队用好楼梯墙面空间，将党的历史、故事、重要事件等进行图文并茂地呈现。设计队室窗帘文化，将少先队的历史发展、视频故事制作成充满童趣的时间轴以及二维码，队员能够通过时间轴了解队史发展历程、扫描二维码观看队史视频故事。布局数字互动屏幕，在队员日常课余时间经常活动的区域布置多种数字互动屏幕，把党、团员教师的微队课在屏幕上进行播放，让政治启蒙更生动、更有趣。

探索生活化的场景回归：基于培养创新素养，让校园和生活场景真实链接，建设中草药探究、积分银行、心愿超市、少年邮局等十余个实践阵地，形成"融创城 N+"幸福实践阵地群。践行"用中学""做中学""创中学"，提升少先队员在真实情景中分析问题与解决问题的能力，促进其核心素养的发展。

凸显情感化的实践体验：以"创读、创玩、创思、创行"的形式，引导

队员在阅读中发现问题、学会质疑、尝试探索,在游戏中激发兴趣、走进自然、了解社会,在思考中认识自己、激发潜力、寻找创新,在行动中深入理解、共同经历、深度体验。

鼓励组织化的自主自动:结合学校少先队"一队一品"工作,校园内每个实践阵地均由各中队主动认领,实行"中队责任制",主要负责阵地的常态化管理、活动组织等工作,提升队员的责任担当。

(二)虚拟空间建设

"融创城"中设置自主探究类设备10套、合作学习类设备14套、财富成长类设备5套,队员在"融创城"内进行线上线下的知识探究,使用"校园一卡通"将成果上传到平台上,获取相应的积分。在这一过程中,队员集思广益、协作探索、创造分享,提升了以创新素养为核心的综合素养。小程序中建设了"亦师亦友"线上平台,设置精彩活动、心语心声、成长寄语、心情故事、时光邮局等11个功能模块,引导队员开展各类校外实践活动、设计成果展示会,分享所思所获。

二、机制保障:探索项目化活动,助推特色集体建设新模式

学校地处张江科学城,为了发挥地域优势和资源优势,学校将幸福教育从校内延伸到校外。每个中队制定一套特色建设规划,让校外活动有了个性化的品质保障。规划表主要分为创特目标、文化内涵、品牌项目、推进计划等板块,中队辅导员结合中队实际情况、家长资源、队员需求等,统整班队的资源、提升育人能力、践行育人理念。学校每学期组织专家团队对所有规划进行一对一指导。聘任一批校外科创领域辅导员,让校外活动具有强大的资源保障。校外辅导员大多来自张江科学城各单位的党团员代表及家长群体。"中国芯""智能造""创新药""宜居港"等六大硬核产业都遍布我校少先队员的足迹。

项目在推进过程中,助力了中队特色项目、特色活动甚至特色品牌的形成,也让队员萌生了兴趣、激发了潜力、提升了积极性。

表1 特色中队8个幸福实验项目

中队	项目	目 标	素养培育	活动时间
五（1）中队	驿路邮你	培养队员提出问题、分析问题、解决问题的能力。	问题解决	每周三课后服务时段
四（2）中队	心愿超市	通过积分兑换、售卖来自个体、集体、公益等的项目，增强队员的组织服务能力和自主管理能力。	自我管理	每周二课后服务时段
三（5）中队	漂流书海岛	建立线上分享阅读体验的数字平台，赋能集体阅读活动。	人文底蕴	每周末线上互动
四（1）中队	家庭微实验室	家校协同，为队员创设常态化的科学实验共育环境。	科学精神	每周四课后服务时段
五（4）中队	高科国粹学院	建立国学知识自主学习机制，培养队员自主学习能力，提升对国学文化的审美和鉴赏力。	人文底蕴	每周一至周四午会课时段
三（6）中队	积分银行	制定积分银行使用手册，赋能队员校园金融知识。	实践创新	每周一课后服务时段
三（4）中队	安全加强营	建立小辅导员为一年级新生做安全知识培训、评价、组织竞赛等合作学习机制，赋能队员安全教育管理。	珍爱生命	每周五午会课时段
五（2）中队	"科学＋"创造营	挖掘各学科的科学资源，探索队活动项目化实施路径，提升队员科学素养。	勇于探究	每周五课后服务时段

三、共建联建：营造文化氛围，搭建多元展示平台

"融创未来学园"的节庆活动是基于学校六大领域的主题活动进行的一次优化调整，它面向全体少先队员，让所有人都能参与活动的策划、组织、执行、管理等。学校现有语言与文学领域、数学领域、艺术领域、自然与科技领域、体育领域、社会领域等六大领域的主题活动，在全年中不同时段组织文化节、数学节、艺术节、科技节、体育节和成长节等六大节庆活动。

每学年，"融创未来学园"会面向全校征集年度主题，并通过投票确定主题，节庆活动围绕年度主题进行活动组织。2022年度的主题为"一起向未来"，2023年度的主题为"感恩有您，成长有我"，2024年度的主题为"让学习随时发生，给未来无限可能"。每次的年度主题虽然不同，但都营造了"融美乐创"的文化氛围，这与学校的办学主张达成一致。节庆活动遵循体验感、互动性、教育性三大原则，采用"大手拉小手"混龄结对、自主选课

混班体验、分时段分年段体验等模式，由大队委员会、年级组、六大领域、家委会为主力团队，共同策划并实施，融合特色中队建设、跨学科项目化学习、创新素养提升等多种内容与形式。

五、实施展示激励

集体中要定期展示好活动、好队员、好骨干、好小队，以激励争先进取，倡导相互学习，使集体向更高层次发展。同时，还可按某个时期的重点工作或集体建设的突出成绩创造性地展示"幸福中、小队""爱科学小队""春风小队""火车头队长""点子队员"等。展示标准由全体队员讨论制订，辅导员加以指导。如：环境创设——快乐从"墙"开始；自我提升——快乐从"我"开始；同伴互助——快乐从"伴"开始；师生平等——快乐从"师"开始；家校互动——快乐从"家"开始；适时评价——快乐从"卡"开始；激励机制——快乐从"章"开始；课队结合——快乐从"课"开始。

展示要具有导向性，以队员努力可及为原则；展示要具有及时性，保持队员积极性，为队员指明学习努力的方向；展示要注意程序性，小队总结，中队申报意见，大队宣布决定，最后由辅导员加以点评；选树要体现差异性，根据小队、个人原先的不同起点，注意激励后进争先进，调动全体队员的积极性；展示奖励要宣传优秀事迹，发扬好思想，推广成功经验；选树可用登光荣榜、向家长报喜祝贺、推荐当升旗手、记入光荣册等方式予以鼓奖，并作为综合素质评价的参考依据。

展示的主体可以是队长、队员、辅导员以及家长。展示要关注在创建快乐集体、提升快乐指数中少先队员的学习质量、发展潜力和幸福指向，帮助广大少先队员在发掘兴趣和潜能的基础上实现全面发展、幸福成长。

少先队幸福教育案例：

"红领巾思政小课堂"

闵行区少先队教研员 徐 晨

如何持续挖掘和更新思政教育内容，使其既符合时代要求又贴近少年儿童的实际生活和兴趣？如何创新活动形式，使思政教育更加生动有趣，避免单调乏味，提高少先队员的参与度和学习积极性？如何有效整合区域内外的教育资源，使"红领巾思政小课堂"真正与社会大课堂有效衔接？如何利用现代信息技术手段，增强思政教育的互动性和实效性？这些问题都需要我们进一步实践与探索。

一、紧扣时事热点，整合特色资源——打造有温度的"实事课堂"

我们紧贴时代脉搏，充分利用重大事件的教育价值，将时事融入思政课堂。每一次的少先队代表大会都是属于队员自己的盛会，队员聚童意、集童智、凝童心。如以 2024 年上海市第九次少代会的顺利召开以及 2023 年闵行区第七次少代会的召开为契机，我们开展了主题为"小提案大声音，好队员在行动"的思政课堂交流活动。活动中，队员在辅导员老师的引导下，深入学习党的二十大精神，对于社区治理和城市建设中的实际问题进行提案撰写，并提出建设性的建议。

部分队员针对社区内的孤寡老人提出"红领巾陪伴计划"；部分队员针对"儿童友好社区"提出可行性改善方案。队员积极践行全过程人民民主，努力理解中国式现代化的内涵。通过实践活动，队员在体验中成长，不仅提升了自身的综合素质，也让红领巾思政课堂的呈现更为鲜活而灵动。在区级思政课堂微队课展示过程中，队员融入了唱跳、戏剧表演、文创制作等生动有趣的元素，使思政课堂更加符合少年儿童的认知特点和学习兴趣，进一步激发了队员的学习热情和创造力。

我们深知，少先队思政教育要不断增进对党的创新理论的政治认同、思想认同、理论认同、情感认同。2023 年 11 月 29 日，习近平总书记到闵行区新时代城市建设者管理者之家考察。很多队员观看了习近平总书记来到上海

市考察的新闻后反响热烈。在此背景下，我们设计了以"打着队旗看闵行"为主题的"红领巾思政课堂"系列活动。我们以闵行区马桥镇的新时代城市建设者管理者之家为起点，队员走进其中，推开一扇扇大门，沉浸式行走，了解背后的故事，真正理解让人民生活幸福是"国之大者"的深厚内涵。

从此，"打着队旗看闵行"的寻访路线越来越丰富。"教育即生活，生活即教育"。队员走出校园，走进闵行的大街小巷，聚焦闵行的历史文脉、红色文化、先锋榜样、社区治理和未来发展。队员和辅导员老师一起用"小故事诠释大主题"，"小切口反映大时代"。通过寻访鲜活的闵行先锋榜样、生动真实的闵行故事，少先队员在心中种下爱党、爱祖国、爱家乡的种子，对祖国、家乡的认同感和自豪感油然而生。同时，我们也鼓励队员将所学所思转化为实际行动，为家乡的发展献言献策，贡献自己的力量。

二、提升专业素养，培优思政队伍——构建有深度的"实践课堂"

我们鼓励辅导员人人撰写少先队思政教育活动方案、微队课教学设计。我们集结区域内具有丰富经验的骨干少先队辅导员、优秀党员、团员老师一同参与红领巾思政课堂的活动设计和微队课研磨，着力在设计内容上突出政治性，凸显少先队的政治属性；在方式上突出实践性，凸显少先队活动的"队味"，通过沉浸式、体验式活动引导队员去观察、探访和交流；在实践中突出儿童化，贴近队员生活，使活动更具时代感。我们还注重活动的创新性和趣味性，让少先队员在轻松愉快的氛围中接受思政教育。以2024年"打着队旗看闵行——红领巾思政小课堂"初中组为例，我们已拍摄了12节初中微队课课例视频，供全区辅导员一起学习、探讨。

同时，我们还探索"校内红领巾思政小课堂—校外红领巾社会大课堂—区级红领巾思政小课堂—校内红领巾思政小课堂"的少先队思政教育幸福圈模式。在前期活动中，学校少工委根据区红领巾思政课堂的主题在各校中队率先开展校内红领巾思政课堂主题活动，做到中队全覆盖，再组建核心队伍参与到最终的区级现场展示中。回到校园后，参与区级展示的队员利用校级少先队阵地，如红领巾电视台、升旗仪式等针对本次展示做好校级层面的宣传和展示，使每位少先队员都能充分体验和感受思政教育的魅力。

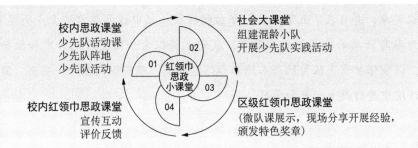

校内思政课堂
少先队活动课
少先队阵地
少先队活动

社会大课堂
组建混龄小队
开展少先队实践活动

校内红领巾思政课堂
宣传互动
评价反馈

区级红领巾思政课堂
（微队课展示，现场分享开展经验，
颁发特色奖章）

三、开设线上平台，争得"幸福奖章"——构建有鲜度的"云上课堂"

活动至今，我们已开展了数百场"红领巾思政小课堂"微队课交流展示活动，闵行区青少年活动中心公众号实时刊登每期思政小课堂的活动亮点和队员参与感受。"闵行教育""青春闵行"、《时刻准备着》等媒体报刊也作了报道与宣传。同时，为了更好地促进混龄队员间的思政学习交流，我们与"五育融合"平台深度合作，构建鲜活的"红领巾思政小课堂"线上交流平台。通过这一平台，不同年龄的队员可以根据同一个内容分享自己的学习心得与观点，实现学习资源的共享和互动。同时，我们也鼓励辅导员老师积极参与线上交流，为队员提供及时的指导和帮助。这一线上平台的开设，不仅为少先队员的思政学习提供了更加便捷、高效的渠道，还进一步增强了他们之间的学习互动和交流合作。

幸福章

红领巾说幸福，用童言童语讲述祖国的伟大成就、先锋榜样和身边的幸福、用实际行动传递幸福、创造幸福。积极参与闵行区"我把幸福告诉你"微队会展示活动，上传相关凭证即可获得此枚奖章。

我们将激励评价体系融入思政教育的全过程。我们设计了闵行区红领巾特色奖章"幸福章"，参与区级展示的队员通过自身努力和团队协作可获得

这枚奖章，并可在"五育融合"平台的区级红领巾特色奖章墙上点亮奖章，作为参与活动的珍贵纪念。后期，我们也将探索如何更好地开发和维护平台，注重保护少先队员的个人隐私和信息安全，确保他们在一个安全、健康的环境中进行线上交流和学习。

六、强化中队建设

上海市少工委一贯重视中队集体建设，由此提出以"一队一品"创新中队集体建设的工作思路，即一个中队在全面加强集体建设的基础上，结合自身特点和工作实际突出一项特色、创建一个品牌，形成队建的新路径。

为什么要加强中队集体建设？中队集体是少先队员学习、生活的最基本单位，是队集体建设的基础。只有中队集体充分发挥作用，队组织才能密切联系队员，队的各项工作任务才能落到实处。中队集体建设要结合中队实际，寻求创建特色，通过开展适合本中队的"一队一品"创建活动，带动中队集体的整体建设。

中队集体建设的品牌从哪里来？它来自各级少工委的工作要求，更来自中队辅导员和队员的个性化需求，只有努力在这两方面寻找结合点，队建品牌才能树起来，才能立长久。

开展中队集体"一队一品"建设的关键点是什么？首先要确定"品种"，一个优秀集体的创建有以下要素：有具体、形象、明确的集体目标；有健康的集体舆论和自觉的纪律；有一支自主自动的小干部队伍；队员间有团结和谐的伙伴关系；能够开展丰富多彩的队活动；队员个性在集体中能得到健康发展。实现"一队一品"，可以从以上某一方面寻找切入口，从而形成符合本中队自身特色的建设重点。其次是提升"品质"，一个优秀集体要不断注入时尚、现代、流行和富有生命力的鲜活元素，要让队员喜欢，也要让学校、家庭能够接受。再次要突出"品味"，品牌特色需要经过提炼和升华，要经得起时间的检验，让人津津乐道，久久回味。

为什么越来越多的队集体都加入创建"一队一品"中队的行列？因为这种创建思路既能面向优秀集体形成的完整的目标领域，又能为各中队提供开放的个性发展空间，体现以人为本的理念。由于不同中队开展创建优秀集体活动有层次差异和类型区别，因此创建的目标定位可以各有侧重，内容选择可以各有特点，实施方式、评价和管理也可以采用不同的形式，只有这样，才能在开放的时空中最大限度地发挥各中队的优势和特色。

少先队幸福教育案例：

蓬莱小镇

黄浦区蓬莱路第二小学少工委

"蓬莱小镇"依托学校的校本拓展活动课程，辅之以学校同步打造的集体建设，激励队员在打卡一个个"小目标"中增长才干。

一、组织建设有妙招　自我管理有特色

"蓬莱小镇"由谁来管理最合适呢？当然是少先队"蓬莱小镇"管理委员会（以下简称"管委会"），这是在学校少先队大队中创新设立的一个队员自我管理部门。每年学校少代会中的一项重要议程，就是在大队委的指导下民主选举产生新一届管委会。管委会下设四个部门，为更多队员服务他人、锻炼自我提供平台，从而更有效地树立起队干部的责任感和主体意识。管委会带领队员积极参与各项队活动的策划和管理，逐渐形成品牌。如设置"小车长"管理学校公共汽车教室，"小馆长"管理自由小书屋，"小台长"管理小镇气象台等。队员在实践中成长，人人争做有理想、有本领、有担当的新时代好队员。

二、大队阵地情境化　大队活动自动化

少先队阵地是由队员自己创设或参与建设、管理，利用率较高的固定场所。着眼于队组织的培养目标，"蓬莱小镇"创设大队活动情境，助力队员搭建少先队阵地、自动化开展队活动，服务于队员的全面发展和健康成长，对少年儿童具有凝聚、带动、引领等作用。

1. 快乐有趣的活动阵地

"蓬莱小镇"是队员成长的摇篮，依托"蓬莱小镇"社会情境，学校基

于队员的兴趣需求，开展许多有特色、受欢迎的活动，平台化的设置为队员进一步开展个性化学习提供助力。

（1）魔法小书店

在"魔法小书店"中，队员体验到阅读和写作的乐趣，继而萌发写作欲望。"蓬莱小镇出版社"帮助孩子们实现自己的"小作家"梦想，鼓励孩子们以儿童化视角认识和探索社会、热爱生活、投身创作。

（2）小镇研究院

"蓬莱小镇"研究院为善于发现、勇于探究、热爱科学的队员提供科研实践的平台，队员每学期可以自主申报研究课题，经管委会审核后，成为"小研究员"开展项目化学习研究。

（3）"巴士午间乐"与小镇体育公园

每天中午，队员可以拿着"巴士午间乐"活动券到特色创意空间"公共汽车教室"里参与"巴士午间乐"趣味队活动；爱运动的队员可以凭着"体育公园门票"到"蓬莱小镇体育公园"自由借用各种活动器材进行锻炼。

2. 创意无限的宣传阵地

（1）队刊《蓬莱小镇月报》

《蓬莱小镇月报》自发刊以来，收获无数队员的好评和喜爱，因为这份队刊讲的都是他们自己的故事，说的都是他们的心里话，每一期都凝聚着队员的智慧与付出，诉说着过程的艰辛与成果的喜悦。《蓬莱小镇月报》作为学校少先队的重要宣传阵地，是队员接受教育的重要途径之一。

（2）校园红领巾电视栏目"WOW! Penglai Town!"

"WOW! Penglai Town!"节目是"蓬莱小镇"品牌红领巾电视栏目，节目的每个岗位都由队员自主报名参与，每一期节目都由队员以儿童视角进行校园新闻的现场采编、撰写主持、录制及后期配音等。通过体验"小小媒体人""新闻人"的社会角色，队员的自主性得到充分发挥，学校也为他们提供表现自己、挖掘潜能、发现未来的平台。

总之，只有将少先队建设成快乐、自主、友爱、向上的好集体，少先队才能引领幸福生活，少先队员才会真正体验到幸福。

第三节　课程推进传递幸福

　　课程体现国家意志，是学校工作的基本遵循。《少先队活动课程指导纲要（2001 年版）》（以下简称《新版纲要》）以政治启蒙、组织认同、道德养成、全面发展为主要内容，主张按照时代要求和少年儿童需求，遵循不同年级少先队员"知情意行"成长规律，设计开展生动活泼、时代感强的幸福活动课程。

> 少先队幸福教育观点：
> 用小故事讲述大道理，把大道理化为小行动。
> 社会是丰富广阔的大课堂，实践是多才多艺的好老师。
> 在学校课程中"站起来"，在育人工程中"富起来"，在教育体系中"强起来"。

一、彰显一条主线

　　少先队活动课是鼓励孩子们向上向善的课程。主题是少先队活动课的灵魂。少先队是党创建和领导的少年儿童组织，党的教育方针、主张、希望和要求、形象、宗旨、历史、成就、党员的先锋模范作用等，以及党领导国家、全心全意为人民服务的正能量，都是少先队活动课的根本内容。童心都是纯真的，在这个年纪萌发的对少先队组织的感情、对共青团组织的向往、对党的热爱，是他们一生成长进步的基础。少先队活动课，就是

要发挥好其在孩子们中间开展思想政治教育的作用，更加鲜明地体现我们的政治性、儿童性，开展好组织意识、道德养成、政治启蒙、成长取向的教育，引领亿万队员向上向善。

少先队作为少年儿童学习中国特色社会主义和共产主义的学校，作为建设社会主义和共产主义的预备队，是党、团、队衔接育人体系的重要组成部分，政治启蒙和价值观塑造是少先队的主责主业。在少先队员中生动、有情感、有温度地宣传党的声音，传播"儿童化"的政治，增强少先队员光荣感，增进他们对党、新时代和人民领袖的情感认同、思想认同、政治认同，培养更多党的"红孩子"，是共青团、少先队应当具备、必须提高的看家本领与核心能力，这是少先队教育区别于学校德育的显著特征。

《新版纲要》以党的二十大精神和习近平总书记关于少年儿童和少先队工作的重要论述为根本遵循，小切口、大纵深，用小故事讲述大道理，把大道理化为小行动，注重将活动评价融入红领巾奖章之红星章、红旗章、火炬章三类基础章和特色章中，将传承红色基因、赓续红色血脉融入少先队活动课程全过程，启发少年儿童在少先队活动中传递党的政治主张、价值理念、精神气质。《新版纲要》使少先队活动课程真正走进少年儿童内心，真正达到政治启蒙和价值观培养的成效，将提高广大辅导员的政治自觉和幸福感，在抓好后继有人这个根本大计中发挥独特的政治功能和育人功能。

少先队幸福教育案例：

从"初心之地"到"人民城市"
——在"15分钟幸福圈"中开展主题队课教育的实践

同济初级中学　阮亦秦

我校探索了少先队《从"初心之地"到"人民城市"》主题队课课程实践，引导队员深刻理解"初心之地"的历史内涵，同时激发他们对"人民城市"建设的责任感和使命感。

一、深化理论，筑牢思想，激发兴趣

从石库门到天安门，自兴业路延展至复兴路，党的历史画卷在此缓缓展开。活动的第一阶段，少先队员将依循时间的脉搏，探本溯源，找寻党的"初心之地"，并深切体悟中国共产党初心的本质含义。

任务1："初心之地"寻"历史"。 通过实地考察上海革命历史博物馆及中共一大会址等红色遗址，队员深入认识中国共产党在上海的萌芽与壮大过程，以及那些为国家与民族做出巨大奉献与努力的革命先驱。辅导员鼓励队员展开自由讨论，继而引导队员勾勒上海解放前夕的党史时间线，并分享各自了解的该时期重大党史事件。通过时间线的精细化构建，队员得以更系统地把握上海党史的发展轨迹，自党的创建初期至解放前夜，每一项重大的历史转折点都深深烙印着党的初心与使命。这样的学习路径，不仅仅是历史信息的累积，更是对少先队员思想情感的深化熏陶与智慧启迪。

任务2："初心之地"寻"第一"。 探索"初心之地"的旅程，需追寻历史的足迹，也需重视标志着历史开端的诸多"第一"。如，1952年，为应对产业工人住宿难题，上海市人民政府建造了中国第一个工人新村——曹杨新村，为工人群众打造了一片宜居天地。进入改革开放和社会主义现代化建设新时期，1990年，改革开放后我国建立的第一家全国性证券交易所——上海证券交易所开业，标志着我国经济金融体制改革取得重要突破。

通过此项任务，队员更深层次地探索中国共产党创立的初心与使命，进而激发出内心深处的爱国情怀与拼搏精神，也为后续任务奠定了稳固基石，助力队员深化认识"人民城市"建设的含义与价值。

任务3："初心之地"寻"初心"。 实践活动环节强调理论知识与实际行动的有机结合，鼓励队员自主选取他们感兴趣的研究课题，比如，编制中国共产党历史时间线，交流分享红色历史故事等。辅导员带领队员共同思考一个问题：无论是回顾新中国成立前上海党史上的重大事件，还是快速发展时期的辉煌成就，中国共产党人始终坚守的初心是什么？答案不言而喻，那就是"为人民谋幸福"。

"为人民谋幸福"这一初心始终是中国共产党人的行动指南和力量源泉。

此项任务引导队员深入思考，在新时代背景下如何传承红色血脉，为推动中华民族伟大复兴的中国梦贡献力量。

二、巧设情境，聚焦生活，创新实践

上海始终坚持"民为根本"的价值导向，在都市建设的每一环节中践行共产党人的初心与使命。继全面探索"初心之地"之后，进入第二阶段，少先队员将视野转向"人民城市"的概念。

任务 1：初探"人民城市"。 作为上海市的地标性区域，五角场成为观察上海发展历程和城市变迁的窗口。本次活动特设环节，队员将化身为"城市规划师"设计一条独特的"city walk"路线，通过实地考察和体验，感受"人民城市"的独特魅力。探索始于大学路，这条马路默默记录了城市发展进程中的诸多关键时刻。从 2019 年的外摆位设立激发夜间经济的新活力，到 2022 年的景观照明改造提升街道空间魅力，再到 2023 年限时步行街开街探索城市多元空间，我们能感受到城市发展的脉搏和人们对美好生活的追求。随后，步入位于五角场街道国定支路的睦邻街区，那里的创智农园给人以深刻印象。这片往昔的荒废之地，经由同济大学"四叶草堂"设计团队的精心改造，变身为一个融自然与社区和谐共存的城市绿洲。这里还打造了党群服务新阵地和"人人系列"项目，为社区居民提供了阅读、交友、助餐、亲子、养老等多元化服务，完善了"15 分钟社区生活圈"的功能。在这次"city walk"中，队员深切体验到五角场周边区域所散发的幸福感。这一感受源自独特的商业气息、怡人的自然风光，以及多彩的社群活动，这些帮助队员直观地触摸到了幸福的本源。

任务 2：感悟"人民城市"。 在完成对五角场的深入探寻后，队员深化了关于"人民城市"概念的思考与解读。通过组织团队讨论环节，队员交流了个人对于"人民城市"的见解：城市的新建规划与旧区改造均应秉持以人民为中心的原则，紧密围绕居民的真实需求，合理布局生产、生活及生态环境。上海坚持践行集约高效、绿色环保的高质量发展模式，全力营造一个宜业、宜居、宜游、宜闲的高品质环境，旨在增进民众福祉感知，携手共创更加灿烂的幸福未来。其间，队员提出了自己的观察和理解。有人提到，"人民城市"不仅仅是物理空间的规划，更是人文情感的寄托。它需要关注到每一个市民的生活细节，让市民在城市中能找到归属感和幸福感。这就像五角场，虽然它是一个繁华的商业中心，但同时也充满了生活的烟火气和历史的痕迹，让人感到亲切和舒适。

三、总结提升，自我体悟，领会初心

在队课教育实践活动中，少先队员不仅汲取了广泛的中国共产党历史知识，还亲身经历了"人民城市"的建设成果，直观感受了城市进步的活力及其人文关怀。通过现场调研、团队辩论和心得分享等形式，队员对于"人民城市"这一理念有了更为深刻的理解与领悟，并对自身肩负的责任及使命形成了更加明确的认知。少先队员表示要将这份初心和使命内化于心、外化于行。

《从"初心之地"到"人民城市"》主题队课教育实践活动，引领少先队员深入了解了上海这座城市从党的诞生地到现代化国际大都市的演变历程，更让他们深刻体会到"人民城市为人民"的核心理念。通过实地探访、亲身体验，队员感受到了城市发展的脉搏，也感受到了人民对美好生活的向往和追求。

二、拓展两个空间

少先队活动课是鼓励孩子们实践体验的课程。活动是少先队活动课的生命。我们正处于全面深化改革的年代，国家发展和社会进步不断前进的年代，经济全球化和与世界更加紧密的年代。我们要通过少先队活动课，唱响更多中国好声音，积蓄更多少年正能量。在课堂上，我们要让孩子们在实践分享中知，学习历史好传统，感受时代新步伐，知国家发展和社会进步的好人好事；在社会上，要让孩子们在实践体验中做，在日尽一责、日进一步、日行一善中，体会身体力行带来的思想收获和情感升华。

少先队活动课程不局限于课堂，其具有跨越学校和社会"两个空间"、

课堂和课余"两个时间"的优势。社会是丰富广阔的大课堂，实践是多才多艺的好老师。《新版纲要》跳出少先队的"小视角"，站在校内外统筹的"大视野"，积极对接各种形式的社会资源，引导和帮助少年儿童通过多种形式的"生活化"活动，在广阔的社会天地中去观察、去探访、去交流，引导少年儿童自主思考，获得内心的幸福。

《新版纲要》引导孩子们"从灯光下到阳光下"，避免单一的理论宣讲、知识学习，让少先队实践活动的载体和形式跟上少年儿童身心发展的特点；帮助少先队员接触社会生活、接触大自然、体验我们伟大的新时代，凸显少先队活动课的"队味"，避免课堂化，把课内外、校内外实践教育活动连成一片，课内活动延伸到课外，课外活动反过来促进课内教学，使课内与课外的双向互动成为少先队活动课程的一片幸福天地。

少先队幸福教育案例：

让"幸福塔课程"越来越精彩

长宁区愚园路第一小学少工委

"为队员的幸福人生奠基"是愚园路第一小学的办学理念，学校少先队幸福教育具有良好的基础。学校坚持科研兴队，进行构建幸福塔课程体系、对幸福教育内容序列进行探索，秉承"自动＋后援"的运作机制，着力推动"15分钟社区少先队幸福圈"建设，不断深化幸福教育的内涵、拓展幸福教育的外延，让幸福转盘越转越精彩。

一、由此及彼，打造国粹平台创造幸福

学校少工委与社区少工委联建共育，"走进中医药"少先队特色活动课程正式启动，愚园路第一小学的马琼校长和江苏街道卫生服务中心的沈晔主任共同签署愚园路第一小学和江苏街道卫生服务中心合作共建协议。愚一的"小神农"们也在辅导员的带领下开展首次中医药社团活动。我们还在校内

开辟"神农圃"，队员亲手种下薄荷、菊花、无花果、栀子、木槿等中草药小植物。通过采摘神农圃中的中草药，队员动手制作中医药香囊，绘制中医药幸福品牌书签等。在校内组织的指导下，在校外资源的保障下，学校由此及彼、协同推进，不断优化少先队组织架构和"走进中医药"课程体系，通过线上线下联动，依托家长协同参与，带领队员就近就便参与活动实践，感受家庭亲情、伙伴友情和社区温情，让幸福敲开队员的心门。

二、由点至面，拓宽课程时空延伸幸福

在"走进中医药"系列品牌课程推进落实的过程中，学校利用课后服务及延时托管服务时间，充分发挥少先队大、中、小队组织特性，开设符合队员需求、能激发队员兴趣的中医药课程与社团活动，以中医药"望、闻、问、切"四诊为少先队实践活动的切入点，打造幸福体验类、幸福社团类、幸福拓展类、幸福融合类等体验式课程形式。由中队辅导员、学科辅导员以及社区辅导员带领部分队员先学先探究，再逐步形成"由点至面"新格局，每一个中队利用一课时少先队活动轮流赴校外共建基地开展"走进中医药"系列活动。这些活动既能弘扬中华传统文化的魅力，也能让队员在各类兴趣课堂中深入了解中医药在中国革命与发展进程中的贡献，了解党和国家领导人对中医药事业的重视和发展中医药的指示精神，了解中医药文化及中医药在抗疫中的巨大作用，分享对党领导下的中医药传统文化的发展产生的自豪感和使命感。

三、由内而外，建立争章基地收获幸福

学校少工委以红领巾奖章争章为载体，推动争章活动与"走进中医药"少先队课程的实践体验、社团活动、学科渗透相结合。校内，学校少先队设立与中医药有关的"小神农章"等红领巾奖章，为队员提供自主争章菜单。校外，学校少工委积极争取街道、社区的支持，创建各级各类的校外"小神农"红领巾争章基地，提升奖章的社会认同度和影响力，不断增强少先队活动的吸引力和社会影响力。依托"校内组织评价为主"和"校外综合评价为辅"的评价机制，队员能在激励评价中感知"走进中医药"课程的过程体验，以"自动+后援"机制让幸福转盘转起来，让队员真正收获幸福动力。

三、体现三研并举

少先队活动课是鼓励孩子们自主创造的课程。自主是少先队活动课的特性。孩子们有着自己的小社会。在少先队活动课中，队员都是平等的，老师是辅导员。这个自主是集体的自主，少先队员是少先队活动课的主体，自己的组织自己管，自己的活动自己搞，自己的伙伴自己帮。这个自主是个体的自主，每一名少先队员都是少先队活动课的主人，人的知识能力一时有不同，在少先队组织中的作用发挥则没有大小，每一名队员快乐、自主、全面的发展是少先队活动课的追求。这个自主不是放任，辅导员要坚持方向在前、主题在前、教育在前，要坚持做好辅导、大胆放手、关心不包办、帮助不替代。

首先，《新版纲要》是加强少先队活动课程"教研"的成果。它从茁壮成长的少年儿童中、从火热广阔的社会生活中，细心寻找、悉心策划、精心组织更入耳入心的儿童语言、更形象浪漫的引导方法、更鲜活动人的时尚元素、更生动典型的幸福案例，用心打动队员、用情感染队员、用理教育队员，帮助辅导员进一步掌握如何把课程目标有形地转化为少先队活动的方法，使少先队活动课程更加贴近儿童生活，更为孩子喜欢，更能影响孩子。

其次，《新版纲要》是加强少先队活动课程"学研"的成果。它将每一名少先队员都当成少先队活动课程的主人，运用奖章作为活动评价，建立起人人可为、处处可为的阶梯式成长激励体系，让每一个队员都能找到适合自己的"活动旅程"，人人有快乐的追求、个个有奋进的目标、天天有攀登的行动、时时有成功的喜悦，在"自己的活动自己搞"中获得生动活泼的幸福体验和幸福感受。

再次，《新版纲要》是加强少先队活动课程"科研"的成果。它继承少先队光荣历史中课外、社区活动的有益经验，比较借鉴国际儿童组织的相关做法，采取少年儿童易于接受的方式，把大道理转化为他们能够理解的小道理，把成人话语转化为儿童化的语言，把抽象概念转化为具体生动的人物和故事，建设普遍性、经常性、机制化的少先队活动载体，积极拓展课外和校外少先队活动，为少先队员创造富有意义的幸福经历，帮助队员在这一过程中获得难以忘怀的幸福童年美好回忆。

少先队幸福教育案例：

运用"幸福课堂"课件　推动一课时少先队活动落地

上海市青少年研究中心教研员　鲁　旻

少先队幸福课堂课件在推动一课时少先队活动落地、提升少先队辅导员思政引领能力方面具有明显成效。

一、引言

2021年，为贯彻落实《中共中央关于全面加强新时代少先队工作的意见》精神，全国少工委正式发布第三次修订的《少先队活动课程指导纲要（2021年版）》（以下简称《纲要》），明确少先队活动课程的定位和标准，深刻揭示了少先队活动在"大思政"体系中的基础作用。

从纲要文本到实践落地，需要构建科学的实施路径。2023年，在全国少工委的指导下，《少先队活动课程辅导员用书》（以下简称《用书》）正式出版，该书以《纲要》为基本依据，融入方法指导与主题活动示例，为一线辅导员提供了可操作的实践框架。2024年，在上海市少工委的指导下，"少先队幸福课堂课件"（以下简称"课件"）数字产品应运而生，这一产品的推出标志着上海少先队形成了"纲要—辅导员用书—幸福课堂课件"的完整实施链条，科学推进一课时少先队活动落地。

二、课件功能与实践创新：破解辅导员思政引领能力提升的现实困境

针对基层辅导员尤其是中队辅导员，普遍面临每周一课时少先队活动课"上什么""怎么上"的现实难题，我们以"少先队幸福课堂课件"为载体，构建"内容—方法—资源—工具"四位一体的支持体系，全方位助力辅导员思政引领基本功的提升。

（一）结构化内容支持：打通从理论到实践的转化路径

课件以《纲要》为指导，以《用书》为参考，系统整合课程纲要与时政

热点，形成覆盖1—8年级的完整课程体系。其中包含超过320个活动主题、1000多个具体活动目标，这些内容按照少年儿童认知规律科学编排，从低年级的"认识国旗国徽"等基础认知活动，到高年级的"理解社会主义核心价值观"等思辨性主题，形成螺旋上升的思政教育内容链。这种分层设计既符合"大思政"体系中"循序渐进、因材施教"的原则，又为辅导员提供了清晰的思政教育实施路线图。

（二）工具化资源供给：构建减负增效支撑体系

课件系统包含执行说明、配套课程讲义、活动讨论环节、多媒体互动游戏、活动资源包、拓展研发包等模块，为辅导员提供了"一站式"资源支持。例如，在"环保主题"活动中，资源包不仅包含环保知识科普视频、垃圾分类卡片等基础素材，还提供了"校园环保现状调研问卷模板""环保倡议书撰写指南"等工具型材料，辅导员可直接调用或根据实际情况调整使用。这种"超量素材＋可组合工具"的设计具有双重价值：对于新手辅导员来说，降低了活动设计和开展的门槛；对于经验丰富的辅导员，则提供了创意发挥的空间，可利用课件资源进行组合再造，实现"同课异构"。

（三）智能化协同机制：创新互动模式与思维培养

课件特别设置"线上辅导员"协同功能，通过数字化手段实现"双师教学"。线上辅导员不仅可以提供活动流程讲解，更重要的是能够构建"问题链"引导队员深度思考。这种智能化协同机制打破了传统思政教育"单向灌输"的模式，形成了"线上引导—线下互动—线上延伸"的双向互动格局。同时，课件支持"同课异构"的灵活搭配功能，相同主题可选用不同资源包和工具，使少先队活动呈现多元化样态。

三、价值定位与体系构建：课件在"大思政"中的基础作用

课件的功能与作用可以归纳为三大定位，共同构成一体化思政引领的基本盘。

（一）作为"线上教研员"：完善"大思政"专业支持体系

尽管上海设立了"少先队教研员"岗位，但市、区两级教研员数量有限，教研难以覆盖每一个中队。课件通过数字化手段，将专业研训资源精准输送到每一位辅导员手中，成为教研员力量的有效补充。这种"线上教研员"功能不仅体现在资源供给层面，更能通过案例示范引导辅导员掌握思政教育的方法论。课件中的"少先队活动优秀案例"都配有"设计思路解析""实施效果评估""改进建议"等模块。辅导员可以通过学习和反思，在实践中逐步提升自身的思政引领能力。

（二）发挥"线上辅导员"功能：创新"大思政"实施模式

课件中的"线上辅导员"打破了时空限制，线上辅导员通过生动的语言、丰富的多媒体形式，将抽象的概念转化为少年儿童可感知、可参与的活动体验。在"党史教育"主题活动中，线上辅导员会通过"红色动画短片＋虚拟参观革命纪念馆＋党史知识闯关游戏"的组合形式，带领队员"穿越时空"，感受中国共产党的百年奋斗历程。这种数字化思政教育模式突破了传统课堂的时空边界，增强了少先队员的具身体验，形成线上线下协同发力的思政教育格局。

（三）构建"实时资料库"：夯实"大思政"的资源基础

课件中丰富的活动主题、超量的素材与工具，不仅为当下的少先队活动提供支持，更构建了一个动态更新的"大思政"资料库。资料库具有三个显著特征：一是时效性强，能够及时融入时政热点，如将每年的"总书记寄语""全国两会"精神、国家发展重大成就等转化为少先队活动素材；二是系统性强，按照党团队一体化思政引领的目标，对资源进行分类整理，形成从小学到中学各学段衔接的资源链条；三是开放性强，支持辅导员上传优秀活动案例和原创素材，形成共建共享的资源生态。

四、实践成效与未来展望：以课件应用推动思政引领能力高质量发展

目前，少先队幸福课堂课件已在上海各区数十所学校试点使用，取得了显著成效。各区教育部门党委、团区委共同关心，区少工委重点落实课件使用和区内展示，形成以"一课时少先队活动"为支点的"大思政"实践样态。普陀区少工委认为："课件的使用使我区各学校的少先队活动实现了从'零散开展'到'系统实施'的转变，为党团队一体化思政引领打下了坚实基础。"

面向未来，我们将继续以课件为抓手，推动少先队思政教育工作向更深层次发展：一方面，持续收集一线辅导员的反馈建议，不断更新优化课件内容，特别是加强其与中学团课、高校思政课程的衔接，完善党团队一体化思政引领的内容体系；另一方面，探索建立"课件使用—能力提升—效果评估"的闭环机制，通过开展辅导员技能大赛、优秀活动案例评选等活动，激发辅导员的创新活力，推动其思政引领能力的高质量发展。

在"大思政"体系构建的时代背景下，少先队活动课程作为党团队一体化思政引领的基础环节，其重要性愈发凸显。少先队幸福课堂课件的实践探索，为我们提供了一条将少先队育人要求转化为具体实践、将理论指导转化为操作方法的有效路径。我们相信，随着课件的不断完善与广泛应用，定能更好地帮助辅导员提升思政引领基本功，共同构建起纵向贯通、横向联动的党团队一体化思政引领新格局，为培养担当民族复兴大任的时代新人奠定坚实基础。

少先队幸福教育案例：

"双创·双动"课程

杨浦区打虎山路第一小学少工委　杨莉俊　倪　虹　陈中杰

学校以"协同育人课程建设""劳动能力与素养培养""教育资源一体化建设"等课题研究为抓手，联动少先队实践教育体系，完善"双创·双动"课程建设，助力队员在协同共建的育人环境中动手动脑、实践体验，不断提高创新创造能力。

一、家校协同的"爸爸课堂"

学校少先队在引导队员"立志向、有梦想"的过程中，充分开发和利用家长资源，家校协同共育，助力队员梦想启航。

1. "帅爸爸"走进校园，当好追梦榜样

学校开设"爸爸课堂"，建立"爸爸志愿者资源库"，聘请"爸爸讲师"

走进校园，为队员讲述自己的成长故事、奋斗故事、追梦故事，给孩子们上珍贵的"立志一课"。近年来，学校大队部先后邀请了上海市疾控中心、上海人民解放军部队、卫星气象中心、上海市城市规划局、市政工程设计研究院等各行各业的爸爸们来校授课。

2. 队员走近社会，丰富职业体验

随着课程建设的不断发展，学校建立了"爸爸课堂"创新实验室，将"爸爸讲师团"的专业教具收藏其中，以确保"爸爸课堂"的课程资源能够得到长期有效的利用，为学校自主开展职业体验、劳动教育提供便利。此外，爸爸们所在的单位也逐渐形成学校的校外教育实践基地，队员跟着"爸爸讲师"走进同济大学地震模拟实验室，学习如何避震防灾；参观机器人工厂，和DeepSeek对话，了解人工智能的蓬勃发展，在幼小的心田里埋下创智报国的种子。

二、创新创造的劳动课程

习近平总书记曾在全国劳动模范和先进工作者表彰大会上指出："劳动是一切幸福的源泉。"为使劳动教育更加贴近队员的生活，学校积极营造"劳动最光荣"的教育氛围。

1. 劳动生活化，增强劳动教育生长力

我们在少代会上倡议全体队员寻找身边的劳动包干区；开展"向身边的劳模学习"主题班会；利用黑板报、中队名片等进行劳动教育宣传；依托"摇篮农庄"进行真实的劳动体验。在中央电视台"开学第一课"的直播中，"摇篮农庄""摇篮陶工坊""摇篮梦想墙"等劳动教育创新实践吸引了近3000万名观众，亮出了上海学子、杨浦学子的闪亮名片。

2. 活动情景化，拓宽劳动教育辐射力

学校以生活情境为载体，渗透劳动教育，让队员体会劳动与生活之间密不可分的关系，促进队员发现自己的专长、培养职业兴趣、提升生涯规划能力，使劳动教育更能贴近队员的生活需求和社会需要。如充分挖掘校园内的劳动岗位，开展"三自"能力劳动技能大赛，促使队员学会劳动，树立正确的劳动观。学校将每月第一个周五定为"校园擦亮日"，各中队设置多个

劳动岗位，鼓励人人劳动，还原"擦桌椅""洗碗筷""农庄劳作""扫地收垃圾""剪纸""铁丝加工"等真实的活动情景；学校还根据少年儿童的劳动能力、劳动时间等，研发了家校协同劳动教育课程，通过童谣传唱的方式帮助队员养成坚持每天劳动的良好习惯，形成具有我校特色的少先队劳动创造实践课程。

三、动手动脑的实践课程

学校注重引领师生关注社会、服务社区，积极探索校外实践基地，为社区楼组小队提供活动平台。

1. 党、团、队携手，传递正能量

党、团员老师带着队员走进医院、走进阳光之家、走进敬老院、走进地铁站，引导队员通过自己的劳动与服务传递温暖与关爱。队员也通过这样的系列活动感受到助人为乐的快乐，在服务活动中增长见识，锻炼能力，学习创造，逐渐成长为有社会责任感的好少年。

2. 家校社联动，齐心促成长

学校邀请非遗传承人进校园，丰富队员的课后活动体验；和社区共建"15分钟幸福圈"，共同致力于开发有场地、有场景、有场合的实践体验课程，目前已合作开展"小鲁班"木作创新课程、笔墨宫坊等区域共创课程，引导队员体验传统技艺与现代科技的融合，弘扬中华优秀传统文化。每逢假期，学校会发出一份《假期寄语》，以争章活动和亲子活动为载体，将其与队员的生活、成长故事、内心情感联系起来，引导队员走进社会、观察社会、开展劳动创造，让队员爱祖国、爱家乡、更爱少先队，成就幸福童年。

四、把握四方赋能

首先真心学，为少先队活动课程"赋魂"。辅导员要深入学习党的二十大精神，学习习近平总书记关于少年儿童和少先队工作的重要论述，向少年儿童讲清楚党是先锋队、团是突击队、队是预备队。要主动学习党中央关于基础教育改革的重大部署，积极关注团中央、教育部、全国少工委出台的各项政策文件。要把少先队活动课与落实"双减"、拓展少先队社会化工作体系等少先队改革重点工作有机结合起来。

其次细心讲，为少先队活动课程"赋神"。要按照党中央文件对强化少先队员政治引领提出的重点内容，辅导员要当好传经布道的"讲经人""解经人"，用少年儿童喜闻乐见、易于理解的语言和形式讲好儿童化的政治。要用解析元素、串珠成链的方法，构建逐步进阶的内容体系，把握不同年龄阶段少年儿童政治认知特点、政治启蒙规律，因人施策、因地施策，将一个个活动设计转化为一次次生动的幸福体验。

再次放心干，为少先队活动课程"赋法"。辅导员要在活动内容上，着眼为党培养接班人，充分凸显少先队的政治属性。要在活动形式上，不断拓展实践项目和载体，多采用全景式、体验式、沉浸式的实践活动，提升代入感、时代感、幸福感，为队员创造人人可为、常态可为、以赛促创的崭新平台。要在活动阵地上，立足校内、拓展校外，发挥好各方力量的作用，带领少年儿童到社会的幸福天地中去接受教育、经受锻炼。

第四用心悟，为少先队活动课程"赋形"。当少先队有了自己的课程体系，少先队在学校课程中就能"站起来"，少先队在育人工程中就能"富（经历和心灵的富有）起来"，少先队在教育体系中就能"强起来"，少先队活动课程就能成为对少先队员一生的成长具有重要影响的教育过程，为少先队员一生的幸福奠基。

少先队幸福教育案例：

《幸福花儿开》活动课程菜单
普陀区武宁路小学少工委

武宁路小学秉着"教育给人幸福"的主张，着力打造"开心、开放、开创"的校园，设计策划《幸福花儿开》活动课程，形成《幸福花儿开》活动课程菜单。

一、活动课程坚持分层指导

根据不同年级队员的年龄特点和认知水平设计开展不同的少先队活动课，如，针对低年级队员开设《家门口的苏河红色之旅》活动课，引导队员了解"赤色沪西"的历史；在中年级开展《锈钢重生英雄永存》的探访学习，引导队员认识并了解沪西工人运动中的先锋人物以及他们的英雄事迹；在高年级则开展《探访全国第一所工人学校》的活动课，带领队员认识位于上海沪西的中国共产党创办的全国第一所工人学校，知道它的创办历史和发展，知道上海作为中国共产党的诞生地和初心始发地、中国工人运动的发祥地的光辉历程和深厚根基。

二、活动课程坚持社会导向

《幸福花儿开》活动课程指导队员为社区建设提出小建议、发出小倡议、实施小行动、进行微改变，为社区建设贡献红领巾金点子，如《社区食物银行》带领队员成为食物银行分享冰箱的志愿者……通过活动课程指导下的一系列社区志愿行动，队员走出校园、走进社区，在实践中发挥创造力和想象力，他们的社区归属感和社会责任感得到孕育培养。活动强化了队员的劳动实践和社会实践，能够培养队员勤俭、奋斗、创新、奉献的人格和精神。其中，"hero楼组小队"为普雄馨苑打造的"温馨楼道图书角"还登上了荧屏，参与《成长嘉年华·荧屏冬令营》活动。

三、活动课程坚持任务驱动

在落实《幸福花儿开》活动课程中，学校大胆尝试少先队"项目化学习"的活动形式，强调以问题为驱动、以探究为中心、以自主为核心的探究性学习方式，发挥"实践育人"的作用。以《锈钢重生英雄永存》为例，队员通过前置学习、行前采访，队员学习沪西工人运动历史的兴趣得到激发；通过研讨交流、小组活动，解码红色基因，队员获知沪西工人运动的历史线脉；通过实地微课等形式，辅导员引导队员形成对党和国家事业取得的历史性成就、发生的历史性变革和积累的新鲜经验的深刻理解，实现在实景教学中传承红色基因、厚植理想信念和爱国情怀、增强使命担当的目标。

四、活动课程坚持链接家庭

活动课程更坚持回应家长需求和关注队员成长。我们坚信"居家岗位"类活动课程的有效开展及其实施成效，是由活动课程的目标和内容决定的，所以活动课程必须保障其内容具有针对性、系统性和实用性。活动课程能引导高年级队员根据调查到的家庭成员共同热爱的话题去选择"共读"书目，打造"家庭小书柜"，养成阅读好习惯。队员在活动课程的指导下，能够更了解自己的家庭、学会更多生活劳动技能，并在长久的实践中，锻炼动手能力，培养勤劳动的品质，引导他们体验生活的乐趣，更热爱自己的小家。

五、活动课程坚持成长激励

《幸福花儿开》活动课程手册构建了阶梯式的成长激励机制，能带领队员参与活动课程、使用活动手册、增强组织归属感、光荣感和幸福感。

以"故事分享"激励队员幸福成长，通过学校微信公众号分享队员参与实践活动的成长故事和丰硕成果，如社区志愿服务中的小当家经历、在实践场馆担任红领巾讲解员的导览实录、在中队里改造教室环境实现合理收纳的经验分享、在家庭中学会新技能的收获展示……这让队员有平台可交流、可展示，也能够帮助他们从他人的成长故事中更广泛地吸取经验。

《幸福花儿开》活动课程以精准的课程设计与有效的课程实施，整合融通学习内容、方法和资源，拓宽幸福教育的广度，挖掘幸福教育的深度，助力队员幸福成长。

总之，少先队辅导员要精选与少年儿童学习、生活密切相关的教育内容，让少先队活动课程在学校课程中"站起来"，在育人工程中"富起来"，在教育体系中"强起来"，让每一名少先队员都能获得丰富多彩的活动体验和成长养料，传递出少先队活动课程满满的幸福感。

第四节　社会实践创造幸福

　　少先队具有校内校外"两个领域"、课堂课余"两个时间"的优势，社会是丰富广阔的大课堂，实践是多才多艺的好老师。少先队要适应城市发展的新特点，跳出自我的"小视角"，站在全社会的"大视野"，形成校内外有机联动、少先队员普遍受益的新局面，构建"家门口"的少先队工作社会化的大格局，让孩子们在社会实践中成长成才。校外少先队工作已成为新形势下少先队组织重要的"牵引力"和"增长极"，是推动少先队事业幸福发展的重要着力点。

少先队幸福教育观点：
形成混龄教育的环境，发挥朋辈教育和心理"按摩"作用。
"15分钟幸福圈"圈出了"就近就便、功能互补"活动空间。
让社区成为"双减"后的乐园，让幸福从这里出发。

一、增加参与热度

　　一是优化活动设计。"双减"背景下，如何打通学校、家庭和社区之间的壁垒，使少先队社会化从"孤岛"变成"环岛"，是摆在我们面前的突出问题。我们要充分研究少先队员的年龄特点、成长特性和"双减"政策落地后各方的需求期待，不断加强社区少先队员活动供给。例如，上海推出

"15分钟社区少先队幸福圈"争章15事，其中有参加一个社区楼组混龄小队、邀请党员家长做一次校外辅导员、寻访一位社区党员团员先锋、参与一次社区"微更新"实践营、每天与爸妈进行一次红色经典阅读、参与布置一次"最美楼道"、会玩一种传统游戏、每日为爸妈做一件家务劳动等，15件寓教于乐、易于参与的争章活动，是激发少先队员融入"15分钟社区少先队幸福圈"的内在动力。依托"15分钟社区少先队幸福圈"建设的不断深入，上海少先队不断完善社区少先队组织体系，夯实少先队在全市社区内的组织覆盖，为助力"双减"提供组织保障。

社区是一个大家庭，把不同年龄的少先队员聚到一起，形成混龄教育的环境，能够发挥朋辈教育和心理"按摩"作用，引导队员在社区少先队中学习如何与他人沟通、协作，从哥哥姐姐身上学东西，比接受家长居高临下的指令效果更好。社区不仅可以为混龄小队提供场地，还能共享师资、搭建平台，以社区少工委为工作基础，引入社区公共力量，拓展少先队员的成长空间。例如，上海徐汇区斜土街道少工委举办"斜土少年说"演讲比赛，成立一支混龄的"童心协力"党史宣讲队伍，引导队员在哥哥姐姐的带领下，用自己的语言讲述自己所了解的党的光辉历程、革命先烈故事、历史文物故事等，抒发对党和国家的热爱之情。

社区助力青少年成长，同时青少年作为未来城市的小主人，也会反哺社区建设。例如，上海宝山区实行的"社区小先生制"，充分体现陶行知先生"生活即教育，社会即学校，教学做合一"的教育思想。全区7.8万余名少先队员人手一本"社区小先生"通关护照，上面清晰列出了12个与社区生活有关的闯关项目，包括最美清道夫、堆物"GO!GO!GO!"、社区美容师等，每完成一项任务可以获得一枚红领巾奖章。这些闯关项目是基层社区治理的重要内容，社区青少年不只是社区治理的旁观者，更可以是参与者，少先队社会化为此提供了好契机。

少先队幸福教育案例：

<h1 style="text-align:center">楼组小先生"童盟"</h1>

宝山区居民区少工委

楼组，是青少年家庭生活向社会交往的延伸空间，是撬动基层治理创新的支点，更是扩大社区参与、深化社区治理、助力小区青少年成长发展"最生活"的场景。随着"社区小先生制"的推广，社区链接学校和家庭的纽带效应得到强化，由此建立起社区中队，组建起"楼组童盟会"，他们既是鲜艳的"红领巾"，也是楼组建设的"生力军"，使得"温水"般的社区，展现出"沸水"般的别样风景。

一、组建社区中队，做强辅导员队伍

以居民区为单位组建的社区少先队中队，由居民区党总支书记担任辅导员，兼任镇社区少工委委员。以团建带队建，社区团支部书记与大队辅导员共同牵头组建社区辅导员队伍，聘任社区小先生家长、"五老"、共建联建单位负责人、青少年社工站老师等共同组建社区少先队辅导员队伍，发挥他们的专业特长和资源优势，带领社区少先队做好各项活动的策划、组织、实施、监督，共同指导和帮助社区少先队开展活动，呵护社区少年儿童健康成长。

二、培育混龄小队，组建"楼组童盟会"

结合楼组在空间治理上易形成公共议题的独特优势，居民区在理事会成员所在的楼组中先行先试，积极引导少先队员在自己的楼组中建立社区少先队混龄小队，组建"楼组童盟会"，一起学习、玩耍，并制定楼道值日表，站好楼组"先锋岗"，画出楼组"同心圆"，成为楼组"小先生"，将"家门口"的小事变为提升生活品质的好事。家校社联动热了起来，尤其是"楼组童盟会"的设立，使得小区氛围暖了起来，治理力量聚了起来，社区的小朋友由此能够更多地了解社区、认识社区，并且带动父母一起参与社区治理，成为新生代社区自治的新力量。

三、搭建"红领巾议事会"，培育社区小达人

红领巾议事会成立以来，全程独立策划和推动探秘小森林、好玩的皮影戏、铂金儿童配音秀、"拒绝浪费、珍惜粮食"文明倡议等项目落地。"小理事"在议事时热火朝天地讨论与思维火花的碰撞中，在解题与破题的过程中，收获不一样的精彩，逐渐成长为"社区小达人"。对于居民区来说，这是一群受大家欢迎的好孩子，除了开动脑筋参与设计，孩子们在社区治理中的参与得到居民区党、团组织和广大居民群众的一致认可，他们收获了实践经验、增强了自信心。

四、打造宝山样板，实现"幸福社区"

"堆物 GO!GO!GO!"，助力楼道顽疾治理新成效。助力化解小区治理"顽疾"，"家长志愿者"与"小先生"们共同行动，发挥"小手牵大手"的作用。看到居民家门口存在着堆物，"小先生"们会上门劝解居民及时整改，带动家长用行动美化社区。

"萌宠悦人心"，营造文明养宠新风尚。通过"社区小先生"的宣传引导，带动家人文明养宠，爱护动物。合理运用正确养宠知识，一起争做文明养宠人。提升居民文明养宠意识，营造共同参与文明建设的良好氛围。

童心促民心，助推加装电梯新速度。楼道的新电梯，承载着居民对美好生活的新向往、新期盼。"社区小先生"为助力加装电梯，专门成立"童馨楼道志愿队"。他们上门和本单元的每户居民沟通协调，积极表态支持楼道进行电梯加装，用真诚换真情，以同理心换真心，最终得到楼道内居民的响应和支持。

二、体现组织温度

"双减"之前，社区中孩子们共同活动的机会和时间很少，孩子们周末辗转于校外培训机构，忙着"赶场子"。"15 分钟社区少先队幸福圈"圈出了"就近就便、功能互补"的活动空间，也为队员创造出"合作共事"的机会。各级共青团和少先队组织要发挥优势。

一是组织优势。以少先队幸福教育为主线，加强少先队与团的各条线、教育部门、横向单位联动，充分结合少先队社会化工作，以党建带团建、

队建开展活动。盘活存量，进一步巩固红领巾理事会、队长学校、少先队队室、考章基地等；同时激活增量，从相对固定的艺术教育培训社团入手建队，强化培训班老师（校外少先队辅导员）的辅导意识，激发队员自我管理，在培训过程中发挥组织作用，助力"双减"后少先队员的幸福生活。

二是活动优势。按照队员就近就便原则，整合区域红色、教育、文娱、体锻等实践资源，立足 15 分钟、立足社区、立足体验，着力打造"三圈育人"的"15 分钟少先队幸福活动圈"，构筑"三圈育人"模式：外圈看场地有地方，为活动圈提供阵地支撑；中圈看场景有内容，为活动圈提供内容支撑；内圈看场合在室内室外体验家庭亲情、同伴友情、社区温情，为活动圈提供成效支撑。

三是资源优势。团、青、学、少组织都要行动起来，形成合力共同助力，形成项目清单，积极落实条线任务。各企事业单位团组织要发挥专长，充分调动团员青年的积极性，做社区团队干部开展活动的有益补充；充分发挥团属青年中心的阵地作用，定期推出服务菜单，提供更多个性化选择。青年中心的工作人员要接受专门的少年儿童工作培训，活动、场地要有更为便捷的预约方式，让青年中心等成为广大少年儿童"玩聚成长在一起"的好去处。

少先队幸福教育案例：

双"轮"联动大转盘

长宁实验小学大队辅导员　乐思为

长宁实验小学秉承"让儿童充满生活力"的办学理念，以培养"爱生活、慧学习"的新时代好少年为育人目标，以"双轮联动打造幸福生活教育"为主题，联动形成少先队实践教育体系。从 1995 年市少工委在学校蹲点进行的"快乐双休大转盘"到如今的"社区活动圈大转盘"，学校在传承中创新，将"少先队员社区活动圈建设"的最新精神融入其中，让"大转盘"在社区也能转出精彩、转出幸福。

学校少工委作为"前轮"发挥牵头引领作用；社区少工委作为"后轮"发挥联建共育作用；少先队员作为"主轮"，自动组队、自选队长、自设活动、自定场地、自聘辅导、自主评价。"前轮"带"后轮"，助力小"主轮"，让少先队员更好、更有意义地"走出去"，在社会这所"大学校"中学习，并将所学的知识转化为能力、提升为素养，从而更好地解决实际生活中的问题。

一、"前轮"构建"智慧润心"，增强幸福度

学校少工委坚持以习近平新时代中国特色社会主义思想为指导，深入贯彻党的二十大精神，通过"信念""文化""劳动""心理"四方面，增强儿童生活力和幸福度。

沐浴红色阳光思有所向。学校大队部举办"学习二十大 共筑幸福塔"争章活动，以儿童化政治为内容，运用多种形式帮助队员理解二十大精神；开设爱国主义主题活动，如在国庆节组织队员带国旗旅行，国防教育日走访"两弹一星"功臣，结合"三味书屋"主题活动进行爱国主义教育观影。队员在这些活动中深刻感受时代幸福，学会珍惜生活。

传承经典文化行有所慧。学校开发学生综合实践活动课程，充分利用各类资源，搭建开放的文化平台。学校组织热爱美术的队员走访刘海粟美术馆、民俗文化中心等，近距离了解大师作品；在社区综合文化活动室进行艺术布展，联动家庭、社区资源，推广传统文化；举行校园民乐巡演，了解中华乐器的魅力，增强文化自信。

少先队活动成为传承和发展地方文化的重要平台，助力队员拓宽视野，培养社会公共意识，传承优秀传统文化，增强文化自信。

实现自我价值劳有所获。学校设置"快乐劳动"时间，各中队认领劳动区，维护劳动环境；邀请家长进校开展劳动技能竞赛，激发兴趣，培养习惯；走进社区参与"海绵城市"设计，将智慧劳动用于提升社区治理、提升生活技能、树立劳动观念、发展生活能力，实现幸福劳动生活。

守护润泽心灵情有所疏。学校围绕生命教育、心理韧性和幸福生活，进

行开学季心理疏导教育，举办"我的心情故事"演讲活动，激发队员内在动力，提升自信，追求目标。

二、"后轮"携手共育，引领盘活生活圈

为推进少先队社会化，学校邀请社区少工委以及家长辅导员作为"社区活动圈大转盘"的"后轮"，联建共育，携手打造"实小社会活动幸福圈"，引领队员走出校园，到场馆中参观、走访、调查，在真实的生活情境中实践学习。

家庭助力幸福成长。学校通过遴选，聘请党员家长成为辅导员，鼓励他们通过各种方式参与孩子的校园生活。如，"阅读沙龙"中，家长带领队员来到中版书房，参加作者分享会，开展别样的读书活动；"运动爸爸"晨练活动中，孩子们在"运动爸爸"的带领下展现无限活力；"故事妈妈"生命教育课程中，妈妈们带着绘本走进课堂为孩子们讲述生命故事，呵护孩子健康成长。在家长辅导员的指导下，孩子们提高了生活能力，为全面发展奠定基础。

社会支持相辅相成。学校与街道少先队合作，邀请社区辅导员参与队员学习和活动，拓展多元阵地空间。例如，长宁图书馆成为队员开展工作红色经典阅读的打卡基地；仙霞街道活动中心成为队员学雷锋、开展义卖、帮助困难家庭的基地；社区助老中心成为队员开展"冬日暖阳：结对助老送温暖"的活动基地。队员点亮"15分钟少先队幸福活动圈"，将知识技能应用于实际，提升社会责任感。

三、"双轮"联动，融合创新点亮绘生活

学校在各类少先队活动中采用"校内轮"与"校外轮"的行动模式，构建更丰富多元的"15分钟幸福活动圈"。

拓展"教学"与"实践"的渠道。学校挖掘利用各类资源，校内活动与校外资源、平台双生互补，据此创设出更多元的活动情境，提升队员的体验指数。学校大队部在校外设立"行走的课堂"，队员以中、小队为单位，前往上海的红色（爱国主义类）、绿色（科技、生态类）、蓝色（艺术、人文类）场馆参观学习，如凝聚力工程博物馆、上海植物园、上海科技馆等。队员通过"行万里路"汲取前进的动力，转好"校外轮"。

架起"学校"和"社区"的桥梁。学校扩展学习范围，邀请各行各业的劳模进校园开展劳动精神教育，组织队员跟随劳模到社区学做"小先锋"，为社区力所能及地贡献自己的力量。在提升社区幸福感的同时，让校社共建的"桥梁"越来越稳固。

打通"教育"与"生活"的通道。学校鼓励队员跨越年级的界限，参与各种有趣的社区活动，转动"社区活动大转盘"。如学校与仙霞街道携手共同举办的"幸福'派''艺'起来"和"'艺'想天开'字'得其乐"巡展活动。居住在仙霞街道的队员组成混龄小队，自主开展宣讲，由此获得宝贵的生活经验和技能。这些队员在新一轮的社会实践活动中纷纷担任主角，带领新队员开展活动，形成"传帮带"的固定模式，从而提升社区活动的辐射力度。

长宁实验小学不断优化"15分钟幸福圈"，使队员切实提升光荣感、增强使命感、延续幸福感。"前轮"带"后轮"，"小轮"促"大轮"，"社区活动大转盘"不断转动，迸发新鲜活力，转出幸福生活。

三、强化推进力度

少先队员在哪里，资源整合就应该到哪里。第一个资源是将青少年宫作为少先队迈向社会的重要支点，推进各级青少年宫建队，完善少年宫少工委运行机制，使之真正成为"少先队员宫"，助推"15分钟社区少先队幸福圈"不断夯实。第二个资源是将合规公益的校外艺术类培训机构作为少先队迈向社会的重要增长点，关心关注小荧星等公益合规的校外机构，考察其教育理念和管理机制，帮助具备建队资质的校外培训机构建立少先队大、中、小队，聘请培训老师为校外辅导员，有效服务"双减"后社区少先队员的幸福成长。第三个资源是将社区内各类场馆作为少先队迈向社会的重要支撑，发挥家门口的各类党群服务中心、青年中心、红色场馆、博物馆、科技馆、体育馆等的作用，建立"少先队队室"，打造实践地图，组织孩子们打卡点亮红领巾奖章。第四个资源是将科研机构作为少先队迈向社会的重要后援，与华东师范大学少年儿童组织教育研究中心开展

"落实双减政策　成就幸福童年"学术研讨会，系统化总结上海少先队开展"15 分钟社区少先队幸福圈"的做法和案例。

少先队员在哪里，推进力度就应该到哪里。省、地市、乡镇、社区要形成四级联动。省级层面重在做平台、建制度、攻难点；地市级层面重在整资源、建组织、出经验；乡镇层面重在建队伍、筑阵地、抓落实；社区要把工作进一步落细、落小、落实，在 15 分钟内的不只是孩子和家长的生活圈，更要成为他们的幸福圈，让社区成为"双减"后的乐园，让幸福从这里出发。

上海少工委在"萌动上海"微信公众号、《少先队研究》杂志开辟"红领巾晒幸福"专栏，聚焦特色做法，挖掘创新经验。疫情期间，有 80 位名校长走进线上大讲堂，其中 34 位还登上全国少工委公众号。另外，上海少工委还将科研机构作为少先队迈向社会的重要后援，与华东师范大学少年儿童组织教育研究中心开展"落实双减政策　成就幸福童年"学术研讨会，系统化总结上海少先队开展"15 分钟社区少先队幸福圈"的做法和案例。如，静安区少工委制作《静安区社区少先队入门宝典》，推出社会实践地图，上线"红领巾心向党　小小追梦人"小程序，打造"静安红领巾小先锋"品牌。黄浦区少工委组织各社区少先队员走进 142 处红色革命遗址遗迹，打造"黄浦少年说"品牌，将少年儿童政治启蒙进行生活化、场景化阐释。

少先队幸福教育案例：

委员领我进社区 "协"手"童"创幸福圈

黄浦区老西门街道社区少工委

少先队员跟随政协委员参与社区实践，能够为社区治理贡献出自己的力量，增强守护街区幸福家园的社会责任感和光荣使命感。

一、缘起：为什么创立这个品牌？

黄浦老西门是上海老城厢百年文脉所在，有上海文庙、小桃园清真寺等在册文保点 17 处；是中国近代教育的摇篮，1.24 平方公里内有 12 所学校；辖区范围内还有在册革命历史遗迹 7 处。街道红色资源多、教育资源多、文化资源多，其本身就具备开展少先队幸福教育的土壤。

用发展的眼光看，政协是中国共产党和民主党派共同协商解决大事的机构，政协委员是密切联系群众、推动社会发展的重要代表之一，这彰显出中国特色社会主义的制度优势。

因此，老西门街道少工委在团区委和街道党工委的坚强领导下，努力深耕社区特点，开创黄浦特色少先队幸福教育新模式——"委员领我进社区'协'手'童'创幸福圈"品牌项目，集聚智慧碰撞火花，"协""童"推进老西门街道社区治理和基层协商，共同建设黄浦幸福美好的家园。

二、组团：怎么聚力？

由街道搭建平台，形成政协工作站、少工委、辖区内各校、居民区四位一体的"委员伴飞"团。目前，老西门街道少工委对接市政协委员 8 人，区政协委员 6 人，行业涉及金融、健康、体育、专业服务、文旅等多个领域。每一位政协委员都有自己擅长的领域，他们充分发挥自己的专业特长，以多角度的切入点，多元化的形式带领少先队员深入社区，为社会治理积极建言献策、贡献力量。

三、创圈：具体做了些什么？

童心向榜样，"敬"彩新纷呈。政协委员乌明欣到敬业初级中学带领同学们共同开展"协手童创敬彩纷呈"之红领巾寻榜样篇。"敬"彩纷呈小队围绕"探索打造宜居惠民的 10 分钟社区生活圈"议题，化身"小记者"，跟随乌明欣深入社区和居民家中，采访跟拍政协委员的日常工作情况，形成工作实录，事后对政协委员进行专访，并制作人物专访小报。通过走近委员、深入基层、学习榜样，同学们以小记者的视角了解了社区治理和社区运行的基本情况。

童手绘社区，书写新篇章。队员走进政协委员、上海滑稽剧团陈靓的排练现场。在零距离观察并开展"环城寻门记"老城厢探寻活动之后，少先队员将调研走访情况整理成自己的走访记录，创编《喜欢上海的理由》手写

手绘书。同时，街道少工委还鼓励小作家与不同的社区空间结对，进行分享互动，引导他们就近参与社会实践——今年的"老西门·新六艺"爱心暑托班，邀请到37位小作者为暑托班的少先队员上了42堂新书分享课。

童眼看"两会"，奋进新征程。队员代表对全国政协委员王美华、上海市人大代表任美霏、黄浦区政协委员石浩强进行现场采访，代表聚焦"两会怎么开""代表委员怎么当""社情民意怎么集""政协提案怎么提""小队员怎么参与"等进行了科普解答，让小队员收获满满。这一活动进一步深化并拓展了"委员领我进社区'协'手'童'创幸福圈"项目的成果，也有效地在少先队员心中培养了协商意识，培育了协商文化，把制度自信的种子深深地播撒进他们的心灵。

总之，要鼓励各条线、各地区立足实际，创新更多的活动载体和方式，打造党政有支持、社会有影响、少年儿童有幸福感的工作品牌。

第五节　信息网络传播幸福

当代少年儿童的幸福成长与新媒体和人工智能是息息相关的，针对新媒体和人工智能互动性、开放性、即时生成性等特点，为少年儿童幸福成长找准切入点，可以增强少先队幸福教育的吸引力。

少先队幸福教育观点：

幸福教育光靠说不行，要把好的内容转化为少年儿童喜爱的文化产品。

使新媒体成为与少先队员进行沟通的新途径，成为传播党、团、队理想信念的新渠道。

提升少先队幸福教育题材在少儿融媒体节目内容中的比重。

一、扩大新领域

一是调动少年儿童通过新媒体和人工智能参与幸福教育的主动性。新媒体和人工智能的核心价值在于每个人都有平等的话语权，特别是自主意识较强的高年级少年儿童，这一点对于他们有极强的吸引力。我们要把幸福教育的主动权还给少年儿童，增强少年儿童投身幸福教育的积极性，让少年儿童能够自主选择，主动快乐地参与，我们应做到有效引导。例如，可以借鉴幸福教育热门话题互动，向广大少年儿童在线征集或投票产生幸福教育活动创意，发挥每个人的才智来优化幸福教育，让少年儿童做幸福

教育活动的责任人，做到人人在参与，人人有收获，调动广大少年儿童的参与积极性和主动性，从而扩大少年儿童幸福教育的感染力。

二是开设少年儿童幸福教育的新媒体和人工智能专栏。我们可以发挥网络本身的优势，以新媒体和人工智能作为少年儿童融入幸福教育的切入点，通过新媒体和人工智能实现幸福教育信息发布、活动宣传、课程发布等信息传递与实时互动，少先队组织利用新媒体和人工智能，可以开设属于少年儿童幸福教育的新媒体和人工智能专栏。例如，在上海少工委公众微信平台"萌动上海"上开设的"红领巾晒幸福"专栏已经有很多人关注，粉丝人数丝毫不逊色于明星大 V。该专栏经常面向少年儿童发布幸福教育活动信息、征集信息、宣传信息，转发各校幸福教育的精彩活动，以加强互相学习、借鉴。

少先队幸福教育案例：

AIGC 赋予少先队活动"数智之翼"

浦东新区教育学院附属实验中学少工委主任　伍旭梅

"红色家书"主要是指革命先辈们在投身革命过程中写给家人、亲戚、朋友等的书信。由于红色家书所诞生的时代背景与当今少先队员所处的时代相隔久远，其中的历史情境、语言表述及其蕴含的深刻情感对于缺乏相应经历缺乏对历史深入了解的初中队员来说理解难度较大。学校少工委、少先队大队部充分利用生成式人工智能（AIGC）"数据巨量、内容创造、跨模态融合、认知交互"等独特优势，在设计"我是小小策展师""我是小小讲解员""我是小小设计师""我是小小志愿者"等环节中借助 AIGC 强大的信息整合与情境构建能力，让少先队员以自主参与的方式，重现历史背景、人物形象，演绎历史故事，以身临其境的方式感受红色家书背后的温度与力量。

一、成为展馆策展师：AI 构建多元少先队活动场景

多元的少先队活动场景能带领少先队员通过不同的感官和视角去接触和

理解教育内容，从而打破说教式的活动局限，激发他们参与活动的兴趣。在红色家书探究活动中，大队部设计了"红色家书数字展陈馆"跨学科实践活动。活动要求队员从"展馆策展师"的角度去思考：如何向公众展示红色家书？洋泾南校的少先队员以策划者和施工者的双重身份和辅导员老师一起借助生成式人工智能工具，在创作中走进那个腥风血雨的历史时代，走进红色家书作者的内心世界。

一幅肖像，怀思念。首先，在深入学习探究红色家书背后的历史故事和作者生平事迹后，队员借助先进的"豆包"文成图工具开启了创作之旅。队员先将从家书中挖掘出的关于作者的外貌特征描述、性格特点以及所处时代背景等信息输入到工具中。当了解到一位红色家书作者是一位坚毅的革命战士，常年战斗在艰苦的山区，有着深邃的眼神和饱经风霜的脸庞时，队员仔细地在豆包的创作界面中输入这些关键信息。豆包凭借其强大的算法和丰富的图像数据资源，迅速开始生成一幅幅可能的作者肖像。队员通过完善提示语，对比不同的生成结果，选取最能体现作者神韵和时代特征的肖像。在这个过程中，队员不仅仅是简单地操作工具，更是在深入地思考如何将文字转化为生动形象的视觉呈现，他们对红色家书作者的认识不断具象，仿佛穿越时空与作者进行了一场心灵的对话。

一封家书，诵深情。在"红色家书展陈馆"里，"家书"是最重要的展品，但珍贵的信件基本都藏于全国各大历史博物馆，如何在我们的展陈馆里展出呢？经过激烈的讨论，大家达成共识：家书的宝贵在于其形式，更在于文字背后蕴含的精神和情感。于是，队员先精心挑选出家书中最具感染力和代表性的段落，利用"腾讯智影"工具选择符合作者年龄特点和性别的声音，如用沉稳有力的男声来展现夏明翰坚定的信念，选择温柔深情的女声来传达赵一曼在家书中的细腻情感；再合理想象作者撰写家书时的场景或时代背景，最后利用"即梦"和"剪映"等文生视频 AI 工具，输入提示语创作出契合红色家书主题的背景画面，添加合适的字幕、转场效果和配乐，为朗诵视频营造出浓厚的氛围。队员将朗诵音频与背景画面完美融合，让观众感受到家书中蕴含着的爱国情怀和对亲人的眷恋。

一次讲解，诉真心。作为一个展馆，面对前来参观的来访者，讲解员和讲解稿是必不可少的。队员先对红色家书进行全面而深入的学习探究，仔细梳理家书中的关键信息，作者的家庭背景、写信的目的、表达的情感以及与当时历史事件的关联，随后开始着手撰写讲解词。有的中队直接请队员担任讲解员，拍摄讲解视频。也有中队利用数字播报人工具将讲解词转化为生动的数字讲解人。队员可以根据红色家书的特点，选择合适的数字播报人形象和背景图像。红色家书展馆的数字讲解员为红色家书云展台增添了专业而生动的讲解元素，让观众能够更好地理解红色家书背后的故事和意义。

创建"红色家书数字展陈馆"对于少先队员来说，他们在整个过程中既是积极的学习者也是学习内容的创造者。队员通过深入研究红色家书、学习AI工具创作工具的使用以及构建云展台，进一步加深了对革命历史和红色文化的深刻、全面的认识。这种亲身实践的学习方式培养了他们的爱国主义情怀、民族自豪感和责任感，让红色基因在他们心中生根发芽。同时，在团队协作过程中，队员学会了沟通、协调与相互支持，提高了团队合作能力。从教育的传播范围来看，红色家书云展馆突破了时间和空间的限制，不仅可以在校内供全体师生参观学习，还能够通过网络平台向家长、社会各界人士开放。这大大拓宽了红色文化教育的受众面，让更多的人了解到红色家书背后的感人故事和伟大精神，在社会上形成良好的红色文化传播氛围，进一步弘扬了革命传统，激励着广大群众传承红色基因，为实现中华民族伟大复兴而努力奋斗。

二、与红色家书写信人的智能体对话：AI打破少先队活动的时空壁垒

AI智能体（Artificial Intelligence Agent）是一种能够感知环境、做出决策并采取行动以实现特定目标的人工智能系统。它就像是一个具有自主性的软件机器人，可以在给定的环境中独立地工作并与环境交互。学校在红色家书探究活动中要求各中队为家书写信人制作一个"豆包"智能体，让队员与写信人跨越时空进行对话，打破传统的少先队活动教育表达方式的平面化的局限性。

一次还原，受感染。各中队在制作红色家书写信人的智能体时，展现出了极高的热情与专注。以"豆包"为例，队员首先开启了一场深入的历史探寻之旅。他们仔细研读红色家书的每一个字句，从写信人的用词习惯、情感表达及其所提及的生活细节等方面入手，深入挖掘写信人的性格特征、思想境界和所处的历史环境；然后，将这些珍贵的信息精心整理并输入到"豆包"的智能体构建平台中，通过反复调试各种参数，力求精准地还原写信人的思维模式与语言风格。队员利用它为智能体赋予了生动逼真的语音功能，使得智能体在与队员交流时，能够以富有情感和感染力的声音回应，仿佛写信人真的在与队员亲切交谈。

一组对话，入内心。当中队迎来队员与智能体的"时空对话"的时刻时，整个活动现场都弥漫着庄重而又激动的氛围。队员整齐地围坐在一起，眼神中充满了期待与敬畏。随着对话的启动，仿佛一条无形的时光隧道瞬间被打通。智能体依据所设定的写信人的特征和丰富的历史知识，对于队员的提问，一一给予生动而深刻的回应。它时而会用深情而坚定的语气讲述在家书中无法尽述的对家人的愧疚与牵挂，以及为了国家大义而义无反顾的决心；时而会以激昂的语调描绘出当时革命斗争的激烈场景和同志们的英勇事迹，让队员仿佛身临其境。在对话过程中，队员全神贯注地聆听，不时被智能体的话语所打动，他们有的眼中闪烁着泪花，有的则若有所思，手中的笔不停地记录着从先辈那里汲取的智慧与力量。整个对话过程充满了情感的交融与思想的碰撞，红色文化在这一刻深深地烙印在每一位队员的心中。

这场意义非凡的"时空对话"收获了极为丰硕的教育成果。少先队员通过与智能体的深度互动，实现了对红色家书及其写信人的全方位认知，并引发情感共鸣。爱国主义教育不再是单纯地阅读文字，而是帮助队员真正走进写信人的内心世界，感受历史的鲜活与生动，这极大地增强了他们的爱国主义情怀和民族自尊心。队员在准备对话、交流互动以及分享感悟的过程中，彼此之间的配合更加默契，相互学习、相互启发，进一步培养了他们的团队合作精神和沟通交流能力。与革命先烈的智能体对话为少先队员的红色基因注入了新的活力，让更多的少先队员在科技与历史的交融中，传承红色基因。

二、创作新产品

一是推出符合少年儿童特点、体现幸福教育价值理念的新媒体文化产品。幸福教育光靠说不行，要把好的内容转化为少年儿童喜爱的文化产品，如音视频、儿童频道或栏目、网络游戏，特别是要利用手机这个最普遍的网络移动终端，将少先队的幸福教育活动，特别是与少年儿童关联度高、互动性强的内容，运用"网言网语"，借助微博、微信平台予以生动呈现，将少先队幸福教育的信息"键对键"地移植到即时通信工具（微信、QQ、微博）和 DeepSeek、豆包等人工智能软件上。例如，将"美丽少年梦"活动开发成 App 应用程序——"梦想 App"，少年儿童可以通过平板电脑、手机安装专属活动程序，在课余生活中开展幸福教育寻梦、逐梦、圆梦计划，记录少年儿童每个时期的幸福梦想，以及为完成幸福梦想所做的具体行为，而少年儿童的家长或辅导员则可以通过梦想评价系统来评价幸福教育梦想达成的程度，为儿童实时调整自己的幸福梦想计划提供个别化指导意见。少年儿童通过"梦想 App"追踪自己的幸福梦想轨迹，记录自己的成长历程，检验幸福教育梦想的达成情况，与伙伴分享梦想经验，让幸福教育梦想触手可及。

二是挖掘有利于培养当代少年儿童幸福价值观促进其社会化的优秀题材。幸福教育可以结合当代新媒体和人工智能，针对少年儿童的心理需求，巧妙地运用网络、社交媒体、动漫、影视以及音、色、图这些文化产品基础元素的时尚表达，使文化产品的开发更符合这个时代孩子的欣赏习惯，强化幸福教育的渗透力。我们可以将新媒体和人工智能作为幸福教育的载体，设计兼具互动性、社交性的活动，使其为传承中华民族的优良传统、发挥幸福教育的作用提供优质的模板和教材。在幸福教育活动设计中，我们可以把党领导下的上海百年少年儿童运动的发展历程、社会化的要求等内容做成动漫；利用少年儿童广泛使用的社交媒体和人工智能平台生成更多互动性强的少先队幸福教育活动素材，拍成微电影，或利用微信、微博互动做成短视频、飞行棋、网络游戏等。

少先队幸福教育案例：

"萌动上海"微信公众号的创新实践

2014年5月，上海少先队推出"萌动上海"微信公众号。目前，"萌动上海"的粉丝已逾150万人，在上海政务微信及全国省级少工委微信排行榜中名列前茅。"萌动上海"也因此获得由解放日报评选的上海政务新媒体"最佳传播奖"。

一、找准定位：凝聚家长与服务队员相结合

"萌动上海"应该成为什么样的微信号？有两个事例给了我们极大的启发：2013年"六一"期间，上海市少工委发放110万份"梦想风车"，用以征集孩子们的七彩梦想。在孩子们的"十大梦想"中，"每天能和爸爸妈妈一起吃晚饭"等有关父母陪伴类的梦想获得最多的向往和认同。这表明，当今的少年儿童对于家长的需求已不仅仅是物质上的满足，更多的是精神意义上的陪伴、平等、沟通等需求。

上海市少工委在与新闻综合频道合作录制的《超级家长会——荧屏冬令营》系列节目中，邀请各类"大咖"走进校园、走近孩子，通过孩子与嘉宾的对话，家长得以了解孩子们在想什么、需要什么。这个节目深受家长喜爱。自开播起每年约有2000万名观众收看，位列同时段收视第一名。这两个事例令我们意识到，面对新时代的少年儿童，许多家长对正确的家庭教育观念、科学的家庭教育方法、和谐的亲子关系的需求比以往更为迫切。

基于以上考虑，我们将"萌动上海"微信公众号的定位确定为"凝聚家长、服务队员、当好桥梁"，通过为家长提供有关家庭教育及儿童生活的实用信息，将广大家长凝聚在少先队和共青团组织周围，进而推动家庭教育的改善，更好地为少先队员的成长服务。

二、把握节点：重要时事与价值引领相结合

突出政治引领和价值引领，深化少年儿童思想引导工作，是少先队的一项重点工作。"萌动上海"在重要时间和事件节点，编排重点选题，提前策划、制作内容，积极发挥价值引领和舆论引导作用，弘扬主旋律、传播正

能量。

一方面，重点在每年"六一"国际儿童节、"十·一三"建队纪念日等与少先队密切相关的节庆日进行微信报道的策划与设计。比如2016年建队纪念日时，我们主打"感情牌"，发布标题为《当年戴着红领巾的样子，你还记得吗？》的推文，通过新老照片对比，以生动的内容感染家长和孩子；同时，我们又打出"快乐牌"，开发制作首款以"珍爱红领巾"为主题的微信游戏，以丰富的形式吸引队员。在常规节假日中，我们也通过"萌动上海"平台发挥价值引领作用，比如在教师节发布《有一些教师叫辅导员，有一种感谢叫有你陪伴》等打动人心的推文，赢得不少关注。

另一方面，"萌动上海"的团队时刻关注党和国家重大事件、团队重要活动和社会突发热点事件，并以家长喜闻乐见的形式，传递正能量。比如，报道2016年上海优秀少先队员重走长征路夏令营活动的推文《当"00后"遇见长征路，这样的成长你想不到》，从队员的角度，描述重走长征路给他们带来的震撼和感动，获得家长的好评；而在"雏鹰杯"上海少先队课外活动大赛的相关报道中，有关国学比赛的推送更是获得超过15万的阅读量。

三、优选内容：情感需求和实用信息相结合

优质的内容是微信公众号的核心。在内容设计上，"萌动上海"注重把握情感需求和实用信息的结合点。

一方面，我们坚持从家长视角出发，将心比心，及时讨论、总结每周阅读量变化的原因，从中发掘家长关心、喜爱的主题，以此不断丰富素材的搜集面。其中，关于孩子成长琐事的文章往往能够引起家长的强烈共鸣。如《抱着抱着，你就这样长大了！》用漫画的形式，回顾孩子成长的各个阶段母子拥抱的变化，温馨感人，获得了超过70万的阅读量；同时，孩子成长教育、励志奋发等教育类的推文，也能长期保持较高的阅读量。

另一方面，我们发现，在"萌动上海"的微信公众号的受众群中，妈妈占有较高的比例，一些生活类的技巧性文章和健康保健类的文章也有比较大的需求；同时，我们还整合各方资源，提供关于假日亲子活动、夏令营、冬令营等活动的报名资讯，受到家长的广泛欢迎。比如，每年关于"萌动小兵"系列军事吃苦夏令营的推文都会获得众多家长的关注。

为缓解家长焦虑，我们将"让孩子们成长得更好"名校长公益大讲堂与"萌动上海"结合，通过新媒体进一步扩大宣传影响力。将线下讲座内容通过在线直播、建立微信家长社群的方式进行二次传播，重点针对孩子、家长在学校教育、家庭教育、社会教育和组织教育中的焦点问题，提供专业、权威的教育方法，进一步促进孩子们快乐生活、全面发展、健康成长。2017年以来，我们已举办五季活动，邀请近50名沪上知名校长，线上线下共服务家长350余万人次。

三、构建新渠道

一是运用各类新媒体和人工智能手段创新幸福教育引导。在运用互联网方面，可以在每个建队日周年之际开展"传挂灯笼·祝福队庆"活动，让数以万计的队员在自己的"微信头像"旁点亮和传递红灯笼，让他们写下千万条真挚的留言共同祝福光荣的少先队；结合生态保护开展"捐赠一元钱、许下一个愿、贡献一份力"网络公益活动，引导少年儿童参与网络浇灌活动。在运用手机短信方面，可以开展"传播绿种子、倡导新风尚"文明短信大赛；围绕"红色短信""文明短信"等主题组织开展有关幸福教育的手机短信征集传递活动，积极传播健康向上的幸福教育的思想和文化。如，充分发挥短视频、网络游戏、手机报、童谣、诗词、故事、箴言、歌曲、动漫、影视剧、儿童舞台艺术、微电影、民间艺术、图片、照片等文化产品的作用，去感染和影响少年儿童。再如，重视微信、微博建设，运用"网言网语"，通过"键对键"，借助微信、微博平台引导理想信念，使微信、微博成为与少先队员进行沟通的新途径，成为传播党、团、队理想信念的新渠道。

二是探索在各类传统的幸福教育活动中融入新媒体和人工智能元素。可以开展"幸福像花儿一样——伴我成长的歌声"歌会活动，通过专题网页、弹窗、手机短信、微信、短视频等多种新媒体和人工智能渠道，宣传

推广"幸福歌曲大家唱"群众性歌咏活动，活动还可通过网络、手机视频进行在线直播。还可以依托青年公益门户网站开展"炫出 U 生活——网上五四、六一活动""YES 大使"网络海选等系列活动，开展"红领巾幸福之星"选树活动，探索将以组织化运作为主的少先队幸福教育发展成为公开、透明的"组织化＋社会化"，并与各地文化资源相结合的幸福教育活动。

少先队幸福教育案例：

给孩子们的梦想插上科技的翅膀
——上海少年科学院 20 年实践

共青团上海市委少先队工作部　刘　芳　王钧晖

2023 年 5 月 31 日上午，中共中央总书记、国家主席、中央军委主席习近平来到北京育英学校看望慰问师生，希望同学们从小树立"科技创新、强国有我"的志向，当下勇当小科学家，未来争当大科学家，为实现我国高水平科技自立自强作贡献。团十九大报告也提出要"着力培养青年科技人才，激励广大青年在科技创新中勇攀高峰"。

上海市少工委 20 年来紧扣科创选苗育苗工作，扎实推动上海少年科学院建设，持续优化升级服务模式，给孩子们的梦想插上科技的翅膀。

一、上海少年科学院 20 年的实践探索

（一）实施"新苗计划"，挖掘科创"幼苗"

1. 以科创赛事为引领，增强获得感

举办"雏鹰杯"红领巾科创达人挑战赛，这是面向青少年的重要科创教育赛事，每年有超过 3000 名青少年参与活动，营造了崇尚科技创新的良好氛围。通过赛事引领，青少年交流科创梦想，碰撞思维火花，在彼此认同中增强获得感，涌现了一批"种子选手"。

2. 以典型选树为支撑，增强幸福感

围绕构建少先队社会化工作体系，推动完善组织建设，市少工委指导成

立上海市青少年活动中心少先队大队"上海少年科学院中队"。通过每位中队成员的努力，该中队于2023年6月成功成为"全国红领巾中队"，更好地发挥示范引领作用，提升队员幸福感，激发他们的科创热情。

3. 以成果展示为推动，增强成就感

结合"六一"等重要节点，上海少年科学院为青少年搭建科创作品展示交流平台，举办"红领巾 爱科创"成果展，鼓励"小院士"从生活中发现问题，通过科学路径解决问题，动手制作充满巧思的科创作品，增强成就感，推动少年科创成果转化跑出加速度。

（二）实施"培苗计划"，孵化科创"青苗"

1. 注重创新素养启蒙，开发定制版教材

积极推动科普教育工作，将创新素养启蒙作为重点，于2021年，联合复旦大学出版社出版发行了"人工智能从娃娃抓起"系列定制版教材的第一本，《走进人工智能》。该系列教材以科普读本为学习材料，以实验资源为实践路径，让广大青少年在学习和实践中提升创新素养。

2. 注重团队合作训练，组建红领巾社团

设立校级分院23所，基地学校200余所，围绕人工智能图形化编程、开源硬件、机器人、无人机、三维设计、移动应用设计等方向开设20余个红领巾社团，鼓励团队合作，互助成长，社团学员在各级各类科创竞赛活动中取得佳绩，获得全国性奖项30余个，市级奖项百余个。

3. 注重科学精神传承，做好"院士面对面"

整合专家资源，组建由陈凯先、毛军发、王恩多等20余名两院院士领衔的"专家导师团"。自2006年举办首次"大小院士面对面"活动以来，上海少年科学院每年邀请两院院士与"小院士"畅谈科创未来，让小院士近距离感受大院士风采，共话科创未来发展，助力青少年科学意识和科学精神的培养与传承。

（三）实施"助苗计划"，活跃科创"壮苗"

1. 完善支撑体系，出成果

组织开展课题孵化与指导，邀请知名专家导师全程参与，对青少年科创课

题的选题、研究的方法、论文的撰写等方面进行指导，对于发现的潜力项目，进行重点孵化，将科创理念更好地落地落实，助力青少年出成果。如去年开设的暑期系列微讲座，一经推出就受到广泛关注，近万人次参与在线学习。

2.搭建交流平台，展风采

自2019年起，上海少年科学院承办世界人工智能大会青少年人工智能创新发展论坛，赋能科创教育，打造生动、鲜活的科创盛宴；自2011年起，连续举办"东方少年科学讲坛"，将科技前沿知识送到学校，让更多青少年走近科学、实践科创，该项目迄今已举办217场，服务青少年多达23万人次。

3.推动接续培养，伴成长

积极发挥少先队"混龄教育"的独特作用，自2016年起，组织"小院士"走进学校开展红领巾科创宣讲，举办"科创小达人 TED 演讲秀"，让已经成长起来的"小院士"现身说法，大带小、伴成长，向青少年宣讲科创精神，展示科创成果，带动一茬茬青少年热爱科创、坚持科创。

二、上海少年科学院下一步的发展思考

（一）做强引领，不光要能力"好"，还要信仰"红"

上海少年科学院与其他培训机构的最大差异化特征就在于兼具少先队思想引领功能，重视能力提升，更重视"政治启蒙和价值观塑造"，强调不光要能力"好"，还要信仰"红"。

在课程设计上，要更好地融入思想引领内容，在专业授课中润物无声地开展思想教育；在队伍建设上，要吸纳红领巾巡讲团成员加入辅导员队伍，围绕科技强国建设讲好"儿童化"政治；在成效输出上，要鼓励科创少年争当红领巾讲解员，将自己的科创小梦想融入国家发展大蓝图，讲好青少年眼中的"中国梦"。

（二）做足宣传，不光要干得"好"，还要喊得"响"

上海少年科学院要在科创育人方面发挥更大作用，就需要持续提升显示度，扩大影响力，在保障落实落细目标任务的基础上，加强提炼，做足宣传，不光要干得"好"，还要喊得"响"。

在宣传载体上，既要用好"萌动上海"等团属媒体平台，也要争取科创领域的自媒体大 V 或者官方媒体平台的支持，提升曝光度；在宣传内容上，要重点提炼项目本身的亮点，挖掘自身服务的优势，将大项目拆解成系列产品进行宣传，力争打造爆品；在宣传文案上，要善用"童言童语"，尽显青少年喜爱的"科技范"。

（三）做优激励，不光要培养"好"，还要体验"佳"

上海少年科学院的发展优势之一便是能够充分借力少先队阶梯式成长激励体系，以适龄的"光荣感教育"，让青少年的科创成长之路兼具挑战与收获，不光要培养"好"，还要体验"佳"。

在奖章设计上，要根据学段设置进阶章，让不同年龄层的青少年都有"跳一跳"可以够得到的小目标；在争章规则上，要增加社区实践内容，鼓励青少年将所学运用于日常生活，投身城市发展；在评章运用上，要将评章结果与星级章评定有效联动，特别是与二星章评定有机结合，进一步强化奖章激励效应。

（四）做全配套，不光要设计"好"，还要落地"实"

上海少年科学院把握"双减"政策下科学教育要做"加法"，强调要"坐下来"学，要"走出去"看，还要"舞台上"显，多措并举，完善配套服务，不光要设计"好"，还要落地"实"。

在教材升级上，要进一步完善教材内容，增加人工智能等最新技术的相关算法和程序设计内容，推动教材动态更新；在链接资源上，要整合科技企业资源，为青少年开展科技创新思维启蒙，让青少年更直观地接受科技前沿知识，坚定科技报国信念；在风采展示上，要积极参加"全国小院士"展示交流等项目，打通全国渠道，在更大的舞台上展示上海"小院士"的风采。

四、赋能新成效

一是着眼贴近队员，用好融媒体和人工智能传播手段。发挥少先队新媒体和人工智能助力幸福教育的优势，依托团属融媒体阵地，广泛动员网

上少年群体开展交流。用新技术手段为学习赋能，设计、开展少年喜闻乐见的幸福教育新媒体活动，设计制作互动学习 H5、队章知识挑战小程序、重要讲话精神小辞典短视频、金句海报等，制作推出主题云队课、红领巾爱学习系列专题课程，升级、丰富新时代党的少年工作云展览，打造线上参观学习、组织生活阵地。一本好书、一首好歌可能影响人一辈子，要引导少先队员从书籍、音乐、歌曲以及新媒体中吸取人类的智慧和精神力量，建构幸福世界。在诸多幸福情感体验内容中，中华传统美德与少年儿童纯真的心灵有着天然的亲近感，从动人心弦、激荡心潮的孝、悌、忠、信、礼、义、廉、耻故事中，少先队员可以得到感染和启迪。

二是扩大引导少年工作覆盖新手段，不断创新少年儿童幸福教育的载体。积极争取政府支持、社会资源，把懂孩子、懂少先队、懂艺术、懂新媒体和人工智能、懂市场的专业力量整合到一起来，赋能少年儿童网上政治引领新成效。推出具有少先队特色、富有少年儿童特点的经典歌曲、经典影视作品、经典连环画等，研讨如何用好艺术、文化、新媒体和人工智能元素开展引导青少年工作。与知名少儿网站、儿童频道或栏目合作，提升少先队幸福教育题材在少儿融媒体节目内容中的比重，促进其在少年儿童健康成长中所发挥的积极作用。

少先队幸福教育案例：

发挥媒体担当　提升青少年榜样的影响力

上海广播电视台融媒体中心副主任　王　宁

作为新型主流媒体，近十多年来在市少工委的指导和支持下，我们深耕青少年媒介素养的培养，着力打造和传播榜样的影响力，聚焦青少年的成长和教育热点问题，推出一系列广受欢迎和认可的节目、活动和品牌。

一、以寒暑假为窗口集中推出系列节目，让榜样走到孩子身边，让向上的力量根植于少年心中

从 2012 年起，我们在每年的寒假推出"我和梦想面对面——荧屏冬令营"节目，邀请榜样人物和少年队员分享人生故事，可以说是 10 年前就推出的校园版"TED"。航天英雄杨利伟，篮球明星姚明，学者蒙曼、郦波，艺术家廖昌永、孔祥东，影视演员韩雪等走进上海的中小学，与青少年热情互动；影视演员胡歌更是回到母校向阳小学回顾成长的历程，分享励志故事。同时，我们的视野也不仅仅聚焦于名人榜样，还邀请世界技能大赛的冠军等孩子们身边的同龄榜样为少先队员做寄语。节目走遍了上海几十所中小学，在新闻综合频道每年春节的初一到初七连续播出，覆盖近千万的收视人群，为青少年送上最有意义的新年礼物。

在暑假，我们推出"成长嘉年华——超级暑假"系列节目，聚焦优秀青少年代表的暑假实践，从志愿者服务到人文行走，从社会实践到职业体验，从科创研究到兴趣发展，一个个普通而又闪光的故事成为孩子们成长的榜样，于润物无声之中启发青少年坚持向上的人生态度和精神追求，让榜样的影响力渗透在生活中，根植在内心里。

二、以校园培养计划为舞台，鼓励青少年争做红领巾新闻评论员，提升青少年媒介素养

从 2020 年开始，在市少工委的支持下，我们推出"SMG 红领巾新闻评论员"培养计划，借助主流媒体的专业优势，与校园融媒体平台进行互动，打造适合青少年的优质新闻内容产品，推出名主持、名记者和首席专业人员主理的融媒体公开课，以融媒体中心的节目和新媒体平台为实训基地，提升青少年的媒介素养。几年来，通过推出"我在上海长大""我在上海过年""十五分钟幸福圈"等主题，累计有近五万条由少先队员原创的短视频在看看新闻 App 进行展播，并向全网推送。

获评红领巾新闻评论员称号的少先队员还收到上海电视台的邀请，担任《课外有课》节目的小主播。少先队员用手机拍摄自己在上海长大的故事，用影像记录新一代少年儿童在上海的见闻，这些由少先队员自己制作、自己出镜拍摄的视频，用独特的角度、少年的观点，展示出少年心目中上海这座

城市的多彩面貌。童眼看上海，童心读家乡，孩子们通过这项活动得以更了解上海的城市特质。

三、以"六一"国际儿童节为契机，每年推出十佳少先队员成长故事，让少年榜样走上荧屏

从2016年开始，在每年的"六一"国际儿童节，我们都会配合上海市的少先队庆祝活动推出特别节目，每年的十佳少先队员、争章少年也会在这个特别节目中通过荧屏向市民展示他们的风采。

特别是在2022年的"六一"国际儿童节，我们参与上海少先队的"童心爱党、筑梦未来"直播活动，采用远程录制的方式制作了一期特别的节目，"童言童语 对话榜样"。我们把镜头对准抗疫先锋们，通过少年与榜样的对话，引领少先队员从小学先锋，长大做先锋，并且通过融媒体平台进行直播，收获比较好的传播效果和教育意义。

四、聚焦国之大者，胸怀天下，打造全球青少年科创人才高地

加快实现高水平的科技自立自强是推动高质量发展的必由之路，建设具有全球影响力的科技创新中心也是总书记对上海的嘱托。在上海的创新发展中，关注青少年科创就是关照未来的创新基因。从2013年起，我们推出青少年科学梦想节目《少年爱迪生》，通过这个节目，我们把活跃在校园中的科创少年们集结在一起，让更多人看到我们的"小院士"们。从2016年起，这个节目更是聚焦全球顶尖少年科学家们，除了展示他们的成长故事，更让他们汇聚上海，一起研发、提供解决现实问题的少年方案，截至目前，已经有全球近30个国家的少年来到上海，走上荧屏，也让更多的少年燃起科创热情，为科创中心建设营造爱科学、爱科创的氛围。

网络技术的发展，给青少年带来海量的榜样信息，也带来一定的风险。这就更加要求主流媒体践行社会责任，发挥使命担当，进一步探索榜样影响力的打造，采用多元的呈现方式和传播途径，更加贴近青少年的内心，重视挖掘榜样人物的新时代精神内涵，展现新时代榜样的魅力风采，为青少年的健康成长带来更多的能量与引领。

　　总之，在信息时代，新媒体和人工智能已经成为少年儿童成长不可或缺的要素。我们要"关心孩子之关心，喜欢孩子之喜欢，运用孩子之运用"，使新媒体和人工智能成为对少先队员进行幸福教育的新途径，成为传播党、团、队核心价值理念的新渠道，增强幸福教育的感染力。

第六节　课题研究展现幸福

近年来，上海少工委承担全国少先队战略课题《学校少先队标准化建设》。我们紧紧围绕立德树人根本任务，根据团中央、教育部、全国少工委联合颁发的《少先队改革方案》《中国少年先锋队组织建设规程（试行）》，结合教育部《义务教育学校管理标准》《中小学德育工作指南》相关工作要求，展现并加强学校少先队标准化建设所收获的幸福。

少先队幸福教育观点：

增强少先队员的光荣感和幸福感，树立少先队在全社会的良好形象，提升其美誉度。

将少先队工作纳入中小学党建和学校整体规划。

在标准化建设中既要与学校德育工作高度协同、密切配合，又要体现学校少先队的独特作用。

一、建设少先队领域"ISO9000"

少先队研究是一个大课堂。中国少先队已经走过 75 年的光荣历程，培育了一代又一代社会主义事业建设者与接班人。少先队的光荣历史，是一代又一代少先队辅导员与少先队工作者用爱心与智慧共同写就的。少先队历史上许多精彩的活动、许多难忘的瞬间、许多先进的人物、许多实践的成果，都需要用心去研究、用理去提炼、用情去传承。以史为荣、以史为鉴、以史为教，可以增强我们的光荣感和归属感。

ISO9000 族标准是国际标准化组织（ISO）于 1987 年颁布的在全世界范围内通用的、关于质量管理和质量保证的系列标准，ISO9000 标准体系最主要的作用就是增强客户信心，提高产品市场占有率，这可以为学校少先队标准化建设借鉴。

第一，加强少先队标准化建设，有利于增强党和政府、少先队员、家长和全社会对于少先队组织的赞誉与认同。 学校少先队是少先队组织最基本的场所、最经常的阵地、最重要的基础。加强学校少先队标准化建设，进一步巩固学校少先队阵地，不断增强学校少先队的政治性、先进性、群众性，更好地服务少先队员幸福生活、全面发展、健康成长，教育引导少年儿童听党话、跟党走，着力建设符合党的要求、少先队员需求、家长期待的学校少先队，有利于增强少先队员的光荣感和幸福感，树立少先队在全社会的良好形象并提升其美誉度。

第二，引入标准化建设，有利于促进学校少先队建设与教育现代化建设同步发展。 学校少先队标准化建设是现代教育标准化建设的重要组成部分，科学设置学校少先队标准化建设体系，有利于引导各级学校少先队组织通过标准化建设与教育改革保持同步，有利于进一步提高学校少先队组织的吸引力、凝聚力、幸福力，有利于进一步发挥少先队在立德树人中的独特作用，为少年儿童扣好人生的第一粒扣子。

第三，加强学校少先队标准化建设和少先队基础队务研究，能够更好地为做好新时代党的少年儿童工作、建设现代化的少先队组织这一目标服务。 对少先队 70 多年的历史积淀，特别是改革开放 40 多年来少先队发展历程中积累的好经验、好做法进行系统梳理，形成完整的制度与机制，能够为新时代少先队工作的迭代创新和革新重构提供坚实基础，使学校少先队建设和少先队基础队务研究水平在少先队整体功能提升中发挥重要的基础性作用。

少先队幸福教育案例：

健全教科研体系　助力辅导员幸福成长

上海市青少年研究中心副主任　陆非文

上海市青少年研究中心是上海团市委直属事业单位，是上海专门从事青少年和少先队工作研究的学术机构，承担各区少先队教研员业务指导和《少先队研究》杂志编辑工作。

长期以来，上海少先队十分注重少先队科研工作，健全教研体系，助力辅导员专业成长。

一、上海少先队教科研体系的架构

首先，教科研体系包含三个层面，分别是市、区、校三个层面。市级层面包含市青少年研究中心、市少先队工作学会 2 个智库机构，负责引领、发布、管理全市教科研工作；区级层面是少先队教育学院，负责示范、带动、指导本区域教科研工作；全市各中小学校是校级层面，负责落实要求、开展群众性教科研活动实践。三个层级上下联动、协同互动、共建共享，为专业成长注入强劲动力，为科研提质增效。

其次，教科研体系包含五个维度，即队伍建设、教研活动、研究领域、研究方法、研究成果，每一环都环环相扣、互为支撑、互相促进。

二、上海少先队教科研体系的行动实践

（一）完善队伍体系，提升认同感

少先队教研员是一支来自各区教育学院的专业化、职业化的队伍，他们是科研队伍的管理者、指导者，也是服务者，负责本区域的所有教科研工作；市级少先队辅导员工作室带头人是科研队伍的领头人、掌舵人，负责基地专题的教科研工作；市少先队工作学会会长、理事是科研队伍的智囊团、评审员，协助做好群众性教科研工作；广大基层学校和社区的骨干大、中队辅导员是科研队伍的实践者、参与者，更是教科研工作的受益者。上海基层辅导员是幸福的，他们有名师引领、有导师带教和伙伴共促。这带给辅导员的是认同感。

（二）开展教研活动，提升归属感

首先是加强学习。一是理论学习。学习领会党的创新理论和马克思主义理论经典著作，学习习近平总书记对少年儿童和少先队工作的重要论述，掌握其中的立场、观点、方法。二是政策文件学习，学习领会共青团、少先队、教育系统等相关文件精神，以及有关少年儿童保护维权等法规条例等应知应会内容。

其次是互学互访。在教科研过程中，我们倡导开门研讨，多举行听课评课、开题论证、课题研讨、学术沙龙、专家论坛等活动。

第三是开展科研能力提升培训。由青少年研究中心和少先队学会每年定期举行，全市立项课题负责人、辅导员带头人工作室全体学员参加，邀请高校教师、教科所专家等开展专业培训，提升科研能力。

第四是常态化举行少先队幸福教育学术研讨活动。由青少年研究中心、少先队学会和华师大学科中心于每年下半年举行，围绕少先队幸福教育，一年一主题开展，得到广大校长、少先队专家和广大辅导员的认可。这带给辅导员的是归属感。

（三）拓宽研究领域，提升满足感

一是构建少先队活动课教研。开展分年级活动课分年级指导纲要的编写、"我最喜爱的少先队活动大调研"、活动课程设计与研究，举行优质活动课观摩、说少先队活动等。

二是开展少先队课题研究。上海除积极申报全国少先队课题外，还每两年举行一轮上海少先队市级课题申报工作，每轮都设立10个重大课题和1个重点课题，并由上海市少先队工作学会对每个重大、重点课题分别资助1万元和5千元。

三是将少先队课题纳入团市委青工课题序列，每年至少有五项课题被列入，并取得很好的研究成果。

除此之外，我们还在努力申报市哲社以及妇儿委、教科所、各委办、高校、研究机构相关课题研究，进一步拓宽研究领域。这带给辅导员的是满足感。

（四）提炼研究方法，提升光荣感

经过长期的教科研实践，我们总结了"花仙子"教研法，为上海少先队研究提供了方法保障。"花仙子"教研分六步：一是"走马观花"，定期到基层一线学校开展调研，了解面上情况；二是"下马探花"，发现亮点、深入调研；三是"精心育花"，开展蹲点教研，每周至少3天在基层学校，对基层好的案例进行再挖掘、再研究、再培育；四是"击鼓传花"，形成可复制可推广的经验；五是"催开万花"，以点带面，全市推广成功经验和有效做法。形成一批典型案例；六是"花开满园"，案例在全市少先队组织中遍地开花。这带给辅导员的是光荣感。

（五）展示研究成果，提升获得感

一是做好课题从开题、中期到结题的全流程管理，结题后我们还会开展以评促学，评选优秀课题成果，并颁发优秀、良好和合格的课题结题证明；

二是做好成果的推广。依托《少先队研究》杂志，刊登优秀课题成果，每五年汇编上海科研成果集。

三是上海少先队经过几代人的努力，形成一批学科群建设成果：《少先队学》《少先队自动化》《少先队管理学》《国际视野下少儿组织比较研究》《上海少先队发展史》《少先队活动教育学》等。这带给辅导员的是获得感。

上海少先队教科研体系，环环相扣，本轮研究的终点，又是下一轮研究的起点。辅导员在这之中收获认同感、归属感、满足感、光荣感和获得感，最终成就他们的幸福人生。

二、构建"四梁八柱"体系

少先队研究是一个大舞台。少先队活动的创新之举，少先队理论的突破之处，都会在少先队研究的园地里竞相辉映。少先队研究具有宣传引导作用，能够及时传递党中央和各级团组织对少先队的殷切期望和要求。少先队研究具有经验示范作用，我们应在总结中取长补短。少先队研究具有理论建树作用，丰富的实践素材能够为少先队理论生成提供重要养料。少先队研究具有信息共享作用，国际比较的研究成果在此集聚，在共享中走向共同繁荣与发展。

根据少先队组织的实际，我们将学校少先队标准化建设的内容以四个维度、八大内容加以认识与思考，简称"四梁八柱"。

"四梁"分为以下四个维度：

一是"硬件"维度，主要指阵地建设方面的内容；二是"软件"维度，主要指机制建设方面的内容；三是"活件"维度，主要指队伍建设方面的内容；四是"事件"维度，主要指活动建设方面的内容。

"八柱"具体分为以下八个内容：

一是思想引领。这是少先队思想教育的基本标准，主要包括怎么给队员讲习近平新时代中国特色社会主义思想和党的二十大精神、如何贯彻全国教育大会精神，以及立德树人教育、德智体美劳全面发展教育等方面的内容。

二是领导有力。这是学校党政领导重视关心少先队的基本标准，主要包括"三全育人"机制、将少先队工作纳入中小学党建和学校整体规划、学校少工委建设等方面的内容。

三是组织健全。这是少先队组织建设与发展的基本标准，主要包括工作到中队的导向、基层组织的建立、队前教育的实施、入队程序的规范、不懈开展红领巾中队建设、服务岗位的创设、正常的少先队组织生活、中小学贯通的少先队员队籍管理、少先队员成长档案的建立、初中少先队建队与离队等方面的内容。

四是设施齐备。这是学校少先队硬件条件的基本标准，主要包括学校少先队的工作条件、活动阵地、各类物质保障等方面的内容。

五是人员到位。这是学校少先队组织辅导力量的基本标准，主要包括大、中队辅导员的配备、培训、专业支持保障与志愿辅导员作用的发挥等方面的内容。

六是活动创新。这是少先队活动开展内容、项目与方式的基本标准，

主要包括每周一课时少先队活动、品牌活动、各类仪式教育活动、红领巾小社团活动、社区少先队活动等方面的内容。

七是文化彰显。这是少先队标志等文化载体建设的基本标准，主要包括少先队标志礼仪的规范与使用、少先队新媒体阵地建设、少先队文化产品创作等方面的内容。

八是制度规范。这是学校少先队在制度建设与执行方面的基本标准，主要包括领导层制度建设、辅导层制度建设、主体层制度建设等方面的内容。

少先队幸福教育案例：

接通三根线　编好少运史

从历史中汲取智慧和力量，是我们党的优良传统。在中国共产党领导少儿运动百年之际，研究百年少年儿童工作的发展历程，对切实提高政治站位，增强大局意识，沿着当代少年儿童健康成长的正确道路前进，具有深远的战略意义。

一、接通"天线"

习近平总书记高度重视历史学习，党的十八大以来，他主持的中央政治局集体学习，多次以历史为主题。

2020年1月8日，在"不忘初心、牢记使命"主题教育总结大会上，习近平总书记指出："要把学习贯彻党的创新理论作为思想武装的重中之重，同学习马克思主义基本原理贯通起来，同学习党史、新中国史、改革开放史、社会主义发展史结合起来。"

历史是最好的营养剂。2013年7月11日，习近平总书记在河北省平山县西柏坡九月会议旧址座谈时强调，对我们共产党人来说，中国革命历史是最好的营养剂。多重温我们党领导人民进行革命的伟大历史，心中就会增添很多正能量。

历史是最好的清醒剂。2015 年 8 月 23 日，习近平总书记在《致第二十二届国际历史科学大会的贺信》中指出："今天世界遇到的很多事情可以在历史上找到影子，历史上发生的很多事情也可以作为今天的镜鉴。重视历史、研究历史、借鉴历史，可以给人类带来很多了解昨天、把握今天、开创明天的智慧。"2018 年 1 月 5 日，习近平总书记在学习贯彻党的十九大精神研讨班开班式上强调，只有回看走过的路、比较别人的路、远眺前行的路，弄清楚我们从哪儿来、往哪儿去，很多问题才能看得深、把得准。

历史是最好的教科书。2013 年 6 月 25 日，习近平总书记在主持十八届中共中央政治局第七次集体学习时强调，历史是最好的教科书。学习党史、国史，是坚持和发展中国特色社会主义、把党和国家各项事业继续推向前进的必修课。

对于中国少先队来说，最光荣的就是我们这个组织是党亲手创建的，是党在革命斗争中领导并逐步发展起来的，少先队的红色基因根植于血脉。接通天线，就是要站准政治立场：党的指导思想始终指引着少运史编写的正确航向，党的要求期望始终是少运史编写的前行动力，党的中心工作始终昭示着少运史编写的鲜明定位。

二、接通"地线"

百年少运史是浩瀚海洋，不是史料堆积，而要理出主要线索。2020 年 6 月 12 日团中央书记处第十一次集体学习汇报了三条线索。

（一）少先队思想发展史——队史之魂

少先队工作思想是少先队发展的灵魂。《中国共产党百年儿童工作变迁与发展》指出，在革命、建设、改革各个历史时期，党中央就我国少年儿童事业发展作出过一系列重大部署，毛泽东、邓小平、江泽民、胡锦涛等就教育引导广大少年儿童健康成长提出一系列重要论述。学懂弄通党的领导人的少年儿童工作思想，能帮助我们把握少先队工作思想的根本遵循。

党的十八大以来，以习近平同志为核心的党中央高度重视少先队建设，亲切关爱少年儿童健康成长。习近平总书记对少年儿童和少先队工作爱祖国、爱学习、爱劳动、爱自然、爱运动、爱生活、爱和平、爱组织的系列嘱

托，指引我们为培养社会主义事业的合格建设者和接班人而不懈奋斗！

（二）少先队工作推进史——队史之桥

实践性、社会性是少先队的重要特征。少先队正是通过丰富多彩的实践活动架起了对少年儿童教育引领和团结服务的桥梁，在革命、建设、改革各个历史时期，始终践行听党的话、跟党走的初心使命。

（三）少先队自身建设史——队史之本

强基固本、建队育人始终是少先队自身建设的重要任务。而历次少先队重要会议、做出的重要决定，标志着少先队自身建设的重要成果。

三、接通"网线"

我们要进军线上，大力推进网上少运史建设，发挥新媒体在少年儿童运动史编写上的影响力。

一是开通在线队史。让"百年队史"成为少年儿童政治引领的在线"课堂"，让线上文物史料成为少年儿童政治引领的在线"素材"，让英烈模范成为少年儿童政治引领的在线"辅导员"。

二是开展文化建设。注重艺术特色和新媒体传播效应，将有意义的队史内容转化为短视频、手机报、动漫、飞行棋等有意思的文化产品，感染和影响少年儿童，实现不仅要"亮眼"，更要"亮心"的目标。

三是发挥平台作用。发挥"全国少工委"公众号龙头作用，联动各地公众号，把全国队史和地方队史串联起来。比如，《上海少先队发展史（1925—2008）》100万字，中国共产党第二次代表大会于1922年在上海召开，会议通过了《中国共产党章程和9个决议案》，其中就有《关于少年运动问题的决议案》（这是中国共产党领导中国儿童运动史百年的重要标志）。

总之，研究百年少年儿童工作的历史，可以让今天的我们"以史为荣"，不断加深对党领导少年儿童工作初衷的感悟，更加自觉地把握少年儿童工作的规律，发扬少年儿童的优良传统。研究百年少年儿童工作的历史，可以让今天的我们"以史为鉴"，从历史中汲取推动少年儿童事业前进的智慧，实现少年儿童事业的不断进步。研究百年少年儿童工作的历史，可以让今天的我们"以史为教"，从历史规律中找到少年儿童工作前进的正确方向和正确道路。

三、特色差异化研究导向

少先队研究队伍是一个大团队。少先队事业一直以来就是在开放中不断发展的，少先队研究队伍也是在开放中不断壮大的。要想做好新时期的少先队研究工作，就应坚持开放理念，整合全国各地少先队研究力量，特别要争取全国 43 所开设"少年儿童组织与思想意识教育"学科的高校的专家、教授和研究生的支持，在加强少先队学科建设的过程中促进少先队研究不断深入，努力提高少先队科研对实践的指导性，推进少先队事业科学发展。

一是要体现推进少先队制度化建设的要求。扭住制度建设的"牛鼻子"，着力探索学校少先队标准化建设中的制度框架，推动学校少先队在价值观、规则、机制、程序、督导、评价等方面更加有章可循。

二是要体现推进少先队专业化建设的要求。以少先队学科建设为基础和前提，聚焦大、中队辅导员培训体系、辅导员配备和专业职称、学校少先队科研等方面，进一步明确标准和操作步骤，普遍提升学校少先队专业化水平。

三是要体现推进少先队时代化建设的要求。全面适应新时代，聚焦培养担当民族复兴大任的时代新人，强调学校少先队培养少年儿童对党、对祖国、对人民、对领袖的真挚情感，加强"网上少先队"建设和少先队新媒体文化产品的设计推广，全面开展社会实践、小探究小调查等，充分体现新时代学校少先队的鲜明时代特征。

四是要体现推进少先队系统化建设的要求。通过学校少先队标准化建设，把长期以来积累的好经验、好做法固化下来、传承下去，为新时代少先队工作的迭代创新提供坚实基础。重点对学校少先队改革任务和要求、少先队分年级实施的仪式教育链条、分层递进的奖章体系等方面进行系统化建设。

五是要体现推进少先队和学校教育特色差异化建设的要求。在标准化建设中，既要与学校德育工作高度协同、密切配合，又要体现学校少先队的独特作用，既要避免少先队内部工作自转，又要避免少先队在学校教育

中的一样化、边缘化。要把学校少工委建设、红领巾中队建设、少先队活动课程建设、少先队社会化等作为特色差异化的着力点，提升学校少先队在学校德育总体格局中的不可替代程度和幸福指数。

少先队幸福教育案例：

学校少先队标准化建设和基础队务指标参考体系

一级指标	二级指标	三级指标
一、思想引领	1.1 习近平新时代中国特色社会主义思想和党的二十大精神	1. 推动习近平新时代中国特色社会主义思想和党的二十大精神进校园、进课堂、进头脑，坚持立德树人。 2. 组织队员学习习近平总书记对少年儿童和少先队组织的希望和要求，增强队员党、团、队相衔接的组织意识和少先队员光荣感与组织归属感。
	1.2 理想信念教育	3. 培养追求真理、报效祖国的志向，爱祖国、爱人民、爱劳动、爱科学、爱社会主义，时刻把祖国和人民放在心中，教育引导亿万少年儿童为实现中华民族伟大复兴的中国梦时刻准备着。
	1.3 社会主义核心价值观教育	4. 做到记住要求、心有榜样、从小做起、接受帮助。 5. 坚持开展"说优点、讲不足、手拉手、同进步"活动。
	1.4 中华传统文化教育	6. 以弘扬爱国主义精神为核心，开展家国情怀教育、社会关爱教育和人格修养教育。
	1.5 集体主义教育	7. 增强少先队员的集体主义精神和小主人翁意识，共同创建自主、平等、友爱、向上的大、中、小队集体，发动每一位队员主动融入队集体，履行队义务，发挥自己所长，活跃集体活动，共享快乐生活。 8. 充分发挥少先队组织生活的特点和作用，深入开展主题队日活动，人人有攀登的行动，队队有奋进的目标。
	1.6 创新少先队榜样教育	9. 面向本校全体少先队员开展"争做新时代好少年"主题活动。组织学习英雄人物、先进模范、身边榜样，引导队员见贤思齐、追求美好。
二、领导有力	2.1 纳入学校整体计划	10. 将少先队工作纳入中小学党建工作和教育教学整体工作计划，开学有部署、过程有指导、期末有总结、年终有评价。学校党政领导班子每学期至少组织1次少先队工作专题研究。
	2.2 成立学校少工委	11. 学校少工委由学校党政领导，大、中队辅导员和志愿辅导员，家长代表以及少先队员代表等组成。有条件的地方可以探索成立学区少工委。

续表

一级指标	二级指标	三级指标
二、领导有力	2.3 学校少工委工作职责	12. 执行党组织、团组织和上级少工委的工作部署。 13. 按时组织召开学校少先队代表大会，组织执行会议决议和会议部署。 14. 以少先队员为中心，健全学校少先队大、中、小队，加强组织建设。 15. 突出思想性、先进性、自主性、实践性，开展主题鲜明、生动活泼、丰富多彩的少先队组织教育、自主教育、实践活动，增强少先队员光荣感和组织归属感。常态化开展"动感中队"创建活动。 16. 配齐配强大、中队辅导员和志愿辅导员，落实辅导员工作相关政策，做好辅导员的培训、考核、表彰等工作。 17. 保障少先队工作基本条件。落实少先队活动时间，加强学校少先队队室、少先队鼓号队和红领巾广播站（电视台）、少先队网站等基本阵地的建设，保障少先队工作的活动经费。 18. 积极协调社区、社会有益资源，为少先队工作改革发展服务。维护全体少先队员的合法权益。 19. 完成学校党组织布置的和本地团委、教育部门安排的其他工作。
三、组织健全	3.1 工作到中队的导向	20. 在少先队大队的领导下，以班级为主要依托，建立健全少先队中队。中队在辅导员的指导下，通过队员民主选举产生中队委员会。中队由两个以上的小队组成。
	3.2 少先队大、中、小队基层组织的建立	21. 少先队大、中、小队基层组织主要设在中小学校。一般以学校为单位建立大队，以班级为单位成立中队，中队下设小队。小队由3人以上组成，中队由两个以上小队组成，大队由两个以上中队组成。
	3.3 规范队前教育	22. 少先队坚持全童入队的组织发展原则，把全体少年儿童组织起来进行教育，吸收新队员入队前要根据队章进行充分的队前教育。适龄少年儿童入队一般在一年级第二学期的"六一"国际儿童节开始。 23. 少先队员是少先队组织的主人。凡年满6周岁、未满14周岁的中国学生，愿意参加少先队、愿意遵守队章的，均可向所在学校少先队组织提出申请，经批准，成为少先队员。
	3.4 动感中队建设	24. 全面创建"动感中队"，在中队集体创造性开展"红领巾小健将""红领巾小百灵""红领巾小书虫""红领巾小创客""红领巾小主人"活动，开展"小小志愿者"活动。发动少先队员在辅导员指导下，自主管组织、自主建阵地、自主搞活动，灵活开展红领巾小社团、假日小队等活动。
	3.5 建立中小学贯通的少先队队籍管理和成长档案	25. 建立中小学贯通的队籍管理制度，少先队员入队时填写队员登记表，队员转学或小学毕业升入初中时随转队籍，建立少先队员成长档案。 26. 有条件的地方试行"少先队员证"制度。

一级指标	二级指标	三级指标
三、组织 健全	3.6 初中少先队建队、离队仪式	27. 初一年级全面建立健全少先队组织，规范举行初中少先队建队仪式。 28. 队员年满14周岁应该离队的，应在其初二年级时由其所在的学校少先队大队集中规范举行离队仪式。
四、设施 齐备	4.1 建好用好少先队阵地	29. 少先队队室、鼓号队、红领巾广播站、电视台、宣传栏、中队阵地等是少先队组织在学校的基本阵地，要纳入义务教育学校标准化建设，充分发挥其教育功能。
	4.2 巩固利用好中队阵地	30. 发动队员人人参与，自主建好中队角、中队园地，自主管理各类校内外劳动和社会实践基地。
	4.3 学校建设校内外活动基地	31. 建好用好少先队社会化活动阵地，用好各级各类青少年宫等校外活动场所，依托青年之家等青少年综合服务平台，联建各类社会实践活动阵地。
五、人员 到位	5.1 中小学大队辅导员设置	32. 小学和初中设置大队辅导员岗位。每个大队配备1名大队辅导员，较大规模的学校可配备副大队辅导员。学校大队辅导员由教师中有两年以上教育教学工作经验的共产党员、优秀共青团员或入党积极分子担任。中学大队辅导员可由中学团委或总支书记或副书记兼任。 33. 学校大队辅导员按学校中层管理人员选拔、配备和管理、使用，通过学校推荐，由上级团、队组织和教育部门考察、聘任，工作内容纳入绩效考核。
	5.2 大队辅导员主要职责	34. 抓好少先队基础建设，开展少先队员思想教育和服务，组织开展少先队活动，指导中队辅导员工作，对中队辅导员进行培训，关注队员身心健康、维护队员合法权益，配合学校教育教学和管理，协助社区少先队工作。
	5.3 中队辅导员的配备	35. 学校少先队每个中队都配备中队辅导员，一般由班主任兼任，也可由其他教师兼任。中队辅导员由学校少工委聘请，工作内容纳入绩效考核。
	5.4 中队辅导员的主要职责	36. 开展少先队员思想教育和服务；指导中队委员会制订计划、建设阵地、开展活动；指导中队、小队集体建设，创建先进集体、动感中队；做好少先队小骨干培养，帮助队员学会自主管理、自我教育。
	5.5 大、中队辅导员的培训	37. 开展辅导员分级全员培训、骨干培训、岗前培训、在岗培训和专项培训。辅导员培训内容主要包括党的理论政策、团的部署、教育政策、专业理论和技能等。辅导员培训纳入中小学教师培训体系和继续教育体系，保证必要的培训时间和经费。
	5.6 专业支持保障	38. 开展少先队相关学科建设，发挥老少先队工作者、少先队名师等的作用，活跃群众性科研，推动研究成果的转化运用。

续表

一级指标	二级指标	三级指标
五、人员到位	5.6 专业支持保障	39. 落实学校大队辅导员不低于中层副职职级工作待遇的政策。按照中小学教师职称评聘的规定和要求，做好符合条件的辅导员的职称、职务评聘工作，把辅导员从事少先队工作的工作量、科研成果、工作业绩等纳入职称评价范围，在中小学教师职称评审中设立"少先队活动"科目，落实"双线晋升"。
	5.7 构建"专业辅导员＋志愿辅导员"基本工作队伍	40. 少先队志愿辅导员是由各级少工委和少先队基层组织，从优秀党员、团员和拥护党领导、道德高尚、专业性强的各行各业先进人物、青年学生、解放军指战员、武警官兵、公安干警以及社会各界热心人士中聘请的。城市学校每个中队、农村学校每个大队至少聘有一名志愿辅导员。
	5.8 志愿辅导员主要职责	41. 利用自身优势和专长，辅导队员开展少先队活动；维护少年儿童的合法权益；为学校和社区少先队工作创造条件、开展服务并提供支持。
	5.9 小干部队伍建设	42. 少先队大队和中队成立大队委员会、中队委员会，设队长、副队长，并根据工作需要设学习、劳动、文娱、体育、组织、宣传、实践、纪律等委员，小队设正、副小队长。队委（队长）由队员民主选举产生，实行定期轮换制，大队委一般每学年改选一次，小队长、中队委一般每学年轮换一次。各级队委会建设是少先队员进行自我教育、自我管理、自我服务的重要途径。
		43. 锻炼培养小骨干，发挥带头作用，进行队干部民主评议，建设少先队小骨干培训基地。
六、活动创新	6.1 实施每周1课时少先队活动	44. 从队员的思想和生活实际出发，发挥队员自主性，突出实践体验特色，与学校教育有机结合，用好每周1课时少先队活动和课内外、校内外资源，坚持开展少先队组织教育、自主教育、实践活动，促进队员快乐生活、健康成长、全面发展。
		45. 突出少先队员主体作用和实践体验特色，避免成人化、形式化、课堂化。每月开展一次以上中队组织生活。保证开展少先队活动、购置设施设备配备所需的经费，保证少先队报刊、少先队活动指导用书的使用。
	6.2 开展少先队品牌活动	46. 深入开展"争做新时代好少年"主题活动，创新"红领巾心向党""红领巾相约中国梦""争当美德小达人""优秀传统文化在我身边"等主题活动。创新发展"我向习爷爷说句心里话""祖国发展我成长""核心价值观记心中""民族团结代代传""小小志愿者"平安行动、手拉手互助活动、少年军校、少年科学院、知心家庭学校等品牌活动项目。
	6.3 少先队仪式教育	47. 深化仪式教育，创新入队仪式、初中建队仪式、离队仪式和雏鹰奖章颁章仪式、检阅仪式、升旗仪式、祭奠先烈仪式等，建立少先队分层仪式教育体系，增强仪式的庄重感、参与感。

一级指标	二级指标	三级指标
六、活动创新	6.4 红领巾社团活动	48. 由少先队员自愿组建，自主管理，开展各类红领巾社团活动，充分发挥队员的自主精神，聘请有专长的人担任辅导员老师，指导活动的开展并展示成果。
	6.5 参与社区少先队活动	49. 有条件的地区探索建立社区少先队组织，积极参加社区少先队活动。
七、文化彰显	7.1 少先队标志礼仪的规范与使用	50. 红领巾、队旗、队歌、队徽是少先队组织的象征和标志，队礼、呼号、入队宣誓、队歌、队会、仪式等是少先队的基本礼仪。要根据《中国少年先锋队章程》，按照《中国少年先锋队标志礼仪基本规范》，规范使用少先队标志礼仪。
		51. 少先队鼓号队是少先队组织文化的特有组成部分。少先队鼓号队编制分为小型、中型和大型，鼓号曲包括出旗曲、行进曲、授巾曲、检阅曲、迎宾曲、退旗曲和颁奖曲等。在少先队集会，大、中队活动和党、团、队重大活动仪式、庆典等场合奏少先队鼓号曲。少先队鼓号队不得参加任何形式的商业和民俗等活动。
	7.2 少先队新媒体阵地	52. 构建少先队传媒体系。建立面向全体少年儿童的微信公众号、微博。用好中国少年先锋队网、未来网、网上少先队综合活动和服务平台。健全以少先队工作网站、微信、微博、App 等为主的新媒体工作格局，推进少先队组织新媒体工作平台互联互通。
	7.3 少先队文化产品创作	53. 大力创作、研发、推广思想性、艺术性、时代感强的童谣、图书、歌曲、电影、动漫、游戏、音乐舞蹈、电视、微电影、微视频、舞台艺术、数字出版等优秀文化艺术产品。
八、制度规范	8.1 建立学校少先队代表大会制度	54. 学校少代会每学年召开一次。 55. 学校少先队代表大会代表以队员代表为主体。代表通过民主程序产生。少先队员代表由队员选举产生。 56. 少先队员代表要征集队员的意见和建议，向大会提交红领巾小建议。 57. 将少年儿童满意度作为少先队工作评价的重要依据。
	8.2 学校少代会主要任务	58. 贯彻党组织的要求。 59. 落实团组织、教育部门和上级少工委的部署。 60. 审议和通过少先队大队委员会工作报告和学校少工委工作报告。 61. 讨论并决定学校少先队的重要工作和重点活动。 62. 选举产生新一届少先队大队委员会、学校少工委。 63. 反映少先队员的心愿和呼声。
	8.3 建立团队衔接教育制度	64. 建立团课教育制度和少年团校制度。 65. 创新初中少先队组织教育、自主教育、实践活动方式和载体，开展符合初中生特点的工作和活动。在团组织的领导下，开展团前教育、推优入团。 66. 中学团委要建立少年团校，每名申请入团的少先队员要参加少年团校、进行团课学习培训。

续表

一级指标	二级指标	三级指标
八、制度规范	8.4 少先队员创先争优制度	67. 建立"红领巾奖章"日常激励体系，开展少先队"五育"成果交流展示等群众性推荐活动。
	8.5 维护少先队员正当权益	68. 建立学校少先队组织日常依法、正当维权机制，发动每名少先队辅导员倾听队员心声，服务队员身心健康成长，帮助解决实际问题。

少先队研究还是一个大学校。许多优秀的少先队辅导员的成长历程表明，加强学习、潜心研究与大胆实践，是辅导员专业提升的重要途径与基本方式。在少先队研究活动中，我们常常发现，有时一个课题的研究，可以带来少先队工作质的飞跃，可以带来辅导员专业素养的迅速提升，甚至可以带来整个学校的整体发展。可以说，在少先队辅导员的培养中，少先队研究工作能起到"没有围墙的大学校"的作用。

少先队幸福教育案例：

"混龄教育"让上海少先队员上好"社会学校"

——关于"混龄教育"在少先队工作社会化中的独特作用的调研报告

共青团上海市委少先队工作部 刘 芳

"少先队是少年儿童自己的社会化组织，必须更好地发挥'混龄教育'的作用，不仅要让孩子们上小学的一年级、二年级、三年级，也要让孩子们上'社会小学'的一年级、二年级、三年级。"长期以来，上海少先队坚持探索"混龄教育"在少先队工作社会化中的独特作用，通过混龄模拟小社会，让少先队员上好"社会学校"，为长大后融入大社会做好全面准备。

上海少工委按照全团深入开展调查研究的要求，通过文献梳理、问卷调查、实地走访、专家访谈和案例分析等方式，对"混龄教育"的作用机制进

行研究，分析如下。

一、上海少先队"混龄教育"的发展历程

1979 年召开的全国第六次少代会，充分肯定了校外教育在少先队工作中的地位和作用。中福会少年宫率先在校外兴趣社团中探索混龄建队。之后，上海建立市青少年活动中心、东方绿舟等少年儿童校外活动场所，以兴趣爱好为纽带的少年儿童校外兴趣小队纷纷成立，为推动少先队"混龄教育"探索出新的组织形式。

20 世纪 90 年代，为适应双休制实行后引导队员自主安排休闲生活的需要，上海少先队首创基于社区的"自动＋后援"假日小队运行机制——"快乐双休大转盘"，邻里孩子组队轮流担任执行队长、孩子家长轮流担任特邀辅导员，成为"混龄教育"新型载体。

"双减"政策出台后，少年儿童学业压力减轻、课后活动时间增多、活动空间拓展、参加社会实践的需求上升，少先队"混龄教育"迎来新的发展契机。以楼组混龄小队为组织形式的上海少先队"15 分钟社区少先队幸福圈"活动蓬勃开展起来。

二、对"混龄教育"在少先队工作社会化中的独特作用的调研分析

为进一步厘清"混龄教育"在少先队工作社会化中发挥的独特作用和机制，上海少工委面向各区少先队"三员"（少年部长、总辅导员、教研员）、校外辅导员、社区工作者、相关领域研究者、家长和少先队员等展开抽样调查，共收到有效问卷 1237 份。

（一）问卷调查结果

1. 少先队校外活动的组织形态

调研中，80% 的受访者（74% 的家长、82% 的少先队工作者、89% 的校外辅导员、95% 的相关领域研究者以及 100% 的社区工作者）反馈组织或参与少先队校外活动"以混龄为主"。

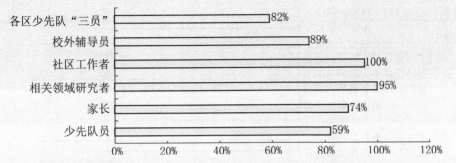

图1 各类人群组织或参与的少先队校外活动中"以混龄教育为主"情况

2. 校外"混龄教育"模式的认可度

调研中，90%以上的受访者都对校外"混龄教育"模式持肯定态度，其中63%的受访者对校外混龄教育模式表示"非常认可"，33%的受访者表示"比较认可"。

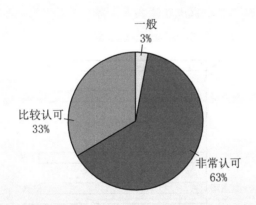

图2 对于校外混龄教育模式的认可度

3. 少先队校外"混龄教育"的主要优势

调研中，60%以上的受访者认为"大带小"容易激发队员的责任意识，"小跟大"容易培养规则意识。在混龄交往中，大孩子容易增强自信、小孩容易学习模仿，有50%以上的受访者认为"混龄教育""符合社区少年儿童分布实际"。

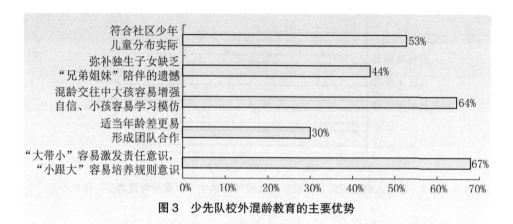

图 3　少先队校外混龄教育的主要优势

4. 少先队校外"混龄教育"当前的困难

调研中，67%的受访者认为"社会资源整合有待进一步加强"，有30%以上的受访者认为"可参照的案例不多""教育效果需要持续跟踪""激励措施有待进一步完善""缺乏权威理论指导"等。

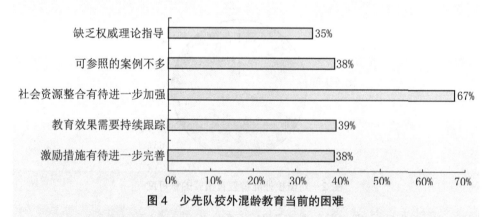

图 4　少先队校外混龄教育当前的困难

（二）独特作用研究分析

1. 混龄教育形成"手足陪伴"促进"崇尚追随"，能提升大龄队员的责任感和低龄队员的社会性

调研表明，不同队龄的孩子在一起活动，在队员之间创设出一种类似于兄弟姐妹的"社会环境"，能够弥补校内"同龄分班"后异龄队员交往环境的缺失，这种异龄的社会建构，是同龄教育所无法替代的。社会化的混龄教育活动打造了丰富的混龄社交场景，能够充分满足少年儿童的"社交愿望"，通过为少年儿童创造动态的"社会体验"，为混龄同伴交往带来角色、心理体验和沟通方式的变化，能为队员及早和正确接受社会教育、形成更加健全的人格、未来更好地融入真实社会奠定基础。

上海宝山区是陶行知先生创办山海工学团、倡导"社会即学校、生活即教育"的发源地。宝山区少工委引导辖区内天然分布的不同年龄段的少先队员成立混龄楼组小队，队员地域相近、年龄相仿、经历相似、兴趣相投，大龄队员最熟悉小孩子的所思所想，形成"大带小、小跟大"的亲密无间的"手足陪伴"。由此，大孩子的荣誉感、责任感、自觉性显著增强，更容易理解和帮助他人。而低龄队员在"崇拜心理"的作用下，也更容易形成发自内心的追随，他们通过观察、模仿大孩子的言行，学大孩子的样，与之形成"崇尚追随"的良性互动，其社会性得到大大增强。

2. 混龄教育丰富"岗位赋能"实现"效果激励"，能提升大龄队员的成就感和低龄队员的自信心

调研表明，家庭环境中，儿童多是"被爱"的受体，而不是"释爱"的主体，父母或家人对儿童需求的高度回应，往往造成儿童以自我为中心、独立性差、自制力低等不良特征，这些特征在独生子女身上体现得尤为明显。而在学校同龄教育环境中，老师无法对每个学生个体的需求进行高度回应，同学之间受限于相近的认知水平和情感水平，也无法提供较高水平的需求回应，这就容易造成儿童自信心不足、集体意识不强、交往能力较差的情况。而混龄教育中独特的大带领小、小跟随大的"岗位经历"，能够有效激发大小孩子的成就感，增强他们的自信心。

上海长宁区新泾镇社区少工委探索形成《新泾镇社区少先队争章护照》，为混龄队员设计丰富的社区实践岗位和争章激励内容，实现持续的分层分类、阶梯式成长激励。社区实践中，混龄带来的大龄队员的"优势心理"驱使其更愿意作为弟弟妹妹的"领路人"。同时，混龄团队内多样化的岗位赋能和体系化的争章激励，让每一个孩子都能找到适合自己的"小目标"。大龄队员担任"小辅导员"角色，在带领弟弟妹妹参与实践活动过程中感受到

成就感，进而更加关注自身言行，形成成长的内驱力；低龄队员在大龄队员的帮助下认领争章任务，实现力所能及的成长，树立起自信心。

3. 混龄教育创设"组团锻炼"拓宽"交往圈层"，能提升大龄队员的团结意识和低龄队员的纪律意识

调研表明，混龄教育通过让少年儿童在有不同年龄阶段、不同学识水平、不同社会能力的学生所构建的共同体中拓宽社会活动圈、交往圈，引导他们在鲜活的集体生活和社会体验中拓宽视野、淬炼意志，可以更好地为不同年龄段的队员提供互动、感知、体验，能够更加贴近真实社会的组成形态，可以更好地形成互补，潜移默化地培养大龄队员对低龄队员的团结意识，也能帮助低龄队员形成遵从大龄队员的纪律意识、规则意识。这无疑是为少先队员日后真正融入大社会提前进行了模拟和训练。

上海浦东新区周家渡街道社区的红领巾议事会由辖区内一群热心的混龄队员组成，他们根据小区的实际，倡议大带小建立红领巾林长、河长、楼长"三长"队伍。混龄"三长"小队围绕如何履行"三长"职责充分激发团队活力，大龄队员用自己的行为和语言向低龄队员解释或表现，低龄队员用自己的行为和语言向大龄队员模仿或询问，他们的互动对于拓宽社会交往，特别是提升大龄队员的团结意识和低龄队员的纪律意识是非常有意义的。在混龄教育活动中，不同发展水平的少年儿童之间的交往与合作形成"最近发展区"，大大增加少年儿童"组团"成为智慧的问题解决者的机会。

三、关于"混龄教育"的下一步的调研思考

（一）更加精准把握混龄教育的独特性

1. 混龄教育要在合理的年龄差区间内开展

教育要遵循孩子的"最近发展区"，混龄教育要科学匹配儿童年龄差，大孩子的能力应该是小孩子跳一跳能够得到的，小孩子喜欢的活动也是大孩子愿意参与的，只有这样，才能实现"双向奔赴、互相促进"的混龄教育效果。

2. 混龄教育要用好争章激励手段

混龄教育需要一定周期才能发挥长效作用，少先队争章激励正契合少年

儿童对荣誉和成就的向往。设置分层分类的混龄互助内容，让大孩子在带领弟弟妹妹中收获激励，也让小孩子在哥哥姐姐的引导下收获成长，同样也获得相应的激励。

3. 混龄教育要把握实践内容方法

少先队社会化发展为少年儿童提供了在社会大课堂接受混龄教育的绝佳场域，实践项目的内容设计应该是参与式的、互动式的、有意义又有趣的，要充满童趣，让大孩子和小孩子都愿意参与。只有这样，才能吸引混龄孩子愿参与、想参与、乐参与。

（二）更大范围研究混龄教育的独特性

1. 在研究力量上广泛调动社会资源

充分调动诸如高校专家学者、专业研究人员广泛参与，围绕"混龄教育独特性"进行多维度的横断面研究或追踪研究，并细化研究方向，比如混龄教育的场域、载体、周期等，拓宽研究的广度和深度。

2. 在研究路径上用好区域对比分析

用好基层调研和区域比较研究，对不同地域适用的混龄教育模式进行挖掘和分析，总结共性与规律，找准影响混龄教育的关键因素，形成"补短板、筑长板"的有效路径，并在区域间的联动实践中持续总结、优化研究结论。

3. 在研究方式上注重理论交流探讨

开展现场观摩，将"可听"的报告转化为"可看"的实效，推动可复制、可推广的经验在更大范围内试用、优化、提升。也可开展理论探讨，聚焦混龄教育的热点、难点、堵点问题，组织集中研讨，触发思想碰撞。

（三）提升内涵强化混龄教育的独特性

1. 聚焦少先队主责主业

少先队开展混龄教育必须始终锚定政治启蒙和价值观塑造的主责主业，牢牢把握初中、小学阶段这一少年儿童将"爱自己、爱家庭"情感过渡到"爱党、爱祖国、爱家乡"情感的关键阶段，始终旗帜鲜明地彰显少先队混龄教育的政治底色。

2. 注重政治理论生动化

充分把握好青少年"政治社会化"的关键时期，发挥好少先队为党培育"红孩子"的优良传统和独特优势，用好混龄教育的理论逻辑和实践方法，借助新时代十年的伟大变革为"社会学校"提供更为丰富、生动的现实场景。

3. 探索一体化育人新路

让孩子们从小喜欢在组织中接受教育、学习先进、逐步成长，一点一滴积累起对党组织的热爱和信赖，萌发成为一名团员乃至党员的追求，丰富完善党团队一体化育人链条，在"社会学校"中打实人生之基。

第七节 奖章评价收获幸福

"红领巾奖章"是各级少工委授予少先队员的幸福珍藏，是少先队组织开展教育活动和评价激励，切实增强少先队员幸福感，构建人人可行、天天可为、阶梯进步的重要载体。红领巾奖章活动以进度性为特色，体现队员在活动中的主体性。它是少年儿童自主、主动的幸福活动，是他们不断进取，不断成功的幸福活动，能促进少年儿童的全面发展和个性发展，能帮助他们在丰富多彩、生动活泼的幸福活动中育品德、长智慧、增才干、强身心。

少先队幸福教育观点：
争章过程是"学"与"练"的过程。
引导获章队员回眸争章历程、回味幸福感受。
奖章活动要得到辅导员、家长、社会人士的"幸福护航"。

一、定章

定章是将教育目标转化为队员幸福发展的需要和幸福追求的行动。红领巾奖章基础章的章目突出少先队组织的政治属性，以少年儿童政治启蒙、价值观塑造、组织意识培育为主要内容，强化党团队的血脉关系和红色基因传承。

特色章可由辅导员围绕"德智体美劳全面发展"自行设定，作为基础章的有益补充，可依据小学队员的年龄特点，以趣味化、形象化为原则，确立形象生动的小葵花章（礼貌章）、小蜜蜂章（自理章）、小伞兵章（助人章）、小东东章（体育章）、小金猴章（制作章）、小松鼠章（收集章）、

导语 daoyu

小孔雀章（文娱章）等；可依据中学队员的年龄特点，以基础性、实用性为原则，确立待客章、保健章、信息章、集藏章、烹调章、种植章、编织章、摄影章、饲养章、世界儿童友谊章等。

定章的关键是辅导员引导队员共同制定每个奖章的目标和要求。太低没有挑战性，容易失去争章的乐趣；太高没有激励性，容易失去争章的动力。要目标明确，便于队员记忆；内容要实在、符合实际，便于队员逐条学习，逐条通过，逐条检查；量度要适中、有连续性，以量的不断积累赢来质的幸福飞跃。

少先队幸福教育案例：

上海红领巾争章活动的三度开发

红领巾奖章活动是中国少先队历史上一项持续时间长、覆盖面广、受到广大队员和辅导员欢迎的少先队活动品牌，它的发源地在上海。

一、一度开发：借鉴童军经验，建立奖章科目

自20世纪80年代起，《少先队研究》杂志开辟专栏，介绍国外儿童组织。在比较研究过程中，香港女童军和美国男童军的进度性达标授章活动引起了上海少先队工作者的关注。

1992年上海少工委开始探索进度性技能训练奖章活动，它让队员们从入队开始不停地攀登，形成长期、经常、稳定的少先队激励制度。

上海少先队进度性基础奖章章目表

阶段 章名 科目		小　学			初　中	
		低	中	高	一二 年级	三年级
		一二年级	三四年级	五六年级		
德	组织	苗苗 星星火炬	自动 向日葵	五星红旗 立志	铭言 接力	珍爱
	自立	自理	家务	家政	户外生活	升学选择
	服务	孝敬	手拉手	志愿者	环保	

续表

科目 阶段 章名		小　学			初　中	
		低	中	高	一二年级	三年级
		一二年级	三四年级	五六年级		
智	益智	说话	阅读	信息	自学	巧学
	外语	口语	会话	外语	外语通讯	
	科技	小观察	小实验	小调查	小研究	
体	健身	游戏	自锻	健身	心理保健	康乐
	自护	安全	保健	青春自护	法制	
美	艺术	歌舞	表演	休闲	艺术欣赏	
劳	劳技	手工	工艺	科普	创造	
群	交往	好朋友	礼仪	友谊	合作	EQ
	管理	小岗位	小主持	小辅导	小事业	
其他	特色	根据地区、学校特色增设奖章				
	阶段荣誉章	铜箭章	银箭章	金箭章	雏鹰勋章	获全部必修章和若干枚选修章者加发雏鹰荣誉奖章

我们总结了开展争章活动的基本原则：

（1）发挥孩子主动性，少年儿童是争章活动的主体。

（2）强调活动的非竞争性，提倡儿童为自己设定新目标，取得新进步。

（3）注重争章过程，进而提高少年儿童的综合素质。

（4）整合各方辅导力量，形成"社会360行，行行带队"的新局面。

我们总结了开展雏鹰争章活动的基本流程：

（1）定章。少年儿童根据自己的实际与需求，自主地选择与确定本阶段的争章项目。

（2）争章。队员按照自己制定的争章计划，在辅导员和同学的帮助下，开展各种训练活动。

（3）评章。队员展示自己争章训练的成果，由少先队组织或者经过授权的社会机构进行考察、认定。

（4）颁章。少先队组织向经过考评达到获章标准的队员颁发基础奖章。

（5）品章。引导获得奖章的少先队员回眸争章历程、回味内心感受、回应新的需求。

（6）护章。引导队员用奖章激励自己刻苦学习、努力实践，以获得更多的基础奖章。

（7）换章。队员获章后，辅导员要启发引导他们在新的起点上树立新的目标，选择确定新的争章章目，迎接新挑战，由此进入新一轮的达标争章操作步骤。

1994年6月，团中央、全国少工委在上海召开"跨世纪中国少年雏鹰行动"现场交流会，团中央书记处书记、全国少工委主任袁纯清作了题为《深化雏鹰行动，培养21世纪生力军》的讲话。会后，全国少工委下发了《跨世纪中国少年雏鹰行动技能奖章实施细则》，使雏鹰争章活动走向规范化、系统化。

1996年5月，上海团市委、市教委联合下发《关于实施"上海市少先队雏鹰奖章兴趣章计划"的通知》。经过多年的实践与发展，雏鹰奖章体系发展为六大板块：

先修章（苗苗章）、必修章（基础章）、选修章（兴趣章）、校本特色章、个人自设章、集体荣誉章。

二、二度开发：探索课队结合，实现相得益彰

1998年4月22日—28日，团中央、全国少工委在上海举办了全国雏鹰达标争章活动培训班暨现场观摩会。

上海少工委推出了各年级的《争章手册》，编写了《为国强而自强——雏鹰争章研究与操作》《兴趣章参考》，编辑出版了《上海少先队雏鹰争章活动指导用书》（低、中、高三本）。

时任上海市教委副主任、市少工委主任夏秀蓉作了题为《雏鹰达标争章活动与学校课程改革优化结合》的讲话，指出奖章活动有"四个好"：

一是雏鹰奖章的设置与学校育人目标完全一致；

二是争章的方法与实施符合教育规律；

三是活动课程的开设与争章活动能组成一个和谐的整体；

四是争章活动既是少先队的独立活动，也是学校教育的重要组成。

时任团中央书记处书记黄丹华也到会作了重要讲话，指出上海的经验对全队深化"雏鹰行动"有着积极的示范作用。

三、三度开发：纳入评价体系，形成激励导向

雏鹰争章活动面向全体少年儿童，人人可为，天天可为，打破了传统的单纯依靠分数评价优劣的模式，成为衡量少年儿童综合素质的重要依据。随着奖章活动的推广和深入开展，雏鹰奖章逐步被纳入教育行政部门学生综合素质的评价体系中。

1999年，上海市教委在小学、初中的《上海市学生评价手册》中，增设"雏鹰争章及奖励记录"（包括必修章、选修章），同必修课学习情况记录、活动课及兴趣爱好情况记录、获奖记录、老师评语等一起成为对学生进行综合素质评价的依据。

2002学年，市教委将必修奖章争章手册列入中小学学生可选用教材之列，保证了争章活动的有序开展。2004年，在《上海市学生成长记录册》中将少先队员争章情况纳入其中，此举标志着奖章课程全面进入评价体系之中。

2010年，奖章文化在世博园大放光彩。

2012年，以落实《少先队活动课程指导纲要》新奖章为激励评价。2016年，探索雏鹰奖章与中小学生综合素质评价的优化结合。

四、今后思考

1.完善奖章体系，准确奖章名称，如：复兴章、信仰章。

2.加强对中、东、西部，城市、农村，内地、民族地区的分类指导，充分利用当地的特色资源因地制宜普遍开展活动。

3.结合教育部等 10 部委研学旅行计划，让中小学生走出学校，在社会中接受实践教育的部署，把"雏鹰争章"活动作为学校开展实践教育的重要载体。

4.依托国家免费开放的美术馆、公共图书馆、文化馆（站）等场所，利用各级青少年宫和新兴的少年儿童社会活动场所，建立社会化争章活动基地，开展特色活动。

5.积极用好网络等新媒体，设计开展主题鲜明、时代感强的网上争章活动。

6.关于奖章制作：形象简洁，寓意明确，材料选择、图案设计求真、求美，富有吸引力，使队员佩戴起来具有光荣感、自豪感。

二、争章

争章过程是"学"与"练"的过程，争章活动在队员面前展现出一系列富有挑战性和吸引力的幸福目标，能够增加他们天天向上的动力和活力。争章活动要发挥自下而上，大、中、小队自动化的作用。

大队要发挥组织管理作用，如设立公关部，负责校内外的联络、宣传；设立信息部，负责提供信息，交流各中队的进度、突出事迹；设立活动部，负责组织各项竞赛活动；设立儿童部，负责指导小辅导员如何帮助低年级弟妹进行训练；设立检测部，负责训练成绩的检测；设立荣誉部，负责奖章的设计、制作和颁发；设立小研究部，负责收集、整理有关材料，进行小研究等。

中、小队应创造多种自教互教活动形式，如创设"争章成功站""技能宫""争章乐园"作为训练阵地，由每个章的小能人担任"站长""宫长""园长"，他们通过自荐和民主选举产生，具备帮助队员完成奖章目标的能力。每个"争章乐园"都有宣传牌，活动时间、地点、要求一目了然。争章活动把个人目标与集体目标结合起来，每位队员都有"争章卡"，根据个人达标计划参加学习训练并记录，留下争章的足迹。中队设有"争章树"，记载每个队员的达标情况；大队设有"争章排行榜"，激发个人与集体幸福向上的进取精神。

少先队幸福教育案例：

初中红领巾争章活动综合评价体系融入推优入团

静安区教育学院附属学校大队辅导员　邢弋夫

学校发扬全团带队的优良传统，创造性地将少先队雏鹰争章活动与综合素质评价有机结合，将红领巾争章活动综合评价体系融入推优入团的全过程，为团队工作增添新时代的内涵和活力。

一、构建"JECAS"红领巾争章活动综合评价体系

评价目标：学校以立德树人为根本任务，建立促进队员全面发展的评价体系，培育担当民族复兴大任的时代新人。

评价领域：取静教院附校的首字母"JECAS"，形成涵盖静教院附校全体队员在学校所有学习生活的"JECAS"章。"JECAS"体系面向学校全体队员，包含每个年级必修的红领巾奖章基础章和"JECAS"积分章。JECAS章包括创新实践（Job）、活动经历（Experience）、品德修养（Character）、成就达成（Achievement）及学业表现（Subject）五大领域，与上海市初中学生综合素质评价有机对接。

操作框架："JECAS"章争章评价分为"金、银、铜"三类章，每一类奖章的获得，都以红领巾奖章基础章的获得为前提条件，以JECAS章积分排名为依据，分别取年级前3%、前10%、前20%。其中，铜章每学期评价一次，银章每学年评价一次，金章毕业年级评价一次。

网络呈现：为了便于全程记录学生成长的轨迹，我校借助信息技术，开发了初中少先队融入学生综合素质评价的数字化网络平台。平台由队员、辅导员、家长、教师四种身份的人从多角度对队员的综合素质进行客观评价。

评价特点："JECAS"红领巾争章综合评价体系与以往争章活动相比，具有可以叠加、可以进阶、可以由队员自主选择奖励形式的优势，使得综合评价主体更多元、评价方式更客观、评价成果更合理，能够引导队员不断增强综合素质。

二、"JECAS"红领巾争章活动综合评价体系贯穿推优入团各环节

团上海市委、上海市少工委推出的《关于在初中学校实施争章推优入团制度 加强初中和高中团员一体化培养工作的实施意见》提出，学校要积极组织实施争章推优工作入团制度，从源头上保持和增强团员的先进性。"JECAS"体系建立后，我们将其运用于推优入团的各个环节。

1."团前启蒙"更具吸引力

学校将团前启蒙教育纳入道德与法治的课程，进入"J"领域的评价范畴。少先队员通过生动活泼的形式，在了解共青团的光辉历史和基本情况、学习优秀团员先进事迹的同时，也可以从任课老师发布的课程任务中获取"J"领域中的"JECAS"积分章。

2."少年团校"更具感召力

把团校与拓展型研究型课程相整合，共设8课时，课程设置从理论知识到社会实践，从参观寻访到座谈交流，充分体现出少年特点和时代特征，贴近学生实际的少年团校成为深受学生欢迎的课程之一，少年团校也成为学生团员意识萌芽的摇篮。

3."差额选举"更具公信力

争章推优后，由于融入争章活动的推优标准更加有形化，入团积极分子在差额选举中可以从曾获得过多少次的附校铜章少年、银章少年，在"J"领域的团前教育中、在"E"领域的少年团校里获得过多少"JECAS"积分章，曾经参与过哪些活动，在其中担任了什么角色等维度作自我介绍。这样一个全员参与的评价体系将会具有很强的公信力，能够帮助少先队客观地选举出最优秀的入团积极分子和发展对象。

三、评章

红领巾奖章创建多元评价机制，能够提供多把衡量队员的尺子，把素质教育的要求化解成队员看得见、摸得着、具体形象、富有吸引力和挑战性的幸福目标，鼓励每个有差异的队员用自我激励、非竞争性的方式，不断发掘自己的潜能。队员只要在某一方面作了努力、能力有所提高、达到预期目标，就能获得奖章，就能体验到幸福。

评价是根指挥棒，红领巾奖章运用多元评价机制引导队员在朝着提高综合素质的大路上奔跑，创建出一根新的幸福指挥棒，使得人人有幸福的追求，队队有幸福的目标，天天有幸福的行动，时时有幸福的喜悦。

奖章活动的评核重在实践：动手实践、娱乐实践、求知实践、创造实践；评核方法形式多样，机动灵活，因章而定，使队员人人参与，相互学习。如：设站评核，设立"争章成功站"，由高年级队员担任低年级的评核员；展览评核，以展览会的形式展示每个人的争章成果，在参观中评论评核；表演评核，这一方法适合文娱性的奖章，争章者自娱自乐，自演自评；活动评核，适合体育性、实验性的奖章等。

少先队幸福教育案例：

"章"显"豫"悦幸福圈

黄浦区复兴东路第三小学少工委副主任　唐喆萍

复兴东路第三小学与豫园社区文化中心协同构建"豫"悦15分钟幸福圈，以"幸福教育"为核心理念，依托"双减"政策深化校社协作。通过建立校家社共管机制，明确三方职能分工，构建"阵地共建—场景共创—实践共融"体系，整合社区文化资源及专业导师团队，围绕组织建设、道德养成、实践服务等五大板块设计"三维争章"活动。采用"主统内实"与"付散外活"策略，结合长短期周期、资源双向流动及集散形式，推动必修章与特色章协同实施，强化少先队员责任担当。该模式以校家社同频共振拓宽实践育人空间，促进队员树理想、强本领，为幸福教育注入社区动能，持续优化协同育人路径。

一、校社联手打造"豫"悦幸福圈

复兴东路第三小学以"幸福教育"为办学理念，少先队品牌"三维争章"关注争章活动中校、家、社的同频共振。学校借"课改""队改"的东风，进行了奖章活动的课队结合、家队结合的研究，取得了良好的效果。2021年，学校被评选为第一批上海市少先队幸福教育实验校。学校抓住"双减"政策的时代机遇，进一步探索奖章活动的社队结合，以学校与豫园社区文化中心协作为试点，以少先队员幸福成长作为轴心，以豫园社区作为半径，打造校社同频共振的"豫"悦15分钟幸福圈，使之成为学校和社区协作为队员谋幸福的出发点以及队员对社区幸福生活向往的落脚点。

二、十五分钟争章幸福圈行动策略

（一）完善校社争章协作的机制：

1. 建立组织机构

复三小与黄浦区豫园社区文化中心仅一街之隔，凭着地理优势以及长期以来的紧密合作，双方围绕建立组织机构、完善校社协作的互访制度、联席制度。

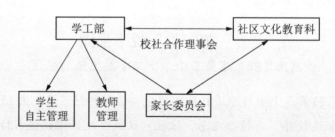

图1 校社协作组织机构图

2. 明确管理职能

学校明确争章活动三个维度的管理职能，包括学生工作部牵头的学校管理、家委会牵头的家长管理、社区文化教育科牵头的社区管理。校社协作依托社区文化教育科与学校学工部密切沟通，了解学校、社区特色，梳理奖章菜单，提供争章资源，融入争章培训，组织争章活动等。

3. 构建三维互动模式

争章从学校教育为主逐步过渡为校、家、社共同参与争章活动的校内外联动体系，形成发达的社会支持网络，在目标同频、效果共振中促进孩子的健康发展。

（二）细化争章活动校社合作的内容

校、社积极响应上海少先队组织构筑的"三圈育人"模式，细化争章活动校社合作的内容。

1. 外圈看场地，协同部署阵地

打造"15分钟少先队社区幸福活动圈"实践活动地图，为活动圈提供阵地支撑。校、社根据前期的互访制度，结合老城厢文化地域以及学校"人文＋科技"的办学特色，社区为学校争章活动提供了阵地资源菜单，便于学校选择。豫园社区的场馆资源涉及社区文化中心图书馆、劳模馆、社区大舞台、豫园文化长廊等室内资源，以及豫园、童涵春堂、豫园老街等室外场馆。学校根据社区的资源特色以及争章需求有选择地进行阵地资源的对接。

2. 中圈看场景，协同梳理内容

中圈看场景，开发优秀的社区文化场景，从中汲取营养。比如在阵地文化方面，豫园社区文化中心室内场馆提供了楹联文化、地名文化、老字号文化等具有地域特色的资料；在人力资源方面，提供了豫园劳模、老城厢老党员、非遗文化传承人、育种园艺师等育人导师，这些场景与办学特色以及争章体验需求紧密相关。学校根据场馆提供的资源进行梳理，进行二次对接，为队员量身打造并发动队员体验项目。

3. 里圈看场合，协同落实体验

校社协作在室内室外进一步增强思政、体锻、科创、探索、野趣等活动设计，强化争章实践体验环节。少先队组织设立的"15分钟幸福圈"争章15事，包括五大板块，即组织建设类、道德养成类、实践类、活动类、生活类五大类。家庭里，我们牵手家长争"孝敬章""家务章""自锻章"等奖章；特别是疫情期间，我们开展线上15分钟幸福圈活动，利用课后430时

间，开展"聚光谷·宅家乐"课程，聘请家长、社区辅导员在微课堂授课、指导。线下队员在社区开展"寻找弄堂里的记忆""红领巾火箭协会的宣讲"等幸福圈争章活动。在我是"社区小主人"活动中，队员在社区里寻找问题与需求、拟定服务岗位、扮演不同角色，在实践服务中争夺奖章。暖心小百搭、贴心投递员、文明宣传员、环保小卫士、安全楼组长、红色宣讲员忙得不亦乐乎，在社区争章活动中树理想、学本领、有担当，为领巾争光彩。

（三）争章活动校社合作的形式

争章活动社会化推进需要更多具有弹性和灵活性的形式，确保争章活动校家社合作的有效推进。因此在选择活动内容时，可以考虑三结合的形式，以实现活动内容、活动空间、活动时间、活动对象等的多样化。

1. 争章周期有长有短

奖章活动社会化推进需要考虑学校、社区的运载能力、辅导资源等各方面因素，争章活动社区参与周期有长有短。比如元宵节、重阳节等节庆类活动，结合社区开展的活动常常是短期体验活动。学校是航天特色校，社区的"豫"花园为复三小开辟了一片太空育种基地，每年4月24日航天日前后，学校会组织学生育太空种，聘请专业园艺师进行讲解，家长辅导员（太空育种）指导播种，之后科技辅导员会定期带孩子们进行观察、记录，撰写观察日记。每年9月进行太空辣椒秀，一盆盆辣椒在社区、学校进行展出，学生定期、定批进行这样一个长周期争章活动。

2. 争章资源有进有出

由于场地、人员限制，社区不一定能容纳大量的学生，首先可以把社区资源"请进来"。比如争安全章、自护章。安全日社区和学校共同制定活动方案，将消防车开进学校、将各安全部门的人员请进学校，现场体验活动分为四个区域、五大安全板块。由消防、公安、卫生等部门的专家为孩子开展"安全微讲堂"，并在活动现场开设安全知识趣味问答、水枪灭火小游戏、逃生演练、常用消防绳结教学体验等活动，为学生进行大面积考章。当然也可以带领学生"走出去"，来到消防、公安、卫生等基地，进行基地参观、实践体验等活动。

3. 争章形式有集有散

奖章活动社会化推进，既要考虑奖章推进的长效性、安全性，同时又要考虑奖章活动的趣味性、实践性等，因此形式不能一刀切，需要根据参与人数、辅导力量、场地资源等进行统筹。

"主统内实"策略："主"是指组织类等必修奖章，"统"是指组织形式上的统一，即由学校统一进行安排；"内"是指主选内容我们主要安排在校内完成，其原因在于校内或学校周边的社区，往往有人数、内容等的限制；"实"是指活动的效果要扎实，有实效，同时，要确保活动的安全性，较好地实现课程目标。

"付散外活"策略："付"是指部分道德养成类、实践类、活动类等注重体验的选修章；"散"是指分散活动，以小组、社团、亲子等形式组织；"外"是指校外社区、基地活动；"活"是指活动形式、活动时间、活动地点都比较灵活机动，主要是在课后十五分钟生活圈范围内。我们通过分散的形式解决了争章基地规模往往不足以承担大规模的实践活动的局限性，这一策略的实施使实践活动的全员性得到很好的实现。

"豫"悦15分钟幸福圈，是历史、文化、梦想和创新实践汇聚的生命场，队员带着微笑和期待走进幸福圈，带着愉悦和满足成长在幸福圈。幸福校园将进一步与社区联手，以三维奖章为抓手，打造有品质的幸福圈，促进队员的健康成长。

四、颁章

各级少先队组织要举行庄重热烈、形式多样的"红领巾奖章"颁章仪式，鼓励家长参与，加强集中宣传，增强少先队员幸福感。奖章代表进步，代表荣誉，可以增强队员的组织观念，也会提高他们的社会价值，日后还可能产生使用价值，成为对人的一种评估标准，作为升学、就业、使用的参照系数。

颁章仪式应在特定的时间、场合举行，如可与升旗仪式，重大节日，大、中、小队集会结合起来，以起到持续激发组织认同、相互鼓励、取长

补短的作用。佩章还应有一定的位置，如缝在绶带上披在胸前，贴在奖牌上挂在胸前等。

少先队组织还可以引导获得奖章的队员回眸争章历程、回味幸福感受、回应新的需求。辅导员要重视这个过程，要启发并指导队员将争章足迹和获章情况及时记入《争章手册》，或用写《争章日记》，开设个人微博、微信等形式随时写下争章过程中的幸福感悟、幸福体验，经常自勉，并适时进行幸福分享。

少先队幸福教育案例：

让争章活动在网络上活起来

嘉定区少先队总辅导员　政　荔

工作中我一直在思考，如何通过数字化争章平台，更好地加强少年儿童政治引领。2020年，在市少工委的指导下，我们在"嘉定红领巾"微信公众号建立线上争章平台，三年的探索，努力在解决以下三个问题：

一、怎么让奖章过程"连起来"

又到开学季，对辅导员来说，面对中队和队员的变化，统计争章情况是个不小的工程。有大队辅导员曾经和我吐槽：我们学校队员多，光整理全校队员争章档案就要花费1周的时间。对转学的队员而言，也时常会遇到一些困扰，有个队员和我说：我转学前，差一点点就能完成争章了。现在到了新学校，说因为没有记录要重新开始。这些辅导员和队员遇到的困难，也是我们建立争章平台的初衷之一。平台建成后，仅在星级章审核阶段，原来需要花费2周的时间，现在只需2分钟即能一键导出达标名单，上报星级章数据。同时，队员的个人争章记录也会自动流转、留存，真正实现辅导员"阶梯式激励不断档"，队员"阶梯式成长可持续"。

二、怎么让奖章评价"晒出来"

争章平台开发的第一年恰逢疫情，孩子们都居家上网课，争章活动也很难在线下开展，争章入队的光荣感、队前教育效果都打了折扣。于是，我组织辅导员一起备课磨课，用了一周时间将 13 期"入队进行时　爱嘉云队课"在平台上线。我女儿就是云队课的受益者，她喜欢让我陪着她边讲边学，就像每晚的亲子阅读一样。从队史故事到榜样故事，她听得认真，问得勤。因为从小就受到我的工作的影响，她早就盼着能戴上红领巾，成为一名光荣的少先队员。我时常会看到她站在镜子前反复练习敬队礼，听着平台播放的队歌跟着唱，每天还会抢着做家务，"六知""六会""一做"的争章要求就这样融入了她的居家学习生活中。当她成为"少先队知识小达人"，在线提交《入队申请书》，点亮"星星火炬章"时，我觉得她一下子长大了。这系列课程一直沿用至今，每当入队季，我在朋友圈里时常会看到家长们晒出的云队课证书、电子入队申请书，晒出那枚属于孩子的"火炬章"。平台不仅让队员更热爱争章，也让更多家长在陪伴孩子争章中更加了解少先队，形成教育合力。

三、怎么让思政课堂"动起来"

今年暑假，争章平台中一键"学校、社区双报到"功能深受学校和社区的喜爱，队员主动向社区亮身份，参与到社区校外少先队活动中。在嘉定迎园社区红领巾议事厅里，来自不同学校、不同学段的"小议事员"和社区及学校少先队辅导员，共同将少先队元素和社区特色融进了奖章的设计中：在社区混龄楼组小队活动中表现突出的可争得"友爱章"，在社区红领巾学堂中爱学好学的可争得"乐学章"，为社区积极贡献提出好建议的可争得"金点子章"。有个社区少工委主任和我说，自从有了争章平台，他们能把原来人工核对和敲章的精力，投入与学校、队员共同设计"社区特色章"的工作中去。"一键双报到"，不仅让学校和社区都可以了解到队员的社区分布情况和就读学校信息，更联通社区与学校少先队，让社区、学校和队员成为"红领巾奖章"争章合伙人。

后续，我们还将开发类似"大众点评"的多维评价与活动秒杀等模块，使数字化争章平台更易用、更精细，让政治引领这项少先队工作的主责主业更有形、更落地。

五、护章

奖章活动要得到辅导员、家长、社会人士的"幸福护航"。学校可以聘任学校中有专长的教师担任争章辅导员，在校内设立奖章训练课、奖章兴趣活动小组、奖章社会实践活动、奖章擂台日，或把奖章训练活动与各学科的教学相结合，发挥学校实施"红领巾奖章"主阵地的作用。

同时依托社区与对口里弄共同创建"地区少年奖章之家"，在住房较宽敞的队员家里设立"社区小队基地"，聘请有一技之长的各类人士担任奖章辅导员。学校可结合家长学校组织短期培训，并发给奖章辅导员聘书和考核员证书，还可在部队的支持下创建"少年军校"，充分发掘家长、社会人士参与辅导的雄厚潜力，发挥社会开展"红领巾奖章"大课堂的作用。

红领巾奖章能够融入少年儿童在少先队组织幸福成长的全过程，打破传统的单纯依靠分数评价优劣的模式，成为衡量少年儿童综合素质的重要依据。队员不断挑战自我，使"明天的我比今天的我更美好"。

少先队幸福教育案例：

幸福社区，精彩争章

长宁区新泾镇社区少工委

新泾镇社区少工委以"'泾彩'争章"项目为切入点，用少先队员易接受又喜爱的方式，有效地组织、引导、服务和凝聚少先队员，让社区红领巾争章活动为少先队员搭建起幸福成长新路径。

建立奖章激励体系

新泾镇社区少工委实施"泾"彩奖章激励体系，设计"红领巾奖章"特色章，并将其分为"五彩"必修章和"五育"选修章。

1."五彩"必修章

"蓝色报到章"：每年寒暑假，新泾镇社区少工委都鼓励辖区内少先队小骨干到镇少工委报到，其他少先队员向所在居民委员会报到，以此作为开启社区争章之旅的第一站。

"红色人文章"：新泾镇社区少工委组织辖区内少先队员寻访身边的老红军、老干部，听他们讲革命故事、红色历史、新泾文化。

"黄色非遗章"：新泾镇社区少工委依托本地区西郊农民画、海派手撕纸、沪剧、江南丝竹等非遗项目，组织辖区内少先队员通过学、看、做等实践活动，了解家乡本土文化。

"绿色河长章"：新泾镇区域内河道面积占长宁区河道面积的90%。新泾镇社区少工委依托河道资源，鼓励辖区内少先队员做一天"小河长"，在社区辅导员的带领下，到河边开展实地巡河活动，或到城市运行管理中心开展电子巡河活动。

"橙色服务章"：新泾镇社区少工委鼓励辖区内少先队员参与交通引导、关爱老人、环境整治、治安巡逻等志愿服务活动，增强责任意识和服务意识。

2. "五育"选修章

新泾镇社区少工委以德、智、体、美、劳五育并举为目标，设置"红领巾奖章"特色章中的选修章。在德育方面有"镇史章""国风章""消防章""营地章"；在智育方面有"科技章""书香章""演讲章""社区更新章"；在体育方面有"篮球章""网球章""游泳章""徒步章"；在美育方面有"书画章""爱乐章""摄影章""文艺章"；在劳育方面有"动手章""职业体验章""卫生急救章""禁毒章"。

打造奖章实践品牌

新泾镇社区少工委充分发挥协同育人作用，与武警上海总队一支队、上海市关工委等单位，联合开展"泾"彩少年体验营、"泾"彩少年红色主题故事宣讲等活动，教育引导少先队员在深学细悟中赓续红色血脉，厚植爱党爱国爱社会主义情感；发挥新泾镇历史悠久、同时拥有多种非遗文化的优势，建立"泾"彩红领巾记者团，引导少先队员自主挖掘新泾镇历史，学习非遗技艺，在实践体验中了解家乡历史，爱上中华优秀传统文化；依托新泾镇丰富的水域资源，以公益服务活动为主要形式，打造"苏河小泾泠"生态

环保红领巾志愿团队，引导少先队员学习节水知识，开展"献上环保金点子""争做一日'小河长'"等丰富的实践活动，将环保理念种在他们心中，培养新泾水脉的守护者。

丰富奖章育人内涵

新泾镇社区少工委发挥统筹协调作用，充分整合社区单位、企业、社会组织等各类资源，依托校外实践基地、爱国主义教育基地等阵地，深入挖掘其育人内涵，形成具有趣味性、思想性的争章活动。

比如，在"生物多样性100+全球典型案例"之一的乐颐生境花园开展活动时，新泾镇社区少工委把简单的参观"打卡"，拓展为一系列生态文明实践活动。在这里，少先队员可以观察本土动植物的生长，探寻生境花园的奥秘；可以聆听由上海动物园、上海自然博物馆和华东师范大学等共建单位带来的高质量科普讲座，学习生物多样性保护知识；可以欣赏儿童绘本原创插画展览，与知名儿童作家面对面交流；可以动手做净水小实验，制作雨水收集装置等，发现生活中的科学知识；还可以亲手为植物浇水、除草、清理落叶，从小树立劳动创造价值的观念。

总之，各种奖章如同一根根纽带，把社会各方面的力量凝聚在一起，把校内和校外教育有机结合起来，为全社会各方面关心、支持少先队员幸福成长提供有效的载体。

第八节　国际比较分享幸福

习近平总书记于 2023 年"六一"国际儿童节视察北京育英学校时指出：要坚定文化自信，把自己好的东西坚持好，把国外好的东西借鉴好，与时俱进、开放发展，让孩子们有更广阔的眼界、更开阔的思路、更开放的观念，努力培养堪当民族复兴重任、勇于创造世界奇迹的国之栋梁。

中国进入新时代，开放的世界环境对儿童组织的成长和发展有着重要的影响。少先队工作者要遵循习近平总书记的重要指示，以敏锐的目光、开放的视角和强烈的责任感，去研究海外、国外童军组织的有益经验，在比较、借鉴中分享幸福，从而丰富壮大自己，在培养面向世界、面向未来、面向现代化的一代新人的伟大事业中发挥积极作用。

少先队幸福教育观点：

儿时的成长体验和良好的家庭氛围及教化能为日后发展打下基础。

借鉴童军课程，让孩子们从灯光下到阳光下。

儿童组织国际比较研究，能够打开一扇了解世界的窗口。

一、童趣的经历

童子军运动发源于 20 世纪初的英国，罗伯特·贝登堡开创世界童子军事业。这一事业的开创，源于他儿时的成长体验。

贝登堡的母亲特别注重教孩子们注意一切自然的现象，如树木、星辰、植物生活、野外生活等，给孩子每人一个小花园，让他们自己种植。家中建有小博物馆，摆放孩子们用从树林中捉来的小鸟小动物亲手制作的各种标本……。

还在上小学时，他就能在假日里与兄弟结伴到森林中搭帐篷、使用地图及罗盘针判断方向、用木材生火煮饭等，并能在大哥的带领下驾独木舟沿泰晤士河追溯源头，驾驶自造游艇到英国南部海岸探险，甚至驾驶到挪威去。

良好的家庭氛围和教化，使贝登堡自幼养成善于动手实践、动脑思考的习惯：剪纸、画画、种植、做动植物标本、演奏钢琴、骑马、射箭、演滑稽戏、玩足球、探索活动技巧、露营、航海等样样在行。

在活动中，他培养了忍耐、快乐合作解决困难和自信、独立、负责的精神，以及用敏捷的技能、积极勇敢的态度对付风浪和各种困境的能力，为他日后创办童军事业打下基础。

少先队幸福教育案例：

少儿艺术创作如何增强感染力
——从上海第九次少代会亲子关系视频说起

上海小荧星集团　　石景宇　　金晓吉

上海第九次少代会亲子关系视频广受好评。在本次少代会艺术创作的过程中，市少工委把方向、定基调、整合资源，小荧星团队组队伍、抓技术、打磨产品。我们和市少工委各位老师一起，充分结合了近年来的社会教育热点、家长关注热点以及少代表在提案中所展现出的需求热点，整个艺术创作参与的过程也是我们深受感动、深感幸福的过程。

第一，如何选准表达话题？

本次话题定位在"亲子关系"。一方面，从近年的教育话题热点上看，家校联动成为孩子教育过程中的重点话题，提升父母在孩子成长过程中的作用以及家庭教育作用对孩子的影响已经成为当今的教育热点，也是教育难点。另一方面，亲子关系是与会所有队员、辅导员乃至领导都会共情的话题。对孩子陪伴的缺失，对于父母陪伴的渴望，我们相信这会成为点燃大家情感的引爆点。

基于以上因素，我们和市少工委的老师一起寻找了家长及孩子共同拥有较大认同感的话题和内容，让观众拥有充分的代入感，从而感同身受地产生情感共鸣，策划了短片《童年很短，请多陪陪我》。值得一提的是，为了更好地挖掘亲子关系中的核心矛盾、寻找更多的情感共鸣点以及情绪认同点，我们结合了今年亲子提案中的热点话题，并在多个学校进行了广泛的调研和前期的征询，最终确定了例如"陪伴缺失""情绪传递""别人家的孩子""唠叨"等一系列具有普遍性的亲子问题，通过孩子们的表述激发现场家长对于自身的"反省"，从而产生情感上的代入。

第二，如何找准表达形式？

整条视频以亲子互相打分作为核心表现形式，通过亲子的互相吐槽，展现亲子关系中双方的"抱怨"以及"小情绪"。更为直击内心的是，整条短片的结尾，我们抛开老生常谈的"父母之爱"，而是通过孩子们讲述自己与父母日常生活中的"小感动""小美好"，让现场的家长感受到孩子对于父母真切的爱，通过"抱怨"与"感恩"，让家长更为真实、更为深刻地感受到孩子对他们的需要。最终，这条视频引发了现场观众、领导以及新媒体端的共鸣。

在整条视频中，我们通过父母与孩子的反差，以及孩子前后的反差，两次反转让观众实现了多次的情绪转换。同时，通过孩子的抱怨与给出高分之间的差异，以及父母打分低、孩子打分高之间的差异，让视频最后那句"你永远不知道孩子有多爱你"有了具象化的呈现，从而更好地引出"童年很短，请多陪陪我"的真情呼唤，并通过最后父母与孩子的暖心拥抱，点燃观众的情绪，触发泪点。

第三，如何把准表达细节？

在整条视频的拍摄中，我们放弃了情绪的表达，更加关注故事细节的呈

现。接到电话消失"一两个小时",在医院陪夜"整晚都不睡觉",接送放学"不记得班级",这些真实而细致的表达,一方面让孩子们的语言更具有真实情感,另一方面也为观众创造了更多的画面感和场景感,让人不由自主地联想到自身的亲子关系,从而产生更为深入的思考。

少代会上的亲子关系视频的成功是导演团队和市少工委各位老师合作努力的成果,是孩子们、老师们、家长们共同支持的成果。我们也希望未来能够更好地深入孩子们中间,挖掘大家感兴趣的话题,从而更好地表达孩子们的心声,呼吁社会各界共同关怀孩子们的幸福成长。

二、多彩的课程

品格、体格、技能、服务是童军四大教育内容,在具体的实施中,依据少年儿童的自然天性、兴趣和成长规律,童军完善设计了如下训练路径:

1. 童军的品格,通过下列活动训练获得

学习掌控旗语、讯号,养成注意力的集中;追踪术,养成观察力、推理的能力;小组活动,养成克己忠心的品格;小队制度,养成责任心;荣誉议庭,养成公平心;海童子军运动,养成勇气;善事善举,养成侠义性格;爱护动物,养成爱心、仁性;与国外童子军联系,养成远大的眼界;自然界的爱好,养成高尚的思想。

2. 童军的体格和性情,通过以下训练获得

游泳、爬山、旅行、游戏,既能强筋健骨,又能养成自发的进步心;露营、烹饪,可养成对自己健康的负责心;对污秽物的排泄、投放,养成讲卫生的习惯;实习,养成自制力;训练,养成平和的心态;节欲,养成克制力。

3. 童军的技能的训练,通过以下训练获得

在童军自己的工场里,有木工、养蜂、航空、烹饪、电学、博物等50多种动手技能的训练。在"童军城市"里,由儿童自己选出他们的"市长",由"市长"领导他的"小市民"们开展各种各样的工作。通过对这些具体项目的实践训练，少年们在鼓励中滋生工艺技术、艺术手腕、创造发明等种种"好癖"。

4. 童军的服务意识和能力，通过以下锻炼获得

寻路、当向导、学习过去和现在历史的知识，养成公民的精神；急救队，养成公民的行为；有组织地协助警察，养成社会责任感、爱国心；救火、救护、医院服务，养成服务他人的德行；扶助老弱，养成爱人的精神；荣誉议庭的争辩与审问，养成公民自治的习惯。

我们要借鉴国际儿童组织的通行做法，让孩子们从灯光下到阳光下，加强少先队户外活动探索，彰显少先队制服文化、奖章文化和仪式文化的光荣感和吸引力，组建雏鹰假日小队，发挥社区少工委，社区大、中、小队优势，组织少先队员到社区报到，开展周末快乐双休活动，在学校围墙之外将少先队员组织起来，到户外、到大自然中去做游戏，去奔跑嬉笑，去面向蓝天、大海欢呼跳跃。用好在郊外、农村、公园、农场、纪念馆和军营等，特别是在社区建立的"少先队雏鹰争章社会基地"，将少年儿童校外素质教育在时间上的"漏洞"补起来，把作用发挥出来。

少先队幸福教育案例：

制服文化助力社区少先队创新

共青团上海市浦东新区委员会

制服，是指同一团体的人所穿着的服装，用以辨识从事各个职业或不同团体的成员的身份。英、美等国最有影响力的青少年组织——童子军的制服作为其国家价值体系和思想文化的载体，就对青少年的意识形态起着潜移默化的影响作用。共青团上海市浦东新区委员会以街镇社区少工委成立为契机，尝试将制服文化融入少先队文化建设之中。

浦东新区按少先队员居住地就近原则，成立首批试点社区少工委——三林镇社区少工委、北蔡镇社区少工委。这两个社区少工委以队员居住地为核

心，打破学校和年龄界限，组建社区大、中、小队，整合辖区内优质资源，开设街镇、社区两级少先队活动菜单，引导社区内的少年儿童开展"雏鹰争章"活动，探索适合少先队员成长特点的社区活动新模式，在一定程度上解决队员缺少校外实践活动的问题。依托社区平台，浦东少先队活动实现从校内到校外，从室内到室外，从"灯光下"到"阳光下"的转变。

在建立和完善少先队社区组织体系的过程中，浦东新区设计定制社区少先队专有制服，并以此为切入点，提升队员对团队的认同感和荣耀感，增强他们对少先队组织的归属感。身着社区少先队制服的队员参加了爱国主义进军营、"大手牵小手"等活动。

社区少先队制服不同于传统的校服，是以社区少先队组织为依托、队员参加社区少先队活动时的统一着装。因此，在设计制服时突出了以下特征。

1. 功能性

社区少先队制服的最大功能在于凸显着装者的社区少先队员身份。因此，设计者在制服上衣左胸口处预留了名牌贴和挂章区域，右胸前有国旗绣标，右臂有少先队臂章，队员的地区特征、入队年限、参与活动的活跃程度等信息皆可通过制服一目了然。此外，制服上挂章区域的预留也有利于队员在社区少工委的引导下开展"雏鹰争章"活动，增强其在少先队组织中的自豪感和获得感。

2. 美观性

整套社区少先队制服以 G20 蓝和卡其色为主色调，配上鲜艳的红领巾，寓意小雏鹰热爱祖国大地，翱翔蓝天，求知探索，茁壮成长。制服亮丽的造型为队员所喜爱，有助于他们在活动中展现社区少先队员良好的精神风貌。

3. 实用性

考虑到少年儿童在参与社区实践活动时的便捷、安全以及生长发育迅速等特点，上衣制服的左手臂上特设有夜间活动安全荧光贴，裤腰处的松紧带利于根据不同身形进行调节，裤腿采用收口设计便于活动，贴合队员的实际穿着需求。

社区少工委成立仪式上，队员身着社区少先队制服的"首秀"吸引了人们的目光，激发更多少年儿童对社区少先队的向往，有效扩大少先队组织的影响力和吸引力。

制服文化的建设有助于少先队组织的价值观和组织成员共同情感的培养，其意义主要体现在以下三个方面。

1. 有利于培育组织意识

少先队员处于人生的起步阶段、价值观形成的关键时期，其组织观念需借由外部条件加以强化。统一着装可以引导他们整合情感、意志、认知，将生活中得到的体验进一步内化为品质，外显为行为，从而培育起组织意识和对社会主义核心价值体系的认同。

2. 有利于增强集体观念

制服文化渗透着集体主义的教育因素，潜移默化地影响着少年儿童的集体观念，引导他们自觉主动地学会按集体主义原则来处理个人与集体的关系，逐步养成集体主义的思想感情与良好的行为习惯。

3. 有利于规范行为管理

统一的制服在身份感上区别于社会上的其他人，因而具有一定的约束力，能进一步规范少先队员的日常行为，更好地实现少先队组织和队员的共同发展。

制服文化能为社区少先队管理增添内在动力，以润物细无声的方式激发少先队员的光荣感和归属感，为少先队组织建设注入新的活力！

三、借鉴的启示

童军创始人的儿时体验和丰富多彩的课程实践，对于我们尽快补上少先队社会化这个短板具有不少借鉴意义。

1. 在少年儿童素质教育的内容上——应将关注活动热闹转向凸显思想引领

少先队要在继承优良传统的前提下，采用更加符合时代发展和政治启蒙的理念和口号。如，上海少先队提出"三句铭言"——以我所能为祖国、

为家乡尽责任，随时准备帮助别人，决不向困难低头——并以此创造"日行一善"的新形式。

要引导队员担当社区小主人，围绕"人民城市""青年文明社区""儿童友好街区"建设，聚焦放学后、假期里等时间，充分发挥少先队组织在队员校外生活中的独特作用，将校内校外少先队工作有机结合，推动社区少先队工作更有广度、更有深度、更有温度。

2. 在少年儿童素质教育的时间上——应将主要依靠学校转向学校社会并重

贝登堡创办童军教育的重要初衷之一，是有感于学生每日二十四小时中，有十六小时是学校无法给他们进行训练的。中国少年儿童一年中有三分之一的时间是在社区度过的，传统的学校教育无法实现全面有效覆盖，少先队组织必须在校外空间发挥积极作用，担当家庭教育、学校教育和社会教育的桥梁纽带。少先队要特别注重将少年儿童"双减"以后的校外时间利用起来，发挥校外教育的作用，延伸工作手臂，发挥校内外少先队组织分布广、覆盖面大、有着一整套较为成熟的组织教育的优势。

如，在周末以及寒暑假等长长的校外时间里，组织少先队员到社区报到，开展周末快乐双减活动、培训"假日小队"小队长、举行快乐暑假七彩夏令营等。在学校围墙之外将孩子们组织起来，满足他们到户外、到大自然中去做游戏，去奔跑欢笑，去面向蓝天大海狂野展开想象的愿望。

3. 在少年儿童素质教育的渠道上——应将各自分散凌乱转向建设社会体系

少先队要发挥好社会教育资源、社会教育阵地的作用。可以选拔素质较好、有爱心和具有奉献精神的社会志愿者，组建较固定的少年儿童校外教育工作者队伍，建立专门在双休日和寒暑假"上班"的"假日学校"制度，把少年宫、青少年活动中心、各类社会实践基地还给孩子们。

在整合恢复已有的校外青少年素质教育阵地的同时，积极开拓和发展新的社会教育阵地，比如郊外、农村、公园、农场、纪念馆等，特别应当发挥星罗棋布的社区在少年儿童社会教育中的重要作用，进一步加强社区少工委建设，在社区探索开展符合少先队员实际、主题鲜明、丰富多彩的活动。完善制度保障，通过推行"学校、社区双报到"制度，进一步加强社校联动，探索打造线上报到平台，引导少先队员在课余时间回到社区时，以社区楼组小队、假日小队、志愿服务小队等多种组织形式参与活动，做到队员按时线上线下报到、按需参与活动。

4. 在少年儿童素质教育的方法上——应将注重形态热闹转向重视内心体验感受

受上海姐妹城市——汉堡市城区青少年社会工作协会的邀请，笔者曾前往德国进行访问。作为接待上海代表团的一个特殊安排，接待方精心安排我们分别入住德国青少年社会工作者家庭一晚。

在与民宿家庭的交流中，笔者了解到，在德国有一个特别的青少年教育传统：一个孩子过了 18 岁生日以后，要独自出门旅行一次，要争取用最少的钱走最多的地方，并且在外面尽可能待更长的时间，以便认识世界，体验人生，学会独自生存的本领。有句话把这样的旅行概括得很形象：出门时是个孩子，回来时就是成人了。这是人生的第一次冒险。多少年以后，每个德国成年人都会以一种自豪的心情向自己的女朋友或者是向自己的孩子讲述第一次独自旅行的故事，花了怎样少的钱，走了怎样多的路，受到了什么样的人的帮助，受了什么样的人的欺骗……这是可以一生一世讲述的故事，也是可以在家族里世代相传的传奇。如果一个孩子出门没几天就往回走，这将成为他和他父母终生的耻辱。

笔者认识一个汉堡的有钱人，他是真正意义上的有钱人。因为从他父亲辈起，就已经不再需要靠工作赚钱了，他家的钱在帮他们赚钱。他 18 岁那年揣着父亲给他的旅游费出门，他每天可以支配的钱相当于现在的 2.5 欧元，人民币约 20 元。即使在那个时代，这也是很小的一个数目。父亲希望儿子能在外面至少旅行一个月再回家。他在外面旅行了整整 40 天。有几天，他就吃黑面包，喝自来水。他睡过青年旅馆，睡过人家的客厅、马槽，也在外面露宿过。在他回家以后，家里为他举行了一个大派对。鲜花、香槟和最昂贵的食品铺天盖地。他感慨地想，在那些困难的日子里，桌上任

何一杯香槟的钱，就足以让他饱餐一顿。他把他的感慨告诉父亲，当然有点责怪的意思。父亲回答说："孩子，我是在花我自己的钱，而你花的是我的钱。"他说，那一瞬间，他明白父亲已经把人生最重要的财富赠送给他。他的父亲让他明白，一个年满 18 岁的人，从父母手里得到的钱就像是礼物，不论多少，都应该心存感激，尽可能地节省地去享用。知道了日常勤俭，知道了承担责任，他就长大了。

少先队幸福教育案例：

少年警校

上海戏剧学院附属新世界实验小学少工委副主任　黄蓓莉

上海首家校内"少年警校"在学校成立，着力探索一条"警—校"共建新模式，由属地派出所所长和学校校长共同担任"少年警校"校长，深化社会实践活动品牌，进一步提升少先队社会化工作水平，助力少先队员幸福成长。

一、校内"少年警校"成立的意义

（一）法制教育新途径

在"开学第一课"中，交警姐姐和特警哥哥走进学校课堂，为少先队员上了"交通安全 ABC"和"特警装备介绍"的专题课程。交警姐姐通过生动的事例讲解、精彩的现场模拟和活泼的现场互动，让队员体会到交通安全的重要性。特警哥哥细致地对特警装备进行介绍，请队员代表近距离触摸实践，让队员了解警用装备的功能。

（二）价值引领新探索

校内"少年警校"通过专题课程、实践活动等引导少先队员学习"人民警察为人民"的优秀品德，鼓励他们从小"学先锋"，树立正确的价值观。少先队员走进周家渡派出所，警察叔叔对警察精神进行讲解，"严格自律、带头守法、冲锋在前、无私奉献"等警察精神深深触动着队员。

（三）职业体验新方式

"少年警校"的少先队员在周家渡派出所的指挥部，体验监控观察与现场执法有机合作；在世纪大道上体验交警劝导行人的工作；走上马路指挥交通，体验汗流浃背的辛苦。通过一系列的实践体验活动，队员体会到"人民警察"的甜酸苦辣，进一步理解"人民警察"这份职业的内涵。

二、校内"少年警校"建设及效果

各中队在学校少工委的指导下，通过丰富多彩的主题活动，运用少先队员喜闻乐见的形式，将其布置在学校显性的墙面上，突出"警味"，营造氛围。各中队的版面布局合理，色彩搭配合理，富有创意，视觉效果好，"警味"浓浓。队员耳濡目染，入眼入心，充分体现其育人功能和激励作用。

（一）请进来、走出去，"警"育声声

1. 校外辅导员请进来

聘请优秀公安民警、职业是警察的学生父母成为警校的校外辅导员，每个中队定期由 1 名辅导员利用少先队活动时间对少先队员进行《浦东新区少年警校培训课程（试用）》的教授，内容包括警察职业介绍，警察类别、特点介绍，交通安全知识，防火用电安全，防诈骗防拐骗等教育。

2. 实地参观走出去

（1）走进公安博物馆

学校组织全校 1500 多名少先队员开展"学公安历史，向'警魂'致敬——走进公安博物馆"主题寻访活动。通过参观学习，队员了解上海公安机关的创立及发展过程，知道英烈是为了保护人民的生命财产安全而献出了自己宝贵的生命，更体会到他们全心全意为人民服务的崇高精神和无私无畏的英雄气概。

（2）走进"周家渡派出所"

少先队员扛着队旗走进"周家渡派出所"参观学习。走进荣誉室，了解人民警察的宗旨和派出所的历史；来到武器库，看到五花八门的警用装备，有扩音器、伪装面具、强光手电筒等；进入"监控指挥部"，辖区内的道路、场所等映入眼帘、一览无遗。

（二）实践活动，"警"彩熠熠

1. 交警手势操"做起来"

学校三个校区 2300 多名队员全员学习"交警手势操"，在女警姐姐的带领下，队员了解每个动作的意思，反复练习。通过人人学习"手势操"，人人能做"手势操"，队员进一步了解交通安全知识，交通安全意识得到增强，切实做到"人人懂安全，人人讲安全"。

2. 职业体验"做起来"

少先队员"小警察"走出校园来到世纪大道、周边社区、附近商场等社会公共场所，在"大警察"的带领下进行职业体验。他们像模像样地跟着交警姐姐劝导行人不文明行为；跟着交警哥哥走上马路指挥交通；跟着警察叔叔发放防诈骗宣传单，进行文明行为宣传。

3. 警物征集"做起来"

学校面向全体家长（家庭）举办"警史资料及实物"征集活动，征集活动持续 1 个月，目前已经收到近百件物品。这些物品均在校内陈列室中展出，队员通过这些物品背后的故事，更深入地学习警营文化，理解警察职业内涵。

总之，少先队教育的现代化不能不研究国际儿童组织。儿童组织国际比较研究，为我们打开了一扇了解世界的窗口。通过这扇幸福的小窗，少先队工作者身在中国，放眼世界，建构国际视野和世界眼光。

第四章 | 少先队幸福教育的路径

对于病人，中医通常以"望、闻、问、切"四条路径来找到病因、加以治疗、使其康复。我们也可借鉴这一路径来完善少先队幸福教育的管理，关注少年民生，坚持问题导向，从而深化少先队幸福教育的路径，提升少先队幸福教育的指数，成就少先队员的幸福童年。

第一节 "望"——观察、了解工作对象

少先队幸福教育观点：

对孩子的引导不在明天，而在此刻。

我们今天培养什么样的人，一定程度上决定了成就什么样的民族、建设什么样的国家。

我们的心一直要动，跳动的是一颗童心、一颗赤子之心。

今天的少先队员是中国加入世贸组织以后出生、成长的一代，世界之变、时代之变、历史之变正以前所未有的方式展开，全球化、信息化、市场化正在深刻影响着他们，当代少年儿童的自身特点和成长环境也发生许多新的变化，新时代少先队工作面临新的机遇和挑战。面对新的形势，我们需要深刻把握新时代少年儿童成长的特点规律和少先队工作面临的形势任务。如何搭准他们所思、所想、所需的"脉搏"？怎样实现对他们的幸福引领，并让他们爱听、愿听、听得懂、听得进？深入了解当今少先队员的问题不能等待，对孩子的引导不在明天，而在此刻。

一、对当今社会的感受从未如此两难

现在可以说是一个"感天动地和触目惊心"并存的时代，既有最美教师、最美司机，还有回农村教书的将军夫人；但同时道德失范、诚信缺失、拜金主义、享乐主义、极端个人主义也有所滋长，以权谋私、造假欺诈、

见利忘义、损人利己的事件时有发生，一些冲击社会精神底线的事经常影响着今天的孩子，也在时刻提醒我们：一个国家和民族的现代化进程不仅需要具备强大的创造物质财富的能力，还需要一代又一代人保持国家民族前进发展所必需的幸福力量。

二、面对的"色彩"从未如此纷繁

少年儿童时期是信仰启蒙、政治意识、基本品格、人生态度形成的关键时期，当代少年儿童成长在一个物质增长、资讯发达、社会上思想意识多元多样的开放环境中。现实社会各种思想意识在争抢少年人的思想阵地。少年儿童在成长过程中，听觉上面临很多"杂音"，视觉上面临很多"色彩"，在多重音和多色彩中，哪一个是主旋律？哪一种是主色彩？社会主流价值观教育面临的杂音和干扰比较多。过去在单一信仰环境下行之有效的少先队教育内容、方法和载体，已不完全适应今天的竞争性环境。

三、与世界的交流从未如此深入

近年来，城市里一些家庭条件比较好的孩子就读的学校，假期中开展少先队活动很难凑齐人，仔细一问，许多孩子都和父母出国旅游去了。海外游学、欧美名校夏令营、港澳大学交流营等项目，正在从高收入家庭的孩子向中等收入家庭的孩子普及。改革开放和全球化的进程带来了人员、信息的全球流动，也带来国外各种思想观念的碰撞。现在的孩子们能够比较方便地接触到国外的各种信息，这些渗透在文化产品、资讯环境中的价值主张也影响着今天的少年儿童。

四、与互联网的接触从未如此便捷

现在的孩子可以说是"低头族"，春节家庭聚会、同学聚会，大人们谈得火热，但孩子们盯着智能手机、iPad 低头不语刷小视频，少年儿童已成为短视频等新兴媒体平台的重要用户群体，DeepSeek、ChatGPT 等人工智能软件应用席卷全球，新技术使用对象"低龄化"趋势明显。不少家长感叹，过去有线网络至少还有根网线，网线拔掉就能管住孩子，而现在是无

线网络，无时不在、无处不在，实在管不住了。

五、与传媒和流行文化的互动从未如此频繁

许多孩子都喜欢中国好声音、中国梦之声这些选秀类节目。青年作家郭敬明自编、自导的电影《小时代》曾引起热议，这部电影对流行时尚的夸张展现，对于中学生和小学高年级学生很有吸引力，这部电影4亿元的票房主要是由90后、00后贡献的。从孩子们的眼光看，这些娱乐明星和节目生产和提供着很多"有意思、有吸引力"的东西，甚至比一些少先队活动"更好玩、更有趣"。

六、心理健康教育从未如此紧迫

少年儿童面临多维压力影响，有来自家庭代际的压力，家长常陷入"分数大于天"的误区，对孩子的成绩的关心多于对身心健康的关注。调研发现，尤其是二胎家庭中的"老大"更容易出现焦虑、抑郁等负面情绪积压；他们面临来自朋辈交往的压力，少年儿童社交圈子较小，缺少可以平等沟通的兄弟姐妹或伙伴；面临来自自我追求的压力，容易出现挫折后的失落。当下极端事件时有发生，少年儿童不珍爱生命的现象有攀升的趋势。

七、社会教育机构兴起对传统少先队活动方式从未如此冲击

"双减"减去过多的作业量，但周末"去哪儿"成为少年儿童和家长共同关注的话题。现在的新中考改革导向，对于一个学生的评价不只看成绩，还要看校外社会实践经历。还有"儿童友好城市"建设，鼓励少年儿童"一米高度看上海"，走到城市各个角落，都需要就近就便的实践空间作为支撑。少先队实践育人的方式载体尚未能完全契合少年儿童的认知特点，各类社会教育机构的兴起对少先队实践空间拓展造成影响，部分机构良莠不分直接抹黑少先队教育品牌活动。

八、对少先队工作队伍的能力挑战从未如此严峻

对于广大少先队辅导员、少先队工作者来说，怎样教育好、引领好新时代的少年儿童，真正把道理讲到孩子们心坎上、赢得孩子们的信任和喜

欢，是很不容易的。在当前大抓学校德育教育、思政教育的背景下，少先队工作面临着难得的发展机遇，少先队工作者尤其需要深入思考，如何在这一格局中找准自身定位。种种挑战给我们这一茬少先队工作者带来新困惑、新考验，最直接的感受就是现在的少先队工作难做，但我们肩负为未来社会育人的重要责任，我们今天培养什么样的人，一定程度上决定了成就什么样的民族、建设什么样的国家。职责决定我们必须迎难而上，探索规律，破解难题，完成好党交给我们的光荣任务。

少先队幸福教育案例：

青少年参与社区的 100 件小事

静安区临汾路街道社区少工委

围绕青少年"所能所愿"与社区治理"所需所盼"，临汾路街道少工委通过"大手牵小手"，发挥创意、头脑风暴，开展"青少年参与社区的 100 件小事"攻略制作，进一步细化、明晰并拓宽青少年参与社区的具体路径，从青少年视角为基层减负增能，让社区焕发生机活力。

一、问计于青少年

人民城市人民建，人民城市为人民，深化打造人人有责、人人尽责、人人享有的基层治理共同体，离不开青少年的活跃参与、献智献力。依托青春社区建设，由居民区党总支书记、团支部书记等多方力量牵头，以兴趣需求为纽带，我们发掘并培育一支相对稳定的"行走议事厅"队伍，注重吸纳小区能人、爱心好人、才艺达人，让青少年看得见伙伴、看得见团队、看得见组织。

立足"梯队涵养"长远考虑，通过"大手牵小手""大青年带动小队员"，结合"两美建设"等社区实际，引导成员定期开展议事会，在小区边走边看中讨论问题、解决问题、孵化成果，从自娱、自管到自治，全方位参与小区微更新、垃圾分类、爱心暑托班等实事项目的协商和落地，让青少年

作用的发挥看得见，更有存在感，也使其在社区参与过程中实现自我成长、涵养梯队智库。

二、问需于青少年

如何破解"青少年不愿走出家门、融入社区""青少年对社区活动知晓度低、自主参与度低"等瓶颈问题，青少年最具发言权。"行走议事厅"成员以"调动青少年服务社区"为主题，经过多轮调研、头脑风暴，围绕青少年"所能所愿"与社区治理"所需所盼"，因地制宜地研发出一款打卡式文创产品——"青少年参与社区的100件小事"，将"掌握信息、参与活动、喜爱社区、享受体验"具象化为100条参与方式，小到了解社区信息，大到参与微改造，进一步明晰并拓宽社区参与的可视化、具体化路径，更加高效、明确地引导青少年通过"自我提问、自发回答、自主讨论、自行设计"共同参与社区建设，也逐步增强青少年在家门口的互动性、认同感，从青少年视角"以小带老"帮助社区逐个破解一批治理微难点、微痛点。

具体而言，"青少年参与社区的100件小事"按照社区参与程度，划分为"青铜：掌握社区信息""铂金：参与社区活动""星耀：喜爱社区生活""王者：成为社区担当"四大进阶成长等级。

以汾西路261弄为例，"青铜"等级包括30件小事，重在"了解社区"，主要是掌握小区基础信息等一批"入门小事"。如，掌握小区全称、小区大门数量、楼组数量、居委会地址、物业电话、垃圾分类投放时间、青春长廊地址等，了解居委会工作时间、物业工作内容及范围、楼组长姓名、青年议事会功能、社区借书方式等，认识1名社区青春伙伴、居民区书记等。"铂金"等级包括53件小事，重在"参与实践"，结合社区工作实际，细分为"打卡一次活动""与小伙伴共同完成一件事""推荐伙伴""对不良现象说不"四大板块。如，打卡一次社区运动会，打卡一次社区夏季纳凉晚会，打卡一次社区演讲活动，打卡一次行走议事活动，与小伙伴一同参与一次社区爱心帮困活动，与小伙伴一同做一次暑托班志愿者，与小伙伴一同协助居民区书记解决一件烦心事，与小伙伴一同教社区老人使用手机一次，与小伙伴一同在楼道做一次义务劳动，与小伙伴一同当一天漂流书屋守护人，推荐1名小伙伴参与社区活动，对乱扔垃圾行为说不，对楼道堆物说不，对不文明养宠现象说不等。"星耀"等级包括 11 件小事，重在"助力社区"，引导青少年发挥作用，细分为"提出社区建议""参与社区志愿""发挥社区创意"等内容板块。如，给家人普及青春社区概念，设计一个青春社区标语，为社区建设提出一个合理化建议并被采纳，与社区驻区单位完成一次联动活动，成为议事会成员，成为楼组长或者楼组长助手，链接自身兴趣或资源至社区一次，出谋划策 100 件小事 2.0 版本等。"王者"等级包括 6 件小事，重在"化身担当"，引导青少年成长为社区青少年骨干，细分为"打榜担当""门面担当""脑力担当"三大板块。如，成为"打榜担当"，自编素材，成功占领 1 个以上官微版面；成为"门面担当"，组织社区青年成立自治组织，协助社区治理类活动开展；成为"脑力担当"，提出社区治理新概念，并服务于社区建设，提供社区各类活动创意，并被采纳实施等。

三、问效于青少年

"青少年阶段是人生的'拔节孕穗期'，这一时期心智逐渐健全，思维进入最活跃状态，最需要精心引导和栽培。"我们立足"双向赋能，共同成长"，对标"青少年参与社区治理的 100 件小事"，坚持在活动上做优质减法，因地制宜创设、延续一批有闭环、有意义的优质特色实践，让青少年在参与打卡过程中增强社区认同感，进而回馈社区、提供服务、得到成长，形成自主运行的良性循环，进一步激发他们不断参与，提升社区共治品质。

以"参与一次社区微更新"为例，我们打破空间壁垒，延伸室外阵地，打造"彩虹家园"系列微改造活动，面对社区场地硬件上的不足，引导"大手"牵"小手"自主参与、讨论，设计打造一批带有儿童色彩、青春元素的特色户外空间，将单一的活动室向社区各个角落延伸，进一步让活动阵地固化、可视化、标志化。同时，辐射出多样的服务和多元的文化，吸引更多青少年成为老旧小区公共环境常态维护更新的"青春守护人"，从社区治理"旁观者"变为"参与者"，比如邀请大家粉刷美化由废弃 PVC 管组装而成的七彩动物花坛装饰雕塑，美化维护能进行图书置换的社区彩虹"漂流书屋"，粉刷并认领可供居民休憩的社区公共休闲椅、当好"彩虹椅守护人"，

变废为宝改造环保彩绘墙等。

以"参与一次垃圾分类活动"为例，围绕垃圾分类主题，我们专门设计"盖世英雄"活动，结合社区墙面美化需求，面向社区青少年、少年儿童发出"盖世英雄"废弃瓶盖征集号召，引导大家全程参与捐赠瓶盖、活动策划、动手描绘、装扮社区等环节，形成社区更新"微闭环"。如今，这一个个瓶盖装扮成了社区墙面风景线，也在居民心中种下了绿色环保的小种子。

在激励机制方面，探索"童心协力"实践打卡机制，设计"我爱"系列领巾小兔印章，作为过程性评价，助推青少年的可持续参与。与此同时，"青少年参与社区治理的100件小事"也是一个实践缩影，其内涵、机制需要持续更新、优化迭代，不断完善才是未来可期。

为此，少先队工作者的脚要一直动，要经常迈开双腿，走到基层学校，走到校长、辅导员和孩子们中间；我们的眼要一直动，要善于发现孩子们不经意间的一句话、一个行动；我们的耳要一直动，要善于倾听队声、童声和心声；我们的脑要一直动，要勤于思考，把基层的新鲜经验加以理论的概括和总结，再去指导基层的实践；我们的手要一直动，要始终笔耕不辍，写建议、写思考，著书立说；我们的口要一直动，要呼吁少先队的改革与发展；我们的心要一直动，跳动的是一颗童心、一颗赤子之心。

第二节 "闻"——发现问题辨析成因

少先队幸福教育观点:

开展学科建设,科学回答少先队独特的育人作用。

发挥学科平台对辅导员专业发展的智库作用和专业支持引领作用。

促进少先队辅导员理念更新、专业化发展。

面对"今天的少年儿童工作对少先队工作队伍的能力所提出的挑战从未如此严峻"的难题,我们需从学理和源头上发现问题、辨析成因,其中,少先队学科建设处在基础和龙头的位置。我们要根据学科建设规律,紧密围绕学科作为少先队综合交叉研究平台和高级专门人才培养基地这一特点,突出对新时代少先队工作中有关辅导员队伍建设等热点和难点问题进行研究,针对少先队实践发展中的重大问题与难题,集中力量重点攻关,不断形成重大理论和实践研究成果。

一、从人的成长规律来看

在我国,自从少先队建队以来,每个人都是从少先队里走出来的,少先队对每个人的成长都发挥着很大的作用,上至国家领导人、下到普通百姓。比如,我国著名数学家杨乐,他认为,他在小学阶段参加少先队活动的过程中养成的一些习惯和精神,对他之后成为数学家、进行数学研究起着非常大的作用。还比如,姚明小时候有一个梦想,要成为一个光荣的升

旗手，但是姚明小时候虽然人长得很高，性格却很内向，平时在学校里不声不响的，所以没有引起老师和同学太多的注意，没有做到升旗手。但是这没有让他放弃追求和理想，一直到他 2004 年在雅典奥运会上成为中国代表团的旗手。少先队建队六十周年的时候，上海的孩子搞大采访去采访他，问他为什么一直有这样一个梦想，他说："国旗是国家的象征，成为光荣的升旗手就是为国争光。"就是这种理想、这种信念、这种追求一直支撑他走到现在，走向世界。

由此，许多人会问：少先队为什么对人的成长很重要？为什么能够引导少年儿童形成重要的思想品质，对少年儿童进行有效的理想信念启蒙？为什么能够在培养社会主义合格建设者和可靠接班人中发挥不可替代的作用？这背后的逻辑、原理和实现方式是什么？如何探寻少年儿童在成长过程中的规律？这些问题一直以来只有意义上的回答而缺乏学术上的回答。因此，我们现在开展学科建设，正是为了能够科学回答少先队为何具有独特的育人作用这一问题，使其在中国特色社会主义体系中拥有应有的地位。

二、从领导的期望要求来看

2015 年"六一"国际儿童节，习近平总书记接见第七次全国少代会代表并寄语全国各族少年儿童从小学习做人、从小学习立志、从小学习创造，对少先队组织提出要求，为当代少年儿童的健康成长和少先队工作指明前进方向。回溯到 1983 年 4 月，时任团中央书记处书记、全国少工委主任胡锦涛在全国少年科研规划、少先队工作学会会议上指出：创建适合我国国情的少年理论和少先队工作理论。创建这样一门学科不仅大有必要，而且十分迫切。1988 年 7 月，时任团中央书记处书记、全国少工委主任李源潮在全国部分省市少先队科研协作会议上提出：少先队要有自己的课程、自己的教材。希望从建立活动课程开始，形成专门学科，以获得社会认可，确立自己的法规地位。他还指出：我们的发展目标是在若干年的努力之后，使少先队教育和工作理论成为中国学术界和教育界公认的学科体系。

团中央、全国少工委始终把学科建设放在基础的位置，强调没有学科建设就没有活动课程建设理论的支撑，没有学科建设就没有职称评聘的科学依据。领导的期望和要求为我们探索在教育学下构建与少先队组织根本任务密切相关的二级学科指明了方向。

三、从基层辅导员的实际需求来看

基层辅导员有三个迫切的需求。第一是专业能力的持续培养问题。比如，怎么从源头上提高辅导员的专业素养。国际童子军组织的领袖基本都经过大学的社工系专业培养，经过一系列的社会工作的训练，而我们的辅导员没有专门的大学学科来培养，更谈不上为在职辅导员的深造提供机会，从而建构辅导员特有的专业化职业素质结构，推动少先队的人才培养和职业发展。虽然我们有各种各样的培训班，但是很少跟高校合作，让高校提供智力支撑。

第二是学历的提升问题。比如说上海的中小学大队辅导员，拥有本科学历的已经超过 90%，这个比例已经很高了。但是随着国家对教师学历要求的进一步提升，要求高中的老师都要往研究生方向发展，就是高中的教师普遍要具有研究生的学历。随着时间的推移，对中小学教师学历进一步提升的要求肯定也会产生。

第三是职称评聘的问题。当今各行各业都讲究技术含量和专业深度，少先队辅导员关心的职称首先和学科联系在一起。只有具备学科的支撑，才能为在中小学教师职称评审中单独设立少先队活动评聘科目提供依据。如果没有学科的支撑，要为辅导员建立一个单列的职称序列就没有可能。

四、突破重点高校

积极推动在师范类高校开课、开专业，这是公认的建立学科的必要条件和标志，是推动学科不断深入发展的主要机制，是从源头上提高辅导员

专业素养的主要渠道。不开课就不能形成一个研究方向，不能形成一个专业，就谈不上是一个学科。积极争取在高校开设专业和研究方向，也能为未来将要从事辅导员工作的在校师范生和在职辅导员深造提供很好的培养平台。如华东师范大学是教育部直属师范院校当中的 985 高校，在教育界和学术界具有重要地位，教育学一级学科建设和教师教育培养是该校的特色优势。

高校建立二级学科到底动力何在？首先是高校要承担社会责任。如华东师范大学是教育部直属师范院校当中的 985 高校，在教育界和学术界具有重要地位，教育学一级学科建设和教师教育培养是学校的特色优势。华东师范大学的一位校长，在开学第一天、第一次校长办公会、第一个议题就是讨论少先队的学科建设，他说华东师范大学是国立大学，国立大学就是要贯彻国家的意志、体现国家的意图。

其次是填补学术研究的空白。教育学是一级学科，下设学前教育学、高等教育学、成人教育学、职业技术教育学、特殊教育学、教育学原理、教育史、比较教育学等二级学科。在这些二级学科中，有针对 6 岁以下儿童的学前教育学，有针对大学生的高等教育学，但是欠缺针对介于两者之间的中小学阶段的学科设置。

在教育学一级学科下面开设二级学科，是少先队学科建设的标志。学科的建立要经过校外专家的论证、经过网上公示，并经过学校学术委员会讨论。少先队学科设在教育学下，有两个原因，一是少年儿童的心理特点和认知规律不同于成人，对他们进行教育，主要侧重于教育原理和方法的运用。二是根据对全国 7000 所中小学所做的调研，50.39% 的大队辅导员是师范院校教育学专业毕业的，故放在教育学下更符合辅导员队伍建设的实际情况。

华东师范大学发挥办学优势，是国内第一家实现"少年儿童组织与思想意识教育"二级学科自主设置并公示的 985 高校。华东师范大学整合相关二级学科专业研究和教育教学资源，率先在硕士研究生阶段开设二级学科并实现单考。该学科的建立，既可发挥与强化原有教育学国家重点学科的辐射效应，也可为高校自身学科发展寻求新的生长点；此外，其在中小学、教科研机构和日益发育的社会组织中亦具有广阔的就业前景。另外，上海师范大学在本科开设思想政治教育专业的同时，也增设少先队辅修专业。

五、组建师资课程

我们要建设具有坚定的思想政治水平和一流的业务水平的学科师资队伍。师资队伍建设应做到校内外结合，专兼群结合，聘请具有坚定的政治思想觉悟、认真领会并执行国家政策精神、品德高尚、热爱教育、热爱少年儿童事业、具有博士学位或副高级以上职称的学术导师。

华东师范大学还聘请 16 位上海少先队名师为少先队学科的客座教授，他们都具备高级职称，具有丰富的教育教学经验且在相关学科拥有较高的理论水平。

国家对研究生的课程体系的设计有标准化要求，华东师范大学除了必修的学位公共课以外还有学位专业课和基础课，还设置了选修和实践的模块。课程中设学位基础课：教育原理、教育论著选读、教育研究方法；学位专业课：少年儿童组织与思想意识教育基本理论、儿童发展与指导等。

要大力建设更高水平的课程体系，增加学术型研究生的实践活动，强化高校与社会资源机构的联合实践培养。将少先队工作相关课程纳入师范类专业必修课程。依托"少年儿童组织与思想意识教育"二级学科，研发少先队工作相关课程、教材，培养少先队相关课程专业教师队伍。

主动配套开发高水平地方性课程与教材，把统一性与灵活性结合起来。独立开展理论教学，不把本学科研究生混合在其他专业里进行培养，要开发理论与实践相结合的课程，积极组织开展实践观察、调查，提升学生的专业认知和实践能力。

少先队的学科要走出象牙塔被社会所认同和接受，就必须尽快启动招生工作。以招生促建设、以招生促完善、以招生促发展。推进"少年儿

童组织与思想意识教育"专业硕士建设和招生，吸引在职少先队辅导员报考本专业或推动少先队辅导员在职攻读教育管理、小学教育等相关专业硕士。

增加学术型研究生的实践活动，强化高校与社会资源机构的联合实践培养。要建立规范、系统的研究生见习、实习制度，鼓励学科研究生在各级团委、少工委、少年儿童研究机构、队报队刊、中小学校等开展见习、实习工作。

六、建立学术平台

根据"少年儿童组织与思想意识教育"二级学科的基本理论、学科体系、师资队伍、教材体系建设的迫切需要，积极建设学术平台，在各省（自治区、直辖市）成立省级学术研究中心。逐步形成以学科平台为核心，整合各级少工委、高校、中小学校、社会等力量在内的学术资源圈和服务体系，与其他少先队工作力量、资源相互补充，彼此支持，力促形成辅导员队伍专业发展的立体渠道，充分发挥学科平台对辅导员专业发展的智库作用和专业支持引领作用。

如，华东师范大学、共青团上海市委、上海市少工委、上海社会科学院、上海青年管理干部学院、上海少年儿童研究中心等共同组建"少年儿童组织教育研究中心"，共同推进学科建设。同时，要加强各级少先队工作学会建设，如上海少先队工作学会是一级学会，也吸收与学科建设密切相关的有影响的老、中、青学者和资深的实践工作者参与。

推进在各级各类教育研究课题增设少先队专项或单列申报。要积极争取在各级各类教育研究课题增设少先队专项或单列申报。教育部门、团委、少工委要积极协商，提高学校少先队辅导员和校外其他少先队教育工作者的各级课题研究立项数量，每年出台规划课题，同时大力促进学科专业理论人员对辅导员开展课题研究的专业指导。

努力打造专业期刊。为少先队辅导员提供专业发展的学术平台，扩大少先队辅导员参与学术会议的机会，定期开展学术交流和研讨。

《少先队研究》杂志在国家新闻出版广电总局和全国少工委的支持下创刊发行，并努力办成少先队学科建设的核心学术期刊，以形成理论与实践的良性互动。

少先队幸福教育案例：

双线培养少先队专业化人才

华东师范大学马克思主义学院党委书记　赵正桥

华东师范大学在少先队辅导员培养方面采用"双线并行"的培养模式，一条线是依托教育学系进行少年儿童组织与思想意识教育专业全日制教育学硕士的培养；另一条线是依托马克思主义学院进行党务管理（少先队方向）的非全日制专业管理硕士培养。

一、全日制研究生的培养

这一专业设立于2012年，2013年开始招生，设立在华东师大教育学系教育学原理专业之下。华东师大是国内第一所承担此专业建设的985高校。

在人才培养理念方面，注重以跨学科视角培养研究生的理论素养、研究方法、时势政策分析能力、实践体验和研究能力等，为少先队领域输送专业人才。

在人才培养成效方面，自招生以来，该专业已经培养了30余名学术性研究生，17名在职研究生，其中有2名攻读博士学位，3名市级优秀研究生，2名校级优秀研究生。去年，该专业毕业生的学位论文还获评华东师范大学优秀研究生学位论文。

在教师队伍建设方面，该专业目前有10位指导教师，其中6位教授，全部取得博士学位。同时，我们还聘用了16位上海地方优秀少先队工作者作为特聘教授。

在组织建设方面，本专业成立以来，华东师大坚持与上海团市委、上海青少年研究中心等合作，坚持每年共同召开学术年会。为了深化培养成效，

我们还建立了两个专门的研究组织：2015 年成立了"华东师范大学少年儿童组织教育研究中心"；2019 年，在教育部人文重点研究基地基础教育改革与发展研究所成立了"少先队辅导员培训中心"。

在理论研究成果方面，本专业的指导老师一直积极申请少先队研究相关课题，带动研究生一起参与课题研究，让他们在课题项目推进中沟通理论与实践，进一步提升其研究素养。目前立项结项的相关课题约 10 余项。此外，我们还撰写了国内第一本由高校人员主编的研究生精品教材《当代少先队教育导论》，对当代少先队发展的历史、基本理论、经典实践以及体制机制等问题进行了阐述。

二、非全日制专业管理硕士的培养

在学科优势上，党务管理（少先队方向）的非全日制专业依托我校中共党史党建、马克思主义理论，以及教育学、心理学、政治学、管理学、社会学等学科的优势，集聚统筹校内外资源，构建理论学习与实践能力相统一的培养体系，着力培养具有开阔的理论视野、丰富的实践经历，契合学校、青少年活动中心、少年宫等单位党务管理、团务管理和少先队管理需要的人才。该学位点在党史党建领域有深厚的学科基础，拥有上海市"两新"组织党建研究中心、高校中国共产党伟大建党精神研究中心华东师范大学分中心和华东师大—中国浦东干部学院中共党史党建研究院等重要平台。

在人才培养定位上，少先队管理硕士的培养目标主要是"三个提高"：一是提高少先队管理理论知识水平；二是提高少先队管理实践工作能力；三是提高少先队管理者素养，进一步增强知行合一能力。

在研究生培养的具体规划中，注重"理论提升与实践训练相结合"的原则。理论方面，力求让研究生领会少先队管理相关领域的系统知识。实践方面，引导学生关注党的建设发展趋势和现实需要，把学习的少先队管理理论知识、学术训练与少先队管理实践紧密结合起来，培养德才兼备的优秀少先队管理干部。

在具体培养方式上，该专业为实现人才培养目标，根据少先队管理的特点，开发了按需定制的培养方式。学生完成基本的课程学习后，可根据本单位少先队管理的实践要求，量身打造教育方案，以契合实践工作之需要。为此，我们开设了专业必修课：《少先队管理学》《教育原理》《少年儿童组织与思想意识教育基本理论》等；专业选修课：《中小学党建》《少先队活动课程研究》《学校德育研究》《班级管理与中队辅导员工作》《青少年心理健康教育》《少先队工作社会化》等。

在教师队伍方面，目前该专业有 44 位专业导师，16 位行业导师，其中 15 位教授。同时，我们也聘请了少先队领域的专家作为客座教授。

在招生情况上，2023 年，我们的学位点正式招生，目前在职少先队辅导员占比约 31%，就招生情况来看，这个比例还在上升。

从效果上来看，"双线并行"培养模式的运行效果还是不错的，其中，上海团市委、少工委一直与华东师范大学紧密合作，是我们的重要合作伙伴，他们不仅提供了丰富的实践平台，让我们的学生能够在实践中学习和成长，而且还积极参与到我们的课程建设和教学活动中，为学生提供了宝贵的教学资源和学习机会。我们相信，这种紧密的合作关系将对少先队辅导员培养工作产生深远影响，也期待我们的合作关系更上一层楼。

我们将继续努力，不断提升我们的教学质量和培养水平，为我国的少先队事业作出更大的贡献。

少先队幸福教育案例：

发挥《少先队研究》杂志
在贯彻第九次全国少代会精神中的作用

多年来，《少先队研究》杂志立足上海，面向全国，在推进少先队学科建设、活动课程建设与辅导员队伍专业化建设等方面发挥了积极的作用。

一、《少先队研究》杂志的由来

1984 年，上海老少先队工作者创办了《少年工作通讯》，1986 年改名为

《少先队研究》杂志，系中国少先队工作学会原会刊。2013 年获批国家新闻出版总署正式刊号。

办刊 40 年来，《少先队研究》杂志在更好地为少先队事业改革创新服务方面发挥了重要作用，普及推广了少先队科研成果、促进少先队经验交流与分享，聚集了众多读者与作者。

党的十八大以来，杂志认真贯彻习近平总书记关于少年儿童和少先队工作的重要论述，指导少先队的理论与实践研究，以少先队理论建设与实践创新为重点，探索新时期少先队工作规律，丰富少先队群众性科研活动，促进辅导员素养提升，推动少先队改革创新，为少先队事业发展作出贡献。

2016 年 1 月，经国家广电和新闻总署批准，杂志更名为《少先队研究》。更名后的《少先队研究》杂志作为中国少先队工作学术期刊，更好地体现刊物的历史沿革，进一步凝聚开设少先队学科的 43 所高校专家学者的力量，成为少先队学科建设的学术平台。

二、《少先队研究》杂志的作用

《少先队研究》杂志在少先队专业化建设中发挥了重要作用。

一是宣传引导作用。以杂志为阵地，将杂志作为广大少先队工作者和辅导员认真学习领会全国第九次少代会精神的重要要求、学习团中央的重要工作部署、学习少先队最新研究成果和基础理论、少先队工作新探索新经验的重要读物，努力提高广大少先队辅导员的思想政治素质和履职能力。

二是理论建设作用。以杂志为平台，积极整合多方力量，鼓励探索与突破，努力构建少先队学科体系；注重归纳提炼生动多样的少先队实践经验，不断为少先队理论建设提供有益的资源；将杂志朝着少先队理论建设与少先队科研成果的国家核心期刊方向努力，不断提升其在少先队专业建设中的专业引导与专业促进作用。

三是经验交流作用。关注基层少先队工作的创新发展，鼓励基层勇于突破、大胆创新，帮助基层总结新经验；考虑不同地区、不同学校的实际，鼓励各校创造出富有个性的工作经验，通过交流辐射四方。

四是信息共享作用。成为广大少先队工作者学习党中央精神与专业理论、借鉴各地各校工作经验与运用的资源库，支持与帮助辅导员开展各项少先队活动与科研工作，鼓励辅导员学习成功经验，大胆突破创新。

三、《少先队研究》杂志的推广

宣传、推广好《少先队研究》杂志，共同推进第九次全国少代会精神贯彻落实。

一是要抓好征订发行工作。遵守国家法律法规和新闻出版政策，不断巩固并扩大全国中小学校少先队大队、中队的征订范围，按照少先队自身建设的要求，做好发行工作，提高《少先队研究》杂志在学校少先队工作中的普及率和利用率。同时，各所招收少先队专业研究生的高校应主动将杂志作为学科建设与学术研究的平台，作为少先队专业学习的必读专业期刊，踊跃提供研究成果，加快学科建设步伐。

二是要做好征稿用刊工作。《少先队研究》杂志将在全国各地市建立通联站，并每年开展少先队学科建设和论文征文评选活动。各地少工委和学会鼓励辅导员积极撰写研究报告、调研报告、经验总结等文章，向杂志投稿，不断活跃少先队研究氛围，加强各地少先队信息交流与经验共享。结合少先队活动课程建设、少先队辅导员培训与职称评定等重点工作，促进广大少先队辅导员认真学刊、用刊，充分发挥杂志的专业指导作用。

三是要做好情况统计工作。各地少工委和学会热心扶助《少先队研究》杂志，齐耕共耘，做好组稿、供稿、订阅和发行工作，定期统计情况，把杂志纳入各级少先队组织"手拉手红领巾书屋"配置目录，真正做到用好队刊，充分发挥《少先队研究》杂志在少先队专业化建设中的作用。

四是争取多方力量支持。努力争取教育行政部门和学校的支持，推进各级教育部门、少工委、青少年宫、校外教育机构（基地）、图书馆和相关高校的订阅工作。坚持组织化动员和社会化动员相结合，动员社会力量和当地经济条件较好的少先队组织，向贫困地区和少数民族地区赠阅《少先队研究》杂志，组织开展辅导员手拉手读刊互助等活动。

《少先队研究》邮发代号：4-891

编辑部地址：上海汉中路 188 号 200070

　　总之，为加强新时代少先队辅导员队伍专业化建设，大力加强少先队学科建设，促进少先队辅导员的组织教育理念更新、职业专业化发展，要充分发挥少先队相关学科的专业服务、专业支持、专业引领作用。

第三节 "问"：征询基层服务需求

少先队幸福教育观点：

小眼睛关注大社会、小建言影响大决策、小行动助力大发展。

把握政治性、儿童性、时代性三性结合。

少先队作为少年儿童的"大学校"，应当做好心理疏导、服务少年儿童幸福成长。

基层是我们全部工作的起点和终点，眼睛向下，才能万紫千红。要健全完善少年儿童和少先队工作者需求调查分析机制，通过到基层调研和在网上进行需求调查，分析并形成需求报告。在基于党政要求和少年儿童普遍需求的基础上，围绕服务少年儿童成长成才，确定思路，谋划年度工作计划，形成工作主线、确定重点工作项目，拟定少年儿童喜爱的活动菜单，并加以推进和落实。提升辅导艺术，把队员的要求与需求、活动计划与市场、队组织公转与自转等结合得更紧密。让我们的服务体现时代特征：既要注入情感、时尚、伙伴等元素，还要在"入味""入场"上下功夫。

一、"入味"就要入队味

要深入宣传普及习近平总书记对少年儿童和少先队提出的希望和要求，广泛开展好少先队组织教育、自主教育和实践活动。

什么是组织教育？包括组织教育的形式，我们要发挥好少先队大、中、

小队的作用；包含组织教育的符号，我们要运用好少先队组织标识和礼仪，彰显少先队组织文化；包含组织教育的内容，我们要运用少先队独特的仪式教育和奖章活动，引导少先队员今天做一名好队员，明天做一名好团员，长大以后做一名好党员。

什么是自主教育？就是要放手让孩子自己干。辅导员的名称就决定了其"辅助""引导"的角色定位。

什么是实践活动？实践活动是少先队工作的主要途径，包括在校内要开展好每周一课时少先队活动，在校外要把双休和寒暑假的少先队活动蓬勃开展起来。

二、"入味"就要入趣味

要增加童趣。我们要走好儿童路线、运用儿童方式、开发儿童产品，把红色的景、红色的人、红色的物编成童谣、作成动漫、拍成短视频，将其转化成少年儿童喜闻乐见的形式。

要增加情趣。我们要引导孩子们心怀感恩，了解今天的幸福生活是无数英雄模范和先烈抛头颅、洒热血换来的，没有一颗感恩的心就不会有切实的传承。

要增加风趣。辅导员要练就扎实内功，提升辅导技能，形成人格魅力，以自身的风格和志趣，影响少先队员的认知与行动。

还要增加野趣。我们要引导少先队员从灯光下到阳光下，走上社会去考察红色遗址，开展研学旅行。

三、"入味"就要入品味

要让队员小眼睛关注大社会。结合反法西斯战争胜利 80 周年等重要历史节点，鼓励队员走出校门寻变化、走进家门看变化、回到中队说变化，争做新时代好队员。

要让队员小建言影响大决策。建立"少年之声"发布制度，让少先队员的愿望更有效地体现到少先队工作的决策、实施和评价中。

要让队员小行动助力大发展。开展跨区域少先队联合与创新活动，增强党政、家长和全社会对于少先队组织的信心与认同。

四、"入场"就要站准立场

站准立场，就是要站好政治立场，这是我们开展工作的驱动力。

我们要深入学习习近平总书记关于少年儿童和少先队工作的重要论述，这是我们做好新时代党的少年儿童工作的根本遵循。少先队一定要紧紧地把握住政治定位，为党育人、为国育才。少先队一定要在干什么这个问题上正本清源，不能忙活了别人的地荒了自己的田。

少先队的政治定位是什么？首先是预备队，是共产党和共青团的预备队。少年人是国家的未来，今天的少年终会成为未来的青年、中年、老年，少年工作具有基础性、战略性的重要作用。

少先队的根本任务是什么？是培养社会主义事业的建设者和接班人，是培养少年儿童成为担当民族复兴大任的时代新人。党的二十大规划了战略两步走，今天十几岁的孩子，到 2035 年时正是风华正茂的一代；到实现中华民族伟大复兴中国梦的时候，他们已经 40 多岁，正是年富力强正当年华，民族复兴的生力军就是今天的少先队员。

少先队的政治责任是什么？是立德树人。我们要培养什么样的人？我们培养的是接班人，我们的培养应当做到品德为先；我们要创造更好的环境，让孩子们成长得更好。

少先队的工作主线是什么？增强少先队员的光荣感，深化少先队幸福教育，让少先队员更喜欢少先队，成就幸福童年；让少先队辅导员更热爱少先队，成就幸福人生；让校长更重视少先队，成就幸福校园；让家长更支持少先队，成就幸福社会。

五、"入场"就要增强磁场

增强磁场，就是要聚焦主责主业，这是我们开展工作的吸引力。

要给儿童讲政治，讲儿童政治。少先队是党创立的、有鲜明的政治属性的少年儿童群团组织，但是我们的服务对象都是孩子，不能像给成人讲

政治那样，我们要用孩子们喜闻乐见的方式对少年儿童进行政治启蒙和价值观塑造。要想实现这个主责主业，就需要我们加强对少年儿童的政治思想引领，通过各种主题教育活动，增强少先队员的组织意识和光荣感、归属感；还需要团教协同，因为我们的对象，我们的目标是高度契合的，我们都是为了共同的目标走到一起的。

要把握政治性、儿童性、时代性三性结合。政治性，这是方向；儿童性，这是基础；时代性，这是特色。要引导少先队组织"大人大贡献，小孩小贡献""大人大改革，小孩小改革""大人搞建设，小孩做准备"。在把握政治性的前提下，我们要在儿童性、时代性方面下功夫，孩子们只有听得懂，才能记得住，更能做得到。

加强少年儿童的政治引领，要紧紧围绕两个七十五年：新中国成立七十五年，同时也是党创立少先队七十五年。我们要引导孩子们重温党的教导，让孩子们明白，在党的领导下，我们国家发生翻天覆地的变化。要把爱党、爱国、爱队结合起来。

要把重要节点作为加强引导的重要契机。在改革开放四十年的进程中回顾过去的工作。改革开放四十年，上海少先队有40件改革创新项目。我们共同回顾，从改革创新中总结出规律，这既是我们走过的路，也是我们未来要走的路。"六一"是共青团带领少先队的重要时刻。上海有一个"红领行动"，共青团员提出无论是金领、蓝领还是白领，只要热心公益、关爱儿童，就是光荣的红领。"红领行动"可以和解答少代会队代表提案结合起来，孩子的提案由此能够遍布各行各业、各个主题，各个行业都有团组织，解答提案就是关爱儿童、关爱红领巾的具体行动。

六、"入场"就要扩大气场

扩大气场，就是要提升工作覆盖，这是我们开展工作的影响力。

要影响学校。因为学校是少先队的主阵地。我们要推行学校少先队"四梁八柱"标准化建设。要做实基础、做大影响。要开发全景式全天候的学校思想引领教育课程：朝气蓬勃的早晨、自娱自乐的课间、轻松愉快的午间、自主多彩的课后，给头脑充充电，给身体加加油。动感中队要动起来，中队是一个孩子学习生活最基本的单位。

要创新学校少工委建设。学校少工委为什么要建立？因为这能让校长关心、重视少先队，从情分转化为名分；能让少先队的人力、物力、财力得到制度化的保障。要创新初中团队衔接，抓好争章推优，把争章与推优更好地结合，争章推优、双轨育优、优上更优，使之成为上海初中团队衔接重要的亮点，要把学生成长记录册和争章手册使用好。名师工作室要在少先队科研当中发挥核心作用。辅导员专业化的成长路径，对辅导员来说，就是要成为中学高级教师；对工作室带头人来说，就是要努力成为少先队领域的特级教师，我们要有中青年的一代承上启下，做好我们的事业。

要影响家庭。开展名校长公益大讲堂，少先队一定要把少先队的育儿理念传播到千家万户。上海共青团、少先队从缓解青年家长育儿焦虑出发，举办"让孩子们成长得更好"名校长公益大讲堂。这是共青团、少先队服务青年家长、缓解教育焦虑、围绕中心、服务大局的积极举措。当前，青年家长普遍存在着强烈的育儿焦虑情绪，已经引起各级领导和社会各界有识之士的高度重视。我们针对上海市家长的一项调查表明，青年家长几乎处于全民焦虑的状态，在育儿过程中，96.87% 的家长或多或少都感到焦虑。以 10 为满分，家长自我打分的平均值如下：小学家长焦虑值最高，为5.46；其次为高中家长，5.4；初中家长为 5.27。育儿焦虑不仅在青年家长中普遍存在，甚至引起未婚青年对婚姻的逃避和未育青年对生儿育女的畏惧，也对少年儿童的成长环境和身心健康带来不利影响。共青团作为青年家长的"娘家人"，少先队作为少年儿童的"大学校"，应当把做好心理疏导、服务少年儿童幸福成长作为一项围绕中心、服务大局、促进家校共育的重要工作来抓。

要影响队员。要给孩子讲党的二十大，讲好习近平总书记的领袖故事，用中国梦的美好明天感召今天的少先队员。要积极用好少先队员证，叠加新队员的光荣感和组织归属感。每个年级的仪式教育和奖章活动要优化组合，从而打造仪式教育链条。什么叫链条？链条就是要环环相扣，目的是

实现九年义务教育、九年仪式教育。

在信息化时代进一步发挥好"萌动上海"微信公众号的作用，除了粉丝数要提升，更要在内容上发挥作用，少先队的旗帜要在互联网上高高飘扬，使队员听得到声音、看得到形象、得得到服务。当代少先队工作者要在传承中华传统文化中发挥新媒体的力量，研究通过虚拟社区去了解队员真实的内心世界，探索网络教育引导的独特作用。要把学校里面最有代表性、最有议事能力、最能体现这个时代孩子特征的孩子选出来参加各级红领巾理事会，让他们成为联系市、区、校的桥梁；要实地考察红理会的候选人，不是光凭他怎么说，更要看他在行动中表现如何。要让孩子们说自己的话，引导他们关注社会的发展，同时也关注自身的发展；要让孩子们最近距离地去感受最新发展成果，让更多的孩子能够从中受益。少先队的文创产品要能够深入人心，视觉上要有冲击力，在听觉、触觉方面也要很优美。如进博会有 logo，进博会的吉祥物"进宝"采用了熊猫的形象，少先队的"六一"国际儿童节能不能也设计一个儿童吉祥物"少宝"？节日其实应该有一个节日的形象，将传统的内容进行精心设计，可以呈现不一样的光彩。

少先队幸福教育案例：

曲阳社区儿童心理咨询志愿者团队

虹口区曲阳路街道社区少工委

青少年心理健康工作事关长远。党的二十大报告中提出要"重视心理健康和精神卫生"。今年以来，国务院、教育部、团中央多次联合发文，就加强青少年心理健康关爱服务工作出台计划纲要和指导意见；市、区多部门也高度重视，先后提出相关的具体工作要求。

一、分析儿童心理现状

曲阳社区自 1978 年建设至今，与改革开放同成长。现有中小幼学校 18

所（8个幼儿园、6个小学、4个中学），在曲阳社区就读的学生达10941名，居住在曲阳社区的学龄青少年有11423人。长期以来，街道少工委一直以整合辖区单位拓展青少年社会活动，联合爱心资源救助困境青少年为主要工作方向。但是近两年来，特别是后疫情时代，因青少年的家庭环境、学习方式、人际交往、就业升学等多方因素变化叠加，街道少工委在社区工作和学校联系中明显感受到，由于青少年心理健康方面引起的个案比重在不断增加，通过不同案例进行研析，我们少年心理问题分解为"三大障碍"：

第一，自我感受弱化，面对问题无所适从、内心孤独、无处开解、寻求逃避。如春节期间，运二居委发生的一起15岁青少年姜宇顺因母亲突然病故意欲轻生的事件。

第二，家庭压力传导，导致焦虑抑郁，出现厌学辍学、网络成瘾等问题。街道少工委曾成功解决一起东体小区青少年主动辍学事件。

第三，传统观念排斥，担心隐私暴露，导致不敢正视、不愿治疗，郁结积累并最终崩溃。这中间既有家长又有孩子。

二、组建儿童心理咨询团队

青少年心理健康问题隐匿性高、突发性强、情况复杂、影响严重，唯有及时发现、主动介入、案例跟踪才有可能化解潜在的风险。

为此，街道少工委将曲阳社区青少年心理健康服务作为破题切口，以上海市第二批幸福教育实验社区创成为契机，在区少工委的关心指导下，结合街道全龄友好社区建设理念，将其纳入街道青年发展型街镇试点的整体布局，依托曲阳作为学校林立的教育小区优势，建设街道级心理健康室，建立家校社三级预防机制，组建心理咨询志愿者团队，努力构建新时代社区青少年心理健康工作格局。

2023年6月，街道文化活动中心专门开辟空间，建设街道层面青少年心理健康及青少年保护咨询室，并设有合作单位公益律师和专职青少年工作人员进行现场接待。

2024年5月，街道少工委通过动员，在辖区学校的大力支持下，将9所小学、初中的心理老师组建为曲阳社区青少年心理咨询志愿者团队，成员

平均年龄33岁，拥有国家级心理咨询师职称团队，用以弥补街道在心理健康方面的专业力量缺失问题，并增强校社之间关于学生心理情况的动态评估和信息交流，形成墙内墙外一体化的案例跟踪模式。

三、建立三级预防机制

在建立中枢、人员配足的前提下，街道少工委立足实际，建立心理健康三级预防机制：

一级预防，日常排摸、共同关怀。发挥联络点优势，贯通社区青少年动态情况联系。结合走四百、社区云工作，发动广大居委干部做好社区青少年情况排摸；定期召开居民区团干部工作例会交流社区面情况；街道少工委、妇联、未保站、阳光社工站不定期通报各自条线所掌握的情况，整合各渠道信息。发挥服务点优势，加强社区青少年价值观引领。打造书香曲阳公共会客厅、沉浸式办公居委会、宝宝屋临时托育场所、儿童友好街景微更新项目；结合曲阳社区的区位优势，与高校、院所、公益组织一同举办复旦"哲讲坛"、中科院"技物说"、同济"音乐与心理学公共活动讲座"，营造全社区重视青少年成长的温暖氛围。

二级预防，三方聚焦、定向关爱。对于一级预防中排摸并核实的青少年权益侵害、青少年心理健康偏差等情况，启动二级预防措施，通过家庭、学校、社区三方面，精准聚焦、靶向发力。在家庭，居民区团干部组建社区家长联系群，建立困境青少年定期走访记录，重点跟进家庭动态情况，视情况需要由青少年心理咨询志愿者团队进行家庭教育方面辅导，帮助家长克服困境。在学校，与学校未保老师、心理老师及时互通相关情况，关心特定学生在校状态，老师与学生经常性谈心交流，帮助学生调整心理状态；共同举办校内的学生活动、心理健康小课堂，帮助青少年舒郁解困。在社区，少工委长期公开工作人员手机号和12355青少年服务热线，24小时接受家长或未成年人的电话咨询和情绪疏导请求，对愿意透露个人信息的进行建档跟踪（今年以来接到家长电话3个，均不愿透露个人信息）；同时，对汇总信息进行综合研判，统筹协调远东律所青年律师团队、司法所派出所等司法力量提供支撑。让青少年感受到来自家庭、学校和社会之间的支持和善意。

三级预防，专业判断、重点关注。曲阳青少年心理咨询志愿者是二级预防中关注青少年心理变化并进行预评估的重要力量。当预评估认为青少年已出现较明显的行为和心理偏差，则由街道向监护人提出去往专业医院评估就医的建议，并将其作为重点关注青少年由各方在保护隐私的前提下开展工作。

通过三级预防、分级介入机制，我们整合社会资源和专业力量，辅以常态化的宣传科普，构建起了曲阳社区高度协同、高效运转的儿童心理健康支持体系，取得良好效果。

总之，只有"入味"才能"到位"，"入场"才能"圆场"。让我们一起努力，为新时代少先队改革的新发展作出新贡献。

第四节 "切"：推进工作改革创新

导语

少先队幸福教育观点：

向少先队员讲，改革就是朝着好的方向改变自己。

让少先队员的愿望更有效地体现到少先队工作的决策、实施和评价中。

整体化设计、分年级实施富有少先队特点、有意义、有意思的少先队仪式教育。

党的二十届三中全会深刻回答了新时代新征程上为什么要全面深化改革、实现什么样的改革，怎样全面深化改革的重大问题。学好全会精神，推进少先队改革发展，是当前和今后一段时期少先队工作的重要任务。我们要向少先队员讲，改革就是朝着好的方向改变自己，小到一个人，大到一个国家，"改革"是让自己越变越好的正确方法。

作为全国群团改革的试点单位之一，十年来，上海少先队按照党的要求，紧跟上海共青团改革的步伐，不断推进上海少先队改革再出发。

一、改革少先队活动内容，让儿童为本更加"亮"起来

对少先队员，我们提出要争做新时代好队员，开展小小追梦人实践活动，要具体做到五个有：

一是要有红色的心。热爱中国共产党，热爱祖国，从小听党的话，跟党走，学习习爷爷的故事，把党的教导牢牢记在心上，今天做党的好孩子，

明天长成祖国建设的栋梁；热爱共青团，热爱少先队，在"红领行动"中，紧跟上共青团大哥哥大姐姐的步伐，以少先队员身份为荣，做"红领巾小主人"，用自己的实际行动，让红色基因代代相传，让"哪里有红领巾，哪里就有新风尚"更加闪亮。

二是要有智慧的脑。与书本交朋友，争做"红领巾小书虫"，让刻苦努力成为书山之路的方向指引；勤于思考，善于提问，争做"红领巾小创客"，让质疑能力成为科学探索的起点；学传统，爱经典，争做"红领巾国学达人"，让民族自豪和文化自信在心中荡漾。

三是要有明亮的眼。呵护视力，珍爱健康，不做近视弱视的"小眼镜"；睁大双眼，善于观察，做善于发现的"放大镜"；看到优点，照见不足，做与伙伴共同进步的"衣冠镜"；开放眼界，视角宽广，做具有国际视野的"望远镜"。

四是要有勤巧的手。举起小手，在学校和家里，做"劳动小能手"；在社会，做"志愿小帮手"。勤于动手，让"小实验""小种植""小发明"在校园里热闹起来。伸出双手，与少数民族小朋友手拉手，维护民族团结；与身边伙伴手拉手，传递组织温暖；与大朋友手拉手，垃圾分类我先行，弘扬社会文明新风尚。

五是要有矫健的腿。迈开双腿，走向户外，从灯光下到阳光下，不做"小胖墩"，争当"红领巾小健将"；迈开双腿，低碳出行，保护环境，争当"红领巾环保达人"；迈开双腿，脚踏实地，一步一个脚印，汇聚每天的点滴进步，争当红领巾小小追梦人。

二、改革少先队管理模式，让基层第一更加"实"起来

作为少年儿童成长直接接触的第一个政治组织，上海少先队努力适应少年儿童的身心特点和接受能力，运用孩子们喜闻乐见的载体和听得懂、听得进的语言，系统、准确、有效地传播、宣传党的二十届三中全会精神。我们建立上海少先队重大决策征询少先队员和"少年之声"发布制度，让少先队员的愿望更有效地体现到少先队工作的决策、实施和评价中。我们

要发挥"少先队员证"制度的作用，持续增强少先队员的光荣感。我们要探索创新"双减"后少先队自主活动新形式，联合市教委持续举行"雏鹰杯"少年儿童科技、文化、艺术、体育等各类课外竞赛展示活动。我们要把少先队员参加"红领巾奖章"活动情况记入《学生成长册》，作为衡量少年儿童综合素质和能力的重要依据之一。我们还要创新儿童化的少先队实践活动方式，让每周一课时少先队活动课覆盖每一个少先队员。

三、改革少先队组织设置，让基层组织更加"壮"起来

我们要配齐配强团的少先队工作部（少工委办公室），充分发挥其职能和作用。我们要完善市少工委组织设置，增强市少工委委员的代表性、广泛性、专业性，其中一线辅导员、中小学校长、校外教育机构、社会组织、研究机构、媒体单位和热心关心少先队社会人士等人员的比例不少于 50%；提高少工委领导班子兼职比例，优秀少先队辅导员、中小学校长、专家学者等人员的比例不少于 30%，参与重大工作决策和实施。我们要创新初中团队衔接教育，完善推优入团工作制度，严把团员入口关，从源头上提升中学少先队员的先进性。我们要拓展少先队社会化工作，增强社区少先队的吸引力，引导队员从灯光下到阳光下，引导少年儿童在"15 分钟幸福圈"中亲身参与上海"人民城市"建设。

四、改革少先队辅导员选拔管理，让工作队伍更加"活"起来

我们建立上海少先队辅导员培训学院和上岗证书制度，举行新任大队辅导员上岗仪式，增强岗位荣誉感。我们要巩固 13 年少先队辅导员职称评聘系列实践，目前已有 162 位辅导员获评中学高级教师职称。我们要探索中队辅导员激励机制建设，在各项培训和荣誉申报中，中队辅导员应不少于 30%。我们要壮大少先队志愿辅导员队伍，发挥好家长辅导员的作用。我们要发挥好 3 个全国少先队名师工作室、23 个上海市少先队辅导员带头人工作室的作用，培养承上启下的骨干力量。我们在华师大建立少先队专业研究生学术学位和专业学位双线培养模式，17 位在职辅导员成为首批既有学历、又有学位的全日制研究生。

五、改革少先队工作方式，让组织形象更加"强"起来

我们要遵循少年儿童成长规律，整体化设计、分年级实施富有少先队特点、有意义、有意思的少先队仪式教育：一年级入少先队仪式、三年级10岁集体生日仪式、七年级初中建队暨换戴大号红领巾仪式、八年级迈好青春第一步仪式。我们要借助市场化、社会化、专业化力量，融入活泼有益的时尚元素，设计制作一批融合思想性、艺术性、观赏性的思想教育文化艺术产品，制作团前教育专题片《入团十步曲》，推出《荧屏冬令营》《超级家长会》等少年儿童喜闻乐见的优秀文化艺术作品，让新老媒体融合发展，让少先队思想教育真正入脑入心，流行起来，立体起来。我们要加强智慧队建，建好"萌动上海"微信公众号平台，做到通过声、频、报、网同时发力来引发孩子们的兴趣。

六、加强少先队工作保障，让支持政策体系更加"硬"起来

长期以来，中共上海市委高度重视关心少先队事业，各区县党委和政府继续出台相应文件或配套措施，抓好政策落实，进一步营造少先队改革发展的良好氛围。我们坚持党的领导，市党政主要领导同志定期出席少代会等少先队重要活动，市、区、街道党委分管领导担任各级少工委名誉主任；市、区委组织部主要负责同志担任同级少先队队长学校名誉校长。我们要加强全团带队、密切团教合作各项制度性安排。我们要健全学校少工委，形成学校支持少先队工作、发挥少先队独特作用的制度安排，推动少先队教育与学校教育深度融合。始终把中央精神和上海工作实际相结合，使各教育流派兼容并蓄，整合基层少先队组织的创造，形成具有海派特色的少先队教育思想。开展比较研究，体现更大的开放性；学科化、课程化、专业化"三化并举"，体现更强的专业性；把握新媒体传播规律，体现更炫的时尚性。

2014年5月上海第七次少代会上，市委、市政府下发《关于进一步加强少先队工作促进少年儿童健康成长的意见》，已有徐汇、嘉定、长宁、普陀、崇明、虹口等区委和政府出台相应文件。2021年党中央关于加强少先队工作的意见下发后，上海市委办公厅和各区委办公室都下发贯彻落实意

见。要结合贯彻团中央、教育部《少先队改革方案》具体要求，督查文件的落实情况，推动各区县党委和政府继续出台相应文件或配套措施，抓好政策落实，进一步营造少先队改革发展的良好氛围。

今天的少年儿童，将全程见证、全程感受党的二十届三中全会描绘的改革进程，他们人生成长的小齿轮将与党和国家发展的大齿轮紧紧相扣。上海少先队将努力学好三中全会精神，继续在少先队改革发展中走在前列，让三中全会在少年儿童成长历程中留下幸福难忘的印象。

少先队幸福教育案例：

通过辅导员职称评审，助推辅导员专业成长

松江区少先队总辅导员、

上海市中小学高级职称"少先队教育"学科评审组成员　干桂凤

上海从2012年起建立少先队辅导员职称评定系列，13年来已经有162位辅导员成为评聘结合的中学高级教师，这在全国是最高纪录。通过职称评定，我深切感受到少先队学科高级职称的评审对少先队工作者的个人成长和职业发展具有积极的意义。在评审过程中，辅导员可以反思自己的工作实践，总结经验，提升专业素养和综合能力。同时，这也是对辅导员专业的认可，可以增强他们的职业认同感和成就感。

近十年来，我一直担任上海市中学高级教师少先队学科评审组成员。每年的参评对象主要为区少先队总辅导员，区少先队教研员，学校少先队大、中队辅导员，校外辅导员。每年评审五项主要内容为教科研论文鉴定、少先队基础知识笔试、少先队活动课执教、面试答辩和材料综合评审。

围绕如何解决在职称评定中发现的问题，助推辅导员专业成长，是我一直在努力突破的课题。

一是教科研论文鉴定。

大多数参评辅导员的论文主题通常围绕聚焦当前少先队热点、重点工作

展开。近几年，辅导员撰写的论文质量在逐年提高，特别是一些课题结题报告，质量较好。

存在的问题是：大部分文章阐述时操作性的内容居多，缺少经验提炼、理性思考。有的文章属于大德育范畴，但跟少先队工作密切度不够。

为此，首先，我们通过讲座、交流等途径，加强少先队课题研究培训，在课题研究中提升辅导员的理论素养和专业水平。其次，引导辅导员加强对少先队及各类德育课程相关理论的学习，思考少先队学科怎样主动融入其他德育类课程，如劳动教育、道德法制课、大中小思政一体化建设等，发挥少先队学科在大德育学科中的应有价值。第三，我们每年举办区内少先队研究小论文征文比赛，让广大辅导员养成及时反思、善于提炼工作经验的习惯。

二是少先队基础知识笔试。

笔试内容范围主要是习近平总书记对少年儿童寄语、全国性少先队各类文件、队章、队史、党史等。

存在的问题是：有些标准题如《少先队基本礼仪规范》，教师掌握欠缺，辅导员对有些重要文件要点研读不够。在应答开放题上，辅导员缺少结合实际工作的提炼梳理，说明教师平时缺少对工作的及时反思。

为此，首先，我们利用集中会议时段加强重要文件精神解读、会前经常性开展队知识小测试。通过随机测试，加强辅导员对这些知识的掌握。其次，开展区内队风队纪比赛，通过以赛促培的方式，不断提高辅导员的实操技能。第三是全员培训。以"线上＋线下"的方式，每年举办区级"青马工程少先队辅导员培训班""红领巾宣讲辅导员培训班"，实现全区大、中队辅导员每年至少参加1次轮训。定期召开校外辅导员联席会议，让校外辅导员也有机会参与少先队专题培训。

三是少先队活动课辅导能力。

在考核辅导员少先队活动课辅导能力方面，我们是通过要求辅导员在指定的3—4天内设计1课时活动，同时进行活动课录像课录制的方式进行考察的。去年开始，我们要求参评辅导员现场设计课案，再进行录制。这样能真实检验教师独立备课的能力。

存在的问题是：有的活动课出现课前准备较多、大部分时间在课堂演绎，缺少活动课的真实性。我们倡导，既然是少先队活动，就要有问计于童、问需于童的过程，既要有师生活动的互动，更要体现思想的互动。有的活动课队性不突出，有些活动课也可以被认定为是道德法制课或者是班会课，少先队特有的政治性、组织性不凸显，"理想信念""道德价值""精神品质"等核心素养体现不充分。

为此，首先，我们要求辅导员在辅导过程中要凸显政治性和组织意识培养，更要在辅导方式上结合队建工作，如岗位体验、奖章激励、小队集体中自我管理、自我教育。其次，定期开展辅导员风采大赛或者说课大赛，加强活动课的实训。同时，区、校级层面定期组织开展少先队活动课观摩研讨，主题要聚焦，做到系列化、常态化。第三，用好网络平台，关注"全国少工委"公众号，用好"红领巾爱学习""辅导员网络集体备课"栏目资源，在"六一""建队节"期间，每个少先队中队开展1次主题中队会。

四是面试答辩。

答辩内容一是自我介绍，看辅导员的辅导理念是否正确。二是结合实际工作答辩，看辅导员是否具有提炼工作经验的能力。

存在问题是：辅导员个体差异较大，有些学校的少先队基础工作较好，辅导员在回答问题时能够切中要点，对学校工作的介绍也很有特色。有些辅导员则无法切中要点，综合素养较弱。

为此，首先，我们要加强对辅导员综合素质的培养，发挥各级骨干辅导员作用，开展师徒结对、校际结对，聚焦少先队基础工作，组织形式多样的培训。其次是例会培训，在例会上围绕政治引领，让不同层面的辅导员和队员交流成长心得。第三，基层辅导，作为区少先队总辅导员，过去一年，我围绕队前教育、推优入团和党团队一体化建设，共走访75所学校并现场答疑。

五是材料综合评审。

在综合评审材料过程中，存在的问题是：有些辅导员执教活动课和指导活动能力很强，但科研能力很弱；有些辅导员辅龄很长，工作也扎实，但由于农村学校底子薄弱，辅导员个体获得的相关荣誉较少。

为此，首先，我们要综合全面地看待此类现象，充分考虑辅导员的工作实绩和贡献，避免过于强调科研成果和论文发表。其次，作为上海市少先队名师工作室主持人，我尝试在工作中努力构建一个问题驱动、同伴互助、研训一体的学习共同体，让来自不同区域、学习发展水平不同的辅导员互帮互助、共同成长。

总之，上海在全国拥有最多高级职称的辅导员不是偶然的。13年来，我们就是这样通过发现职称评审中的问题，扎扎实实加以针对性的辅导，积极探索辅导员培养有效途径，搭建少先队辅导员交流展示平台，努力打造政治过硬、业务精湛、能力突出、作风严实的辅导员队伍。

少先队幸福教育案例：

同舟共济　迎接全国第九次少代会
上海市少工委九届二次全会工作报告

上海市少工委九届二次全会于2025年2月在浦东召开。浦东是改革开放的引领区，各项工作走在前列，特别是在全团带队、队伍建设、幸福课堂、幸福食光工作中都可圈可点。同时，也是巩固对各区重点工作巡访的成果，因为坐在办公室里都是问题，来到基层学校都是办法。通过寻访，我们看到了基层的经验，看到了很多闪光点，今后我们要多把全会、现场会、交流会放到各区，乃至学校召开，交流经验、分享成果、互学共进。

2024年是难忘的一年，上海少先队最难忘的工作就是召开了上海市第九次少代会。少代会的成功召开留给我们诸多深刻启示：

一是争取领导重视。市委书记陈吉宁，团中央书记处第一书记、全国少工委主任阿东，市委副书记、市长龚正，市人大常委会主任黄莉新，市政协主席胡文容出席大会，市委常委赵嘉鸣、张为、李政、华源出席大会。

二是团教亲密合作。少代会是团市委和市教委共同筹备、共同谋划、共同召开的，市少工委双主任共同报告。

三是各界大力支持。各区、基层广大学校积极响应，党团队三旗传递火热开展。上海是党的诞生地，是团的发源地，地下少先队的所在地，三旗每传递到一个区，都能展示本区的工作特色。一校一代表，惠及全体，上海1400多个学校无论大小、类型，都有一名代表。每次选择会场都是上海的地标，本次选择的上海展览中心是第一届少代会召开的地方。小荧星、上展中心在人力、物力、财力上大量投入，留下精彩转播，留下魅力倩影。

四是精心策划亮点。这届少代会学习党代会、团代会，首次设立代表通道，十佳提案影响广泛。让人感动的全国优秀辅导员合唱团，洪校长富有深情的朗诵感动了很多人。亲子视频《童年很短请多陪陪孩子》点赞、转发、收藏破万。

2025年，上海少先队身处牢记习近平总书记的教导，贯彻好全国要求、市教育大会和少代会精神，迎接全国第九次少代会的航船上，要使这艘航船又快又稳驶向幸福的彼岸，需要把准航线、提升动能、扬帆助力。

一、把准航线——把牢政治方向，讲好"儿童化"政治，推动少年儿童政治引领入脑入心

一是设计好内容。开展"跟着习爷爷学在博物馆（纪念馆）"活动，让少年儿童在玩中学、学中悟、悟中成长。

二是培育好队伍。发挥"红领巾巡讲团""红领巾讲解员"的作用，采用浅显的语言、故事的形式、媒体的辅助、生活的场景、情感的共鸣、榜样的力量，上海教育电视台推出了《百年少年先锋》节目。

三是打造好阵地。线上，发挥"萌动上海"公众号及各级少先队新媒体矩阵；线下，我们在上海团校建立了全国首个百年地方少年儿童运动史展馆，也是中国百年少年儿童运动史上海馆。

四是迎接好盛会。规范开展第九次全国少代会代表选拔、全国少先队"两优秀"评选工作，全力配合全国少工委做好交办的各项任务。

二、提升动能——聚焦幸福教育，办好"品牌化"项目，推动少先队教育理念落实落细

一是开展上海少先队"五育"成果交流展示活动。激励广大少先队员和集体坚持德智体美劳全面发展，成就幸福童年。要指导学校根据推荐标准，对各校推荐对象进行综合评价，兼顾各个类别，严格把关，推荐事迹突出、示范性强的候选对象名单，并贯彻好《全国少工委办公室关于优化开展"红领巾奖章"争章活动的通知》，做好舆情管控，切忌关联评选表彰、社会赛事。

二是开展第三届上海市少先队辅导员"幸福人生"风采展示活动。通过赛事激励，以赛促培、挖掘骨干、选树典型，不断提高少先队辅导员践行少先队幸福教育理念，用好"少先队幸福课堂"课件，发挥资料规范者和活动引导者作用。要在普遍开展的基础上推荐参赛辅导员。

三是开展"雏鹰杯"上海市少先队课外活动交流展示。设置红领巾科创小能手、红领巾中华优秀传统文化小能手、红领巾新闻评论员、红领巾讲解员4个项目，进一步拓宽队员组织化参与面。

四是创建第三批"上海市少先队辅导员带头人工作室"。上海辅导员带头人工作室在全国创建最早，数量也最多。从2012年开始到现在，带头人发挥了很大的作用，培养了很多年轻辅导员，搭建了少先队工作者专业化发展平台，构筑了上海市少先队工作队伍人才高地。

三、扬帆助力——强化机制建设，用好"协同化"制度，推动上海少先队事业高质量发展

一是团、教协同，加强各级少工委自身建设。决策一起做、会议一起开、文件一起发、工作一起干、成果一起享。

二是小手、大手协同，加强少先队标志使用管理保护常态化长效化。落实共青团中央办公厅、全国少工委办公室关于《中国少年先锋队红领巾佩戴规定》的通知，向家长宣讲红领巾的含义，聆听家长做少先队员时的难忘故事。小手牵大手维护红领巾的庄严，不丑化、异化红领巾，不在私人庆悼、娱乐或商业活动以及其他不适宜场合佩戴红领巾，不将红领巾用于商业营

Shaoxiandui Xingfu Jiaoyu

销，并做好"涉红"舆情管控。

三是市、区、校协同，落实全国辅导员培训批示要求。2024 年 4 月和 7 月，中央党校、团中央、教育部、全国少工委举办了少先队建队 75 年来规格最高、规模最大、覆盖最广的全国少先队辅导员培训。中央领导作出批示："少先队辅导员是少年儿童健康成长的引路人，承担着为党育人的重要责任。团中央、教育部联合中央党校开展此次辅导员集中培训，成效值得肯定。要深入贯彻习近平总书记关于少年儿童和少先队工作的重要论述，落实全国教育大会精神，加强工作协同，持续抓好培训体系建设，不断提高辅导员政治素质、履职能力。特别要把新时代的年轻辅导员培训好，教育好，带领好，增强他们做好党的少年儿童工作的事业心和光荣感。"我们要建好上海少先队辅导员培训学院及其 16 个区分院，健全市、区、校三级协同培训体系。

四是横向委员协同，助力市第九次少代会提案落地。充分发挥市少工委横向委员作用，以各行各业博物馆（纪念馆）为抓手，在助力市第九次少代会提案落地的过程中，不断扩大少先队社会化实践基地，不断拓展少年儿童社会校外实践空间。

让我们同舟共济，以上海少先队高质量的发展迎接全国第九次少代会的胜利召开。

总之，"望闻问切"可以帮助我们进一步发现问题、解决问题，使党、团重大部署和要求与基层的衔接更紧密、呼应更直接、需求更吻合、展示更有力，这也能提高少先队在少年儿童和社会中的影响力，开拓少先队工作的新局面。这正是少先队改革的深层意义所在。

270 | Shaoxiandui Xueke congshu

第五章 | 少先队幸福教育的展望

进入新征程的少先队，迎来了关键时期的重要大会。经党中央批准，根据队章规定，中国少年先锋队第九次全国代表大会（以下简称"第九次全国少代会"）于2025年5月27日至28日在北京召开，取得圆满成功。中共中央总书记、国家主席、中央军委主席习近平给大会发来贺信，这是当前和今后一段时期，中国少先队事业的根本遵循，也给少先队幸福教育的未来指明了前进的方向。

第一节　充满幸福感的难忘盛会

一、第九次全国少代会概况

第九次全国少代会是在以习近平同志为核心的党中央带领全党全国各族人民以中国式现代化全面推进强国建设、民族复兴伟业的关键时期召开的一次重要会议，是全国各族少年儿童和少先队辅导员、少先队工作者政治生活中的一件大事。大会的主要任务是：听取和审议第八届全国少工委工作报告，审议通过《中国少年先锋队章程（修正案）》，选举产生第九届全国少工委。

5月27日上午，大会在人民大会堂开幕。中共中央总书记、国家主席、中央军委主席习近平发来贺信。中共中央政治局常委、中央书记处书记蔡奇出席开幕会。中共中央政治局委员、中央组织部部长石泰峰在会上宣读习近平总书记的贺信，并代表党中央作了题为《为强国建设、民族复兴伟业时刻准备着》的致词。全国人大常委会副委员长雪克来提·扎克尔、国务委员谌贻琴、全国政协副主席沈跃跃、第八届全国少工委名誉主任陈希出席开幕会。

开幕会上，共青团中央书记处第一书记阿东、教育部副部长王嘉毅分别代表共青团中央、教育部致词。6名少先队员代表汇报了听党话、跟党走，在少先队组织里学习实践成长的故事。大会为全国优秀少先队辅导员、全国优秀少先队集体代表颁奖。共青团中央书记处书记、全国少工委常务副主任王艺代表第八届全国少工委作工作报告。

5月27日下午和晚上，代表认真学习讨论习近平总书记贺信、党中央致词，学习讨论共青团中央致词、教育部致词，审议工作报告、队章修正案（草案）等有关文件，酝酿新一届全国少工委委员候选人。

5 月 28 日上午，大会举行第二次全体会议暨闭幕会，通过了关于第八届全国少工委工作报告的决议、关于队章修正案的决议，选举产生了由 217 名委员组成的第九届全国少工委。

大会期间，专门组织少先队员代表分 5 路开展学习实践，分别聚焦红色基因传承（中国共产党历史展览馆）、中华文脉赓续（中国考古博物馆）、铸牢中华民族共同体意识（民族文化宫）、科技强国（中国航天员中心）、国防教育（军事博物馆）主题，让孩子们开阔视野、增长见识，感受新时代伟大成就。在住地，组织少先队员代表参加了"一百岁的红领巾"讲解体验活动。

大会期间，全体代表认真履行职责，认真学习讨论，积极建言献策。大会发扬民主、凝聚共识，是一次高举旗帜、凝心聚力、团结奋进的大会。

二、习近平总书记重要贺信的主要精神

习近平总书记在贺信中代表党中央向大会的召开表示祝贺，向广大少先队员、少先队辅导员、少先队工作者致以诚挚的问候，并祝全国的小朋友们节日快乐。

贺信强调，少年儿童是推进强国建设、民族复兴伟业的未来生力军，少先队是少年儿童健康成长的大学校。新征程上，少先队要高举队旗跟党走，聚焦培育共产主义接班人的根本任务，着眼于培养中国特色社会主义事业合格建设者，教育引领广大少先队员争当爱党爱国、勤奋好学、全面发展的新时代好少年。要全面加强党对少先队工作的领导，夯实共青团组织全团带队责任，为少年儿童健康成长创造良好环境和条件，推动少先队事业不断取得新成绩。

贺信站位高远、内涵丰富，饱含理论深度、实践厚度、情感温度，是对习近平总书记关于少年儿童和少先队工作的重要论述、关于教育的重要论述的进一步丰富和发展，是对教育强国建设的重要方向指引，充分体现了以习近平同志为核心的党中央对少年儿童和少先队工作的关心关爱、殷殷厚望，是对广大少先队员、少先队辅导员和少先队工作者的巨大鼓舞。

三、党中央致词的主要精神

党中央致词用"七个指明"概括了习近平总书记关于少年儿童和少先队工作的重要论述的核心要义：指明高举队旗跟党走这一少先队的立身之本，指明少先队作为建设社会主义和共产主义预备队的战略定位，指明为强国建设、民族复兴伟业时刻准备着的少年儿童运动的时代主题，指明少年儿童德智体美劳全面发展的成长方向，指明做好新时代少先队工作的路径方法，指明做好新时代少先队工作的关键力量，指明全党全社会都要服务少年儿童健康成长的共同责任。"七个指明"是大会的重要理论成果。

致词对少先队事业的发展给予充分肯定。致词指出，过去五年，在党的坚强领导下，少先队着力加强思想政治引领，着力加强组织教育、自主教育、实践教育，着力加强少先队辅导员队伍建设，着力加强基层基础工作，为党育人成效显著。广大少先队员立志向、修品行、练本领，感悟领袖关怀，厚植爱党情感，领略新时代伟大成就，讲好中国故事，展现出朝气蓬勃的精神风貌。

致词希望广大少先队员牢记习近平总书记的教导，按照共产主义接班人的要求，传承红色基因、传承中华文脉、传承奋斗精神，争当爱党爱国、勤奋好学、全面发展的新时代好少年。

致词对做好新时代新征程少先队工作提出明确要求。致词强调，少先队要牢记初心使命，要促进全面发展，要尊重少年儿童主体地位。

致词强调，各级党委要坚持党管少年儿童原则，坚持党建带团建、队建，不断完善党委领导、政府支持、共青团牵头、团教协作、社会协同的新时代少先队工作体制机制。各级少工委名誉主任要发挥好作用，定期听取汇报、协调解决问题、提供有力保障。共青团要把全团带队落到实处，大力建设高素质专业化少先队辅导员和少先队工作者队伍，各级团干部要带头用心用情用力做好少先队工作。广大共产党员、共青团员要主动与少先队员手拉手，为孩子们办实事、作表率。有关部门和全社会都要关心少年儿童成长，大力支持少先队工作，为孩子们成长创造良好环境。

培养"未来生力军"，构建少先队"大学校"

2025年5月29日《中国教育报》

卜玉华　赵国强

在第九次全国少代会召开以及"六一"国际儿童节到来之际，习近平总书记满怀关切之情给全国的小朋友写了贺信，围绕新时代少先队是什么，以及少先队工作如何定位这一主题展开，内涵丰富而深刻，明确了少先队的立身之本、少先队的战略定位、少年儿童运动的时代主题、少年儿童的成长方向、做好新时代少先队工作的路径方法、做好新时代少先队工作的关键力量、服务少年儿童健康成长的共同责任，深刻回答了新时代培养什么样的少年儿童、怎样培养少年儿童，建设什么样的少先队、怎样建设少先队等一系列重大问题，为新时代少先队工作的理论和实践工作指明了新方向、定位了新坐标。

首先，少年儿童何以"是推进强国建设和民族复兴的未来生力军"。这句话深刻地指出了新时代少年儿童对于国家和民族发展的重要性。"未来生力军"的内涵是丰富的：面向过往，它承续了我国"童蒙养正""少年兴则国兴"的精神传统，也承续了百年来红领巾注重培养少年儿童国家认同的革命传统，强调少先队作为少年儿童成长的基本组织的重要性；面向未来，少年儿童是我国国家和社会发展保持活力的希望源泉，其成长质量关系到我国社会经济发展在社会治理、科技和文化竞争力等方面的强弱。因此，党和国家一直重视和关心少年儿童的健康成长，注重将我国少年儿童的成长与国家强盛和民族复兴的伟大事业紧密关联起来。

其次，少先队何以"是少年儿童成长的大学校"。以往，少先队被定位为"培养共产主义事业的学校"，现在多加了一个"大"字。因此，这里需要重点理解"大学校"之"大"是指什么。首先，"大"体现了少先队组织的覆盖是全方位的：当下，少先队不仅存在于学校之中，更延伸到社区、企

业、各类社会组织、网络和家庭，形成多领域、多场域的立体育人新格局；它不再是单一的思政课堂，而是集思政教育、综合实践、社群共育于一体的"大课堂"。其次，"大"彰显了教育内容的多维性：在传统的社会主义、共产主义启蒙之外，少先队教育还融入了科学探索、文化艺术、社会服务等多类项目，为少年儿童提供了更丰富的能力锻炼和价值体验的渠道。再次，"大"意味着力量与影响力的提升：依托共青团、学校、家长和社会组织的协同，少先队已成为少年儿童政治社会化的"加速器"，有效地塑造了他们的政治认同、社会责任和创新精神。最后，"大"还指治理体系的系统化与现代化：以数字化平台为支撑，建立覆盖注册、活动、评价、反馈的闭环管理，使少先队队务不仅有规范化制度，更具备高效协同和精准"发力"的效果。由此，"大学校"是对新时代少年儿童成长环境和培养需求的创新性回应，并为其未来深化指出了新方向。

第三，如何理解少先队工作目标既定位于"**聚焦培育共产主义接班人**"，又定位于"**社会主义事业的合格建设者**"。"聚焦培育共产主义接班人"是价值观意义上的目标定位，强调的是政治理想和信念的传承。少先队要通过系统化的思想政治教育与仪式化活动，如入队宣誓、集体诵读、主题队会等，将社会主义核心价值观和共产主义远大理想"植根"于儿童心中，使他们从小树立对马克思主义、对中国共产党的信仰和忠诚，并在集体生活中不断强化对"全人类共同解放"这一崇高目标的认同。培养"社会主义事业的合格建设者"是能力素养意义上的目标定位，侧重于知识技能、实践能力与社会责任的培养。少先队工作不仅要传授政治信念，还要通过课程学习、实践项目、社会服务等形式，锻炼队员的动手能力、创新精神和团队协作能力，使他们具备未来投身国家建设与社会发展的基本素质。所以，两种目标是方向与内容、未来与当下、抽象与具体的关系。

第四，如何理解少先队工作的育人目标是培养"**爱党爱国、勤奋好学、全面发展的新时代好少年**"。在这里，习近平总书记所表达的是"新时代好少年"的基本形象，这一基本形象有三个维度：政治品格素养维度要爱党爱国，学业素养维度要勤奋好学，综合素养维度要全面发展。这三个维度也体现在少年儿童在未来应有的三种新形象：爱党爱国的政治品格形象，勤奋好学的学业素质形象，全面发展的综合素养形象。其中，爱国爱党强调的是少先队着力培育的特殊品质与核心目标，是少先队育人目标所要实现的灵魂，勤奋好学和全面发展是路径性和基础性目标；爱党爱国是"红孩子形象"，勤奋好学是"好孩子形象"，全面发展是"棒孩子形象"，三者立体而多维地勾勒出"新时代好少年"的整体形象。

第五，如何理解少先队工作的治理架构和运行路径要重视"全面加强党对少先队工作的领导，夯实共青团组织全团带队责任，为少年儿童健康成长创造良好环境和条件"。"全面加强党对少先队工作的领导"，意味着要将少先队置于党的领导体系之中，确保其政治方向和育人目标始终与党的教育方针高度契合。一方面，各级党委要将少先队工作纳入重大议事日程，制定和完善队务管理的制度规范，明确党委在队章修订、主题活动设计、干部选配等方面的决策和指导职能；另一方面，要在学校与团组织中配备政治素质过硬、熟悉教育工作的辅导员和专职人员，形成从中央到基层、从党委到团委的全链条指导与监督机制。

"夯实共青团组织全团带队责任"，则是在党对少先队全面领导的基础上，通过共青团发挥桥梁和纽带作用，构建"中央—地方—学校"三级团组织责任体系。共青团中央、省市区团委要制定少先队年度计划和组织专题培训，统筹动员青年志愿者、社会实践基地和各类资源，为少先队提供师资、场地与经费保障，并通过"红领巾志愿服务""大手拉小手"等活动，实现团员与队员的有机衔接和人才梯队的阶梯成长。

"要为少年儿童健康成长创造良好环境和条件"，则需打破家校、校社、各部门间的壁垒，构建家庭、学校、社会三位一体的协同育人共同体。在制度化队务管理之外，还要以项目化形式推进红色研学、科技探究、公益服务等特色活动，通过成果激励与交流展示不断激发队员的参与热情。同时，运用智慧队务云平台和线上微课等数字化手段，实现队员档案、活动动态和家校互动的实时监测与闭环管理，为科学决策提供精准数据支撑。

最后，健全绩效考核与督导问责机制是保障这一体制顺畅运行的"压舱

石"。将少先队的活动参与率、辅导员培训成效、队员综合素质提升等指标纳入学校与少工委年度评估，对走过场、形式化、负担重等问题实施联合督查和通报，并对优秀集体和个人予以鼓励，形成"激励—监督—整改—再评估"的闭环，从而大大提升少先队工作的规范化、精细化和实效化水平。

总之，站在实现中华民族伟大复兴的新征程上，少先队作为培养"未来生力军"的"大课堂"，既肩负着塑造"共产主义接班人"理想信念的基本使命，又承载着锻造"社会主义建设者"的重大责任。在新时代，各级少先队组织要认真学习宣传贯彻习近平总书记重要贺信精神，始终把牢政治方向、始终践行初心使命、始终尊重儿童特点、始终发挥实践优势、始终坚持守正创新，不断深化"大学校"功能、丰富育人载体，为新时代好少年成长成才提供更为广阔的舞台，共同书写少年儿童"为党育人、为国育才"的壮丽篇章。

第二节　充满责任感的全团带队

共青团中央书记处第一书记阿东在代表团中央的致词中指出，共青团要担起全团带队的重大政治责任，让新时代的红领巾更加鲜艳。致词强调，要增强全团带队的政治自觉，带领少先队提高政治站位、把牢政治方向，把为党育人作为神圣使命，把政治引领作为第一位任务。要增强全团带队的历史自觉，带领少先队把牢历史方位、胸怀"国之大者"，发挥少先队组织教育、自主教育、实践教育优势，引领少年儿童时刻准备着，为强国建设、民族复兴伟业接续奋斗。要增强全团带队的行动自觉，认真落实党建带团建、队建制度机制，深化团教协作，带领少先队加强组织建设、队伍建设、阵地建设、机制建设，指导少先队辅导员当好孩子们健康成长的引路人。

一、党委托共青团直接领导少先队

第一，共青团是由党直接领导的先进青年的群团组织，也是学习共产主义的学校。由共青团领导少先队，有利于从政治上和组织上保证党对少先队的先进性领导。

第二，团员是 14—28 岁的青年，他们在政治等各方面都比少先队员成熟，却又刚刚告别少先队不久，同儿童年龄接近，彼此容易相互了解、相互沟通、打成一片，这就有利于他们按照少年儿童的特点来做好工作。

二、共青团协助党领导少先队的途径

共青团是通过落实党对少年儿童、少先队工作的指示精神来体现党对少先队的领导的。

第一，少先队的重大决策都是按照党的指示由共青团的代表大会决定

的，历届共青团代表大会的召开，推动了少先队事业的蓬勃发展。

第二，少先队全国代表大会的召开和中国少年先锋队全国工作委员会的组建，从组织上进一步加强和改善了共青团对少先队的领导。

第三，共青团通过聘请少先队辅导员，实现了对少先队组织的具体领导。

少先队是团的事业的重要组成部分，是团生生不息的源头活水，这是由学校团队工作的基础性战略地位决定的。75 年来，共青团没有辜负党的信任和厚望，在党的领导和社会各界的支持下，除做好团的本职工作之外，还积极承担起了带领少先队的光荣任务，将少先队事业不断向前推进。同时，共青团组织通过向少年儿童宣传共青团的宗旨和思想，通过在中学少先队组织里建立少年团校、推优入团的共青团员保留队籍留队带队等途径实现强队建团、以团带队、团队衔接、团队共兴，持续为共青团组织输送优秀青年。

三、全团带队方针的由来

1949 年 1 月，党中央《关于建立中国新民主主义青年团的决议》发布，其明确规定"党委托青年团直接领导少先队。青年团应选派最好的干部领导这一工作，并在各级团委之下设立少年儿童部或少年儿童工作委员会，作为儿童团和少年先锋队的领导机关"。党委托共青团直接领导少先队，是党、团、队政治联系的具体体现。

共青团对少先队的领导，是通过"全团带队"方针的贯彻实施来具体实现的。"全团带队"表明了直接领导少先队的不只是团委少年部门，而是全团。

全团带队的重要性体现在以下几个方面：

第一，团是党直接领导的先进青年的群团组织，是党的助手和后备军。党领导团，团领导队，形成了"少先队—共青团—共产党"这样一种稳固的政治上的联系，这不仅是一种组织领导关系，也是一种政治领导关系，是党领导少年儿童工作的体现和保证。

第二，少先队是少年儿童的组织，需要成年人的指导与带领，但又是孩子们自主、自立的组织，所以组织中的成人不应是自上而下的教育者，而是亲切、自然、与他们年龄相差不大的大哥哥、大姐姐。共青团正具备了这些客观条件，由团来带队符合少年儿童的心理特点，容易沟通、接近，容易产生良好的教育效果。

第三，团带好队，也能促进团的建设，团员在带队的实践中自身得到了锻炼，也为团的组织建设打好了基础。

四、全团带队有了新方向

团中央的致词进一步强调全团带队是党赋予共青团的重要职责，也是为党输送新鲜血液，保证党的事业后继有人的必然要求。一代又一代优秀少先队员成为共青团员，在共青团这所大学校中又有大批优秀团员按照党指引的方向健康成长，跨入党员的行列，使我们党始终充满生机与活力，不断将党的事业向前推进。

致词揭示了少先队工作是共青团工作的基石，也是共青团工作的重要组成部分。少先队在各个历史时期开展的生动活泼、丰富多彩、独具特色的活动，为促进少年儿童的成长进步发挥了不可替代的重要作用，同时也有力地促进共青团事业的不断发展。加强全团带队，为共青团实现自身事业的发展夯实了基础。

致词揭示了加强全团带队是引导少年儿童健康成长，承担起以中国式现代化全面推进强国建设、民族复兴历史重任的需要。当代少年儿童的人生历程与祖国在新时代的前进步伐紧紧相伴。实现强国建设、民族复兴的宏伟目标，将历史地落在他们身上。共青团只有充分发挥少先队组织团结教育少年儿童的核心作用，才能把广大少年儿童团结好、教育好、带领好，也才能更好地引导少年儿童为历史重任和宏伟目标做好全面准备。

致词强调，加强全团带队，要以习近平中国特色社会主义思想为指导，按照党的要求，进一步加强对少先队的领导，支持少先队创造性地开展工作，在全面推进团的建设的过程中，带领和推动少先队的基层建设，不断

增强基层少先队组织在少年儿童中的吸引力、凝聚力和影响力，努力提高少年儿童各方面的素质，把广大少年儿童紧密团结在党的周围，确保党的事业后继有人、兴旺发达。

致词揭示了加强全团带队要遵循以下基本原则：一是坚持团建带队建，借鉴党建带团建的经验，依托团建带队建，把少先队建设纳入团的建设总体规划，把党的要求落实到少先队工作之中；二是坚持实践育人，发挥少先队组织在实践中育人的优势，围绕素质教育开展丰富多彩的体验活动，探索少年儿童思想道德教育的有效方式；三是坚持整合社会资源，充分调动社会多方面的积极性，形成关心少先队工作的合力，为少先队工作的发展创造有利条件，为少年儿童的健康成长营造良好环境；四是坚持改革创新，从基层共青团组织和少先队工作的实际出发，以改革的精神不断研究全团带队工作面临的新情况，总结新经验、探索新规律、解决新问题。

致词还指出要建立以团委主要负责同志负总责的责任制，一级抓一级，一级带一级，逐级负责，层层抓落实。要把少先队建设纳入团建的总体规划，把少先队建设的目标任务纳入团建的目标任务，将团带队工作情况纳入团的工作考核指标，做到一同研究，一同部署，一同落实，一同检查。各级团组织特别是主要负责同志要像抓好团的自身建设那样，以强烈的责任感和使命感，悉心抓好团带队工作。

致词强调各级团组织、广大团干部和团员青年，要增强全团带队的责任意识，切实履行好全团带队的职责。

五、新征程全团带队的主要内容

（1）思想带队是坚持全团带队的主导基础

共青团对少先队的领导首先是思想的领导。它保证了按照党对下一代的要求，少先队事业发展能够始终走在正确的道路上。共青团实现对少先队思想带队的主要途径是：

① 在每一历史阶段，共青团依据根本宗旨，党在现阶段的路线、方

针、政策，党的思想路线、世界观、方法论和党对少年儿童工作的指示精神，及少年儿童发展状况，对队的重大问题作出决策，高举队旗跟党走，为着理想勇敢前进，引导少先队的前进方向，加强对少先队组织的思想政治领导，加大对少先队思想道德教育工作的投入。

② 共青团通过召开少先队代表大会与少先队工作委员会议，指导并推动少先队事业蓬勃发展。跟随党建创先争优步伐开展少先队创先争优活动，加强党、团、队组织意识和教育内容的衔接，培养少年儿童对党和社会主义祖国的朴素感情，通过少先队的教育将少年儿童培养成为德、智、体、美、劳全面发展的、中国特色社会主义事业的合格建设者。

③ 团的各级委员会要把少先队工作纳入议事日程，并提出指导性意见，还要定期向同级党委汇报队的工作；要利用报刊、广播、电视、互联网等现代大众传媒树立正确的导向。

（2）组织带队是实现全团带队的具体保障

组织带队是通过组织手段和教育行政系统安排等形式，巩固和打牢少先队工作的基础，在组织上实现共青团对少先队的领导。共青团实现对少先队组织带队的主要途径是：

① 团委建立专门分管领导少先队的工作职能部门——少先队工作部。1981 年，共青团十届三中全会在《关于加强少先队工作的决议》中规定："少年部既是团委的工作部门，又是少先队的领导机构。"根据这一指示，在中央到地方各级团委下建立少年部，作为少年先锋队的领导机关，选派最好的干部领导少先队工作。共青团区（县）委的少年部应领导基层学校少先队的大队委员会。同时，学校中的教工团组织和学生团组织也应负起对少先队实行组织领导的责任。共青团机关的各个部门都有责任配合少年部做好少先队工作，体现少先队是共青团的"半壁天下"。凡是有少年儿童的单位，团的基层组织都设少年儿童委员，具体负责少先队工作。

② 建立健全少先队的各级工作机构。在有少先队组织的地方成立各级少工委，密切团、教两家及社会各方面的联系和合作，实现对少先队工作

的系统领导。少工委是少先队的领导机关，也是联合社会各界共同为儿童服务的组织保证，共青团组织在其中负有核心的责任。加强少工委的建设是组织带队的重要方式。

③ 建设高素质的少先队工作者队伍。各省（直辖市、自治区）、地（市）团委应设少先队总辅导员，各级团组织和同级教育行政部门为少先队选聘与培训优秀干部，培养、建立一支优秀的、具有专业化素养的少先队辅导员队伍，专职从事、做好少先队工作，保持必要的编制，适当保留经验丰富的职业化干部，实现组织上的保证。

（3）工作带队是落实全团带队的有形抓手

工作带队是指各级团组织要根据党对少年儿童工作的指示精神，从少年儿童的特点和少年儿童成长、发展规律出发来开展工作。共青团实现对少先队工作带队的主要途径是：

① 借鉴党建带团建的经验，依托团建带队建，把少先队建设纳入团的建设总体规划，把党的要求落实到少先队工作之中。发挥少先队组织在实践中育人的优势，围绕素质教育开展丰富多彩的实践教育和集体教育活动，探索少年儿童思想品德教育的有效方式，大力发展和建设各种少先队校外教育基地。

② 从基层共青团组织和少先队工作的实际出发，建立"一个基层团组织联系一个少先队组织"的制度，开展"为弟弟妹妹做好事"活动。以改革创新的精神不断研究全团带队工作面临的新情况，总结新经验、探索新规律、解决新问题。

③ 宣传、动员全党、全社会都来关怀、支持少先队，充分调动社会多方面的积极性，发动各行各业的团组织为少先队选派和聘请校外志愿辅导员，并要求从各自实际出发，充分利用本单位的有利条件，多方面关心和支持少先队工作，为弟弟妹妹们做好事、做表率，形成关心少先队工作的合力，为少先队工作的发展创造有利条件，为少年儿童的健康成长营造良好环境。

（4）作风带队是推进全团带队的坚强保证

作风带队就是要各级团干部以自己的一言一行去一级做给一级看，一级带着一级干。凡是要求基层做到的，自己应该首先做到；按照少先队的工作特征，全面带领少先队开展工作，促进少先队工作水平的不断提高。共青团实现对少先队作风带队的主要途径是：

①　根据党的群众路线教育实践活动精神，到中小学蹲点，深入了解学校教育情况，把握学校教育内在规律，找到做好学校少先队工作的有效路径，深入研究中小学少先队工作的基本状况，挖掘好的经验和做法，了解存在的问题和原因，保持工作韧劲、善于攻坚克难。

②　做少年儿童的大朋友和亲密伙伴。理解少年儿童，了解少年儿童，心系少年儿童，与少先队员共活动，注重活动对少年儿童内心的影响，不能只热衷于搞轰轰烈烈造声势的活动。

③　在工作发展的同时还应关心少工干部的发展。要把各种发展的机会提供给大家，如学习的机会，评优的机会，挂职锻炼的机会和经常化、有形化的关心；要建设"温暖工程"，温暖自己，也温暖别人，要点亮自己，也点亮别人，聚拢起人心，更聚拢起力量，为少先队事业的新发展共同奋斗。

（5）理论带队是提升全团带队的重要支撑

理论带队是指共青团要研究少先队这一儿童组织的组织现象，特别要研究少先队组织在促进少儿成长发展中的作用与规律。共青团实现对少先队理论带队的主要途径是：

①　健全各级少先队工作学会，吸纳少先队界内和界外富有经验的人士参与少先队的理论研究，发挥学会在少先队理论研究工作中的重要作用。

②　在有条件的地区设立专门的少先队研究机构和少先队教研员，建立少先队教研组，形成一支少先队理论研究的专业化队伍。

③　办好《辅导员》《少先队研究》《少年儿童研究》《少先队活动》等各种少先队专业刊物，体现其理论导向、成果发表的功能。

2025 年 7 月 2 日，中共中央办公厅印发了《关于加强党建带团建工作的意见》，指出：各级党组织要加强对少先队工作的领导，指导共青团履行好全团带队责任，完善少先队推优入团机制。少先队是共青团事业的重要组成部分，是团生生不息的源头活水；共青团对少先队的领导通过"全团带队"方针的贯彻实施来具体实现。各级团组织要以对党的事业高度负责的精神，进一步明确少先队工作在共青团事业中的基础地位，始终把少先队工作纳入共青团工作的整体格局之中，为成就少先队员幸福童年作出新的更大的贡献。

第三节　充满成就感的团教协作

教育部副部长王嘉毅在代表教育部的致词中指出，各级教育部门和中小学校要坚持不懈用习近平新时代中国特色社会主义思想铸魂育人，在立德树人新格局中把少先队工作摆在突出位置。要坚持党的全面领导，将少先队工作与学校党建和改革发展同谋划、同部署、同推动、同落实。要发挥少先队组织优势，加强少先队实践阵地和组织文化建设，支持少先队在新时代学校思想政治教育中发挥独特作用。要建强工作队伍，提升少先队辅导员政治素质和履职能力，加大先进典型选树力度。要强化协同育人，密切团教协作，与共青团定期协商研究少先队工作、沟通协调重大事项，健全学校家庭社会协同育人机制。

一、认识团教协作，为做好新征程少先队工作提供强大合力

长期以来，各级少工委在制度建设、队伍建设、组织建设、阵地建设等方面取得了一定的成绩，这主要得益于团、教两家对少先队工作的长远思考，对机制体制的健全完善，对少先队辅导员的培训培养和对少年儿童的关心呵护，特别是在少工委自身建设方面，团、教两家始终秉承"四同"的工作理念，薪火相传、精诚合作。

1. 目标同向

拥有共同的目标是做好一切工作的前提，只有目标上同向，才能保证思想上同心、行动上同步、事业上同干。多年来，团、教两家对少先队在少年儿童教育中的作用、地位有着共同的认识，由此带来团、教两家都将少先队工作纳入双方的重要工作内容。如《教育改革和发展"十五五"规划》《中长期教育改革和发展规划纲要》和《青少年发展第十五个五年规划》都将少先队工作内容纳入其中。此外，少工委委员中，既有团、队工

作干部，教育行政部门负责同志，又有少先队教育专家，基层教育工作者等社会各方面的代表，具有广泛代表性。各位委员做少先队工作，不论专职还是兼职，不论主管还是分管，心中都装着少先队，凡事都想着少先队，以"为少先队工作创造良好发展氛围"为共同目标，立足本职、发挥专长、全面履职，确保少先队工作的正常有序开展。

2. 工作同步

事实证明，行之有效的工作沟通机制是形成工作合力的助推器。因此，少工委建立了"2+3"例会制度，首先抓少工委的法人代表"双主任"（团委、教育部门分管领导）；其次抓少工委日常工作的实施者"三员"（少年部部长、少先队总辅导员、少先队教研员）；第三抓各有关方面委员，从而使少工委建设呈现出"两个轮子齐前进（双主任）、三驾马车跑得快（三员）和资源丰富的大后方"的良好态势。此外，少工委还建立起定期召开全委会、每月例行会议、大事随时碰头的会议制度；健全决策机制，重要工作和重要决策广泛征询委员意见，在会议中充分沟通德育工作和少先队工作，统筹安排，从而实现工作项目合作，工作步伐一致。比如，在每年年度计划、推优展示、"六一""十一三"、暑期工作等项目中形成良好的工作模式，无论是在前期策划、中期执行还是在后期评估上，均实现共探讨、共运作、共考核。

3. 职责同担

明确的职责分工能够确保各项工作之间的有效衔接，从而推动整体工作提升。在支持少先队工作方面，团委切实承担起领导职责，为少工委办公室的日常运作提供坚实保障。教育部门充分发挥协同领导的作用，特别是在推动辅导员队伍建设、少先队重大活动经费支持、德育资源整合上给予了政策保障。团、教两家思想上共同的认识、工作上统一的步伐、职责上明确的分工、考核上严格的机制确保了少先队工作的欣欣向荣，确保了广大少年儿童的快乐成长。作为共青团组织，团委将更好地履行全团带队的职责，以更积极、更主动、更谦虚的态度去争取教育部门强大的工作资源，求真务实、精益求精、开拓创新，谱写少先队事业的崭新篇章。

4. 评估同轨

有效的评估机制和奖励机制是顺利推进工作的重要保障。教育部门切实将少先队的考核纳入对学校的评估和考核中，占有一定的分值。在对少先队工作和辅导员的典型选树上，团委评选的青年五四奖章有少先队单独的序列；教育部门开展的德育先进工作者评选中，少先队辅导员占一定的比例；少先队单独开展的各类交流展示活动，也由团、教两家共同发文。团委、教育部门还联合督导部门，开展少先队专项督导工作，以自查自评、实地督查的方式，对中小学少先队工作进行专项督导，有力地推动了学校少先队工作的整体发展。

从上述几点看，在秉承"四同"工作理念的基础上，教育部门参与少先队工作的领导是完全必要的。

二、加强团教协作，构建支持少先队工作体制机制新格局

第九次全国少代会对新时代少年儿童和少先队工作提出了新要求，各级教育部门要以高度的思想自觉和行动自觉，推动为党育人事业实现新发展。

一是在全局中要有"新部署"。少先队是党领导下的少年儿童群团组织，是基础教育的重要支持力量。少先队教育是基础教育的战略配合者，有共同的育人对象、目标和任务，也有各自的育人特点、职能和优势。教育系统要切实将少先队工作摆在重要位置，做到"三个优先"：将少先队工作纳入基础教育发展予以优先安排，将少先队改革纳入基础教育综合改革予以优先支持，将少先队项目纳入基础教育重大项目予以优先保障，实现少先队工作与基础教育同部署、同推动、同落实。

二是在党建工作中要有"新要求"。从政治启蒙的角度来看，少先队是党、团、队三级组织中最基础的一级，要坚持党的领导，将少先队工作纳入学校党建工作总体规划，不断强化党建带团建、队建，把党的要求落实到少先队工作的各方面、全过程，做到"三个强化"：强化党的领导，加强学校党组织对少先队工作的领导和重视，由党组织书记或党员校长担任少

工委主任，成就幸福校园；强化党团队一体化建设，完善党建带团建、队建工作机制，学校党组织每学期要专题研究少先队工作不少于 2 次；强化规范化建设，要将少先队工作纳入党建工作规范化建设指标，在党建考核中作为单列内容，分值不少于 10%。

三是在学校德育体系中要有"新作为"。 少先队是少年儿童"政治生涯"的第一站，对于培养少年儿童朴素的政治情感具有重要作用。少先队工作是学校思政工作的重要内容，要将其全面纳入思政工作体系，构建齐抓共管机制，做到"三个强调"：强调政治引领，依托丰富的红色资源，巩固少先队九年仪式教育体系，以鲜明的政治导向引导队员，培养对党的政治认同和情感认同，提升少先队员在少先队组织中学习成长的幸福感；强调榜样教育，聘请各条战线的先进人物、优秀公益组织等，利用每周一课时少先队活动、"双减"后 330 红领巾小社团等形式走进校园，鼓励少先队员从小学先锋、长大做先锋；强调纳入考评，把教育教学育人成果与少先队阶梯式成长激励体系充分结合。要坚持小学"争章推优入队"制度，强化中学"争章推优、初高中衔接"制度，将"红领巾奖章""15 分钟少先队幸福圈"参与情况、公益志愿、社团活动、成果交流展示等学生在少先队组织中的表现纳入学生综合素质评价体系。

三、密切团教协作，推动新征程少先队事业实现高质量发展

教育部门、中小学校要从完善制度机制入手，选优配齐工作队伍，强化各方面条件保障，同心协力推动新征程少先队事业实现新发展。

一是工作机制要更完善。 要压实主体责任，把少先队各项举措落实到位，做到"三个加强"：加强领导，学校少工委是少工委体系的基层细胞和神经末梢，要在中小学全面建立学校少工委，明确工作职责，加强对少先队工作的领导和支持。加强协作，深化团教协作机制，各级教育部门负责同志担任同级少工委主任，会同团委少工委主任一起，每半年（学期）至少专题研究 1 次少先队工作；在重要政策和工作部署出台前，应充分互通情况、认真听取意见。加强督导，建立健全学校少先队督导评价考核机制；

要由市、区少先队总辅导员或少先队教研员担任同级政府督学，将少先队工作纳入学校发展性综合督导评价内容，细化各级教育督导清单中的少先队工作指标，发挥评价导向作用。

二是队伍建设要更优化。 少先队辅导员是党的少年儿童思想政治工作者，是少年儿童亲密的朋友和指导者，也是中小学思政教师队伍的重要组成部分。充分发挥辅导员的积极性、主动性、创造性，是少先队事业发展的坚强保证，要做到"三个重视"：重视选拔，突出政治标准，选拔中青年教师中的优秀党员、入党积极分子担任辅导员，积极聘请各条战线的先进人物担任少先队校外辅导员，机制化组织"五老"（老干部、老战士、老专家、老教师、老模范）参与少先队校外辅导员工作，建立起一支理想信念坚定、热爱少年儿童、工作能力突出的辅导员队伍。重视激励，要将大、中队辅导员年度考核纳入学校教师年度考核，突出少先队辅导员工作特点和业绩，完善少先队辅导员职称评聘标准和办法，支持符合条件的少先队辅导员参与辅导员带头人、特级教师、正高级教师评审，并作为各级少先队总辅导员、少先队教研员人选；将全国少先队名师工作室、上海市少先队辅导员带头人工作室纳入教育部门学科名师工作室建设范畴。重视培养，以实施"少先队幸福教育"为抓手，加强少先队辅导员教育培训规划，健全市、区、校三级培训体系，实现全市大、中队辅导员每年至少参加1次轮训；在各级教师继续教育选课平台中设立少先队课程；支持和鼓励高等院校、各级团校加快完善人才培养和课程教材体系，开展少先队工作者和辅导员人才培养，成就少先队辅导员的幸福人生。

三是条件保障要更有力。 要支持少先队开展校内外实践活动，做到"三个要"：资源投入要倾斜，结合标准化学校建设、改造和大修，完善少先队阵地、中小学少先队队室、红领巾广播站（红领巾电视台）、鼓号队等的建设，并将其纳入学校少先队标准化建设，改善少先队工作基础条件，保障少先队活动开展；课时安排要保障，要加强少先队活动课程建设，少先队活动每周不少于1课时，积极探索多样化的少先队活动模式，切实提升活动的吸引力、感染力；校园环境要温馨，要采取有力措施保障校园安

全，高度关注留守儿童、残障儿童、心理问题儿童等特殊群体，为广大少年儿童提供安全、健康、和谐、幸福的成长环境。

四、完善团教协作，在新时代学校思政教育中发挥独特作用

各级少工委要发挥少先队组织教育、自主教育、实践教育特点，注重思想政治引领，不断自我优化提升、创新模式，引导队员热爱党，热爱祖国，热爱人民，努力成长为能够担当民族复兴大任的时代新人。

一是要优化组织教育，体现政治性，做到"三个突出"：突出政治启蒙，定期开展少代会以及大、中、小队会等少先队组织生活。教育引导广大少先队员牢记习近平总书记的教导，按总书记的要求做，进一步开展好党史学习教育，从小培养少先队员对党和祖国的深厚情感，确保红色基因代代相传。突出德育为先，持续深化用习近平新时代中国特色社会主义思想铸魂育人，将培育和践行社会主义核心价值观贯穿到少先队教育之中，帮助少先队员明德修身，养成好思想、好品德，真正扣好人生第一粒扣子。突出形式创新，充分结合一大会址、渔阳里团中央机关旧址等上海众多的红色文化场馆，整合社会方方面面的专业力量，大力开拓新媒体阵地，推出符合时代主旋律的动漫、音乐、游戏、视频等作品，努力用优秀、正面的红色文化产品感染少年儿童。

二是要优化自主教育，体现儿童性，做到"三个遵循"：遵循年龄特征，少先队工作的对象主体是少年儿童，有其自身成长发展的阶段性特征。随着时代的快速发展，少年儿童每天都在发生新的变化，需求也变得越来越多样。我们要摒弃单纯说教的形式，以更大的勇气、更大的魄力创新教育模式。遵循认知特点，用少年儿童易于理解的语言做好儿童化解读，用信念、情感、事实、学理去感染和打动少年儿童，不断增强少先队员的认同感、光荣感、幸福感。遵循成长规律，现在的独生子女一代，自主意识、自我意识强，针对这一特点，我们可以将共情教育引入少先队活动内容，发挥朋辈教育的优势，形成良好的教育环境。在日常的少先队活动中，我们要多给少年儿童丰富的想象空间，给予他们自己做决定、自主选择的机

会，引导他们自我学习、自我教育，构建起少先队实践育人的有效机制。

三是要优化实践教育，体现体验性，做到"三个注重"：注重课内外衔接，要做好校内外衔接，建立和完善"学校、社区双报到"制度，支持少先队员以社区小队、假日小队、志愿服务小队等多种形式，常态化开展活动。社会是大课堂，实践是好老师，要引导少先队员从课上走到课下，从校内走向校外，从灯光下到阳光下，综合用好学校"小课堂"和社会"大课堂"。注重沉浸式体验，要进一步活跃"少年科学院"等少先队科创活动，增强普及性，深入开展以各类劳动等为主题的夏、冬令营，市、区少先队组织每年至少举办1次少先队夏、冬令营活动。真正从浅表层面的"走马观花"转变为既符合成长特点又符合认知特点的"下马探花"，让少年儿童从思想认知到亲身体验，将实践体验逐步内化为行为习惯和道德自觉，实现学思结合、知行合一。注重多渠道阵地，不断拓展实践活动项目和载体，广泛动员和整合各方面社会资源、场所、力量为少先队提供支持，围绕"15分钟社区生活圈"规划，打造"15分钟少先队幸福圈"，形成"少先队实践教育地图"，让少先队员就近就便参与校外实践活动，发挥好少先队实践活动的育人作用，帮助少年儿童开拓视野、接受熏陶、强健体魄、增长才干，成就少先队员的幸福童年。

第四节　充满使命感的工作报告

共青团中央书记处书记、全国少工委常务副主任王艺作的第九次全国少代会报告，开宗明义点出了大会的主题：坚持以习近平新时代中国特色社会主义思想为指导，全面深入贯彻党的二十大和二十届二中、三中全会精神，深入贯彻习近平总书记关于少年儿童和少先队工作的重要论述、关于教育的重要论述，牢记领袖嘱托、践行育人使命，传承红色基因、赓续中华文脉，坚持守正创新、促进全面发展，团结教育引领广大少先队员听党话、跟党走，为以中国式现代化全面推进强国建设、民族复兴伟业时刻准备着。

一、报告的主要内容

习近平总书记关于少年儿童和少先队工作的重要论述是贯穿工作报告的一条主线。

报告正文共分三个部分。

第一部分"新征程上改革奋进的中国少先队"，重点反映在以习近平同志为核心的党中央的关心关怀下，广大少年儿童昂扬向上的精神风貌和少先队事业的新发展。

报告指出，过去五年，亿万少先队员牢记习近平总书记的教导，爱党爱国爱领袖的情感更加深厚，传承薪火学先锋的信念更加坚定，实践体验练本领的行动更加自觉。报告指出，少先队深入贯彻落实《中共中央关于全面加强新时代少先队工作的意见》，党的领导全面加强，工作基础不断巩固，工作队伍持续建强，工作环境明显优化。报告强调，少先队工作取得的成绩、少先队事业的发展，根本在于习近平总书记领航掌舵，在于习近平新时代中国特色社会主义思想的科学指引。

第二部分"沿着领袖指引的方向奋勇前进"，重点对习近平总书记关于少年儿童和少先队工作的重要论述进行阐述。

报告指出，党的十八大以来，习近平总书记站在确保党的事业后继有人、红色江山永不变色、中华民族永续发展的战略高度，对少年儿童和少先队工作作出一系列重要论述，深刻回答了新时代培养什么样的少年儿童、怎样培养少年儿童，建设什么样的少先队、怎样建设少先队等一系列重大问题，极大地深化了我们党对中国少年儿童运动和少先队事业发展的规律性认识。学习贯彻这一重要论述，在推进新时代少先队工作发展的生动实践中，积累了宝贵经验：我们必须始终把牢政治方向、必须始终践行初心使命、必须始终尊重儿童特点、必须始终发挥实践优势、必须始终坚持守正创新。

第三部分"全面开创新时代新征程少先队工作新格局"，提出今后五年少先队工作的总体思路和主要安排。

报告指出，少先队要着力构建和完善少先队政治引领体系、实践育人体系、队伍建设体系、工作支撑体系、责任落实体系，全面开创新时代新征程少先队工作新格局，努力建设担当民族复兴大任的预备队、传承红色基因的大学校、促进儿童全面发展的实践营。

二、未来五年的工作任务

报告强调，要重点推动实施新征程少先队"播种""壮苗""护航""强师""筑基""聚力"等六大工程，全面开创新时代新征程少先队工作新格局。

1. 新征程少先队"播种"工程

深植热爱领袖的种子。坚持用"童言童语"传播党的创新理论，深化"总书记教导记心中"教育实践，讲好习近平总书记的希望要求。深植红色基因的种子。推动"红领巾爱学习"品牌提质增效，建好用好"红领巾巡讲团"，充分发挥少先队在大中小学思想政治教育一体化建设中的独特作用。深植中华文化的种子。建设"跟着习爷爷学在博物馆（纪念馆）"等

系列队课，持续开展"红领巾讲解员"实践体验。

2. 新征程少先队"壮苗"工程

实施"红领巾爱阅读"计划，通过荐读、导读、领读、共读、研读等形式，引导少先队员从小养成爱读书、读好书的习惯，把读万卷书和行万里路结合起来。实施"红领巾爱科学"计划，开展科学普及、组织科学实践、弘扬科学家精神，激发少先队员崇尚科学、探索未知的兴趣，树立科技强国志向。实施"红领巾爱国防"计划，加强国家安全教育、国防教育，组织少先队员参加国防体验、感受国防成就、热爱人民军队。实施"红领巾爱运动"计划，在校内外广泛开展普及性体育运动，增强参与性、游戏性、互动性，让少先队员在游戏中释放天性、在运动中强健体魄，长得壮壮的、练得棒棒的。实施"红领巾爱艺术"计划，坚持组织化社会化相结合，广泛开展音乐、美术、书法、舞蹈、戏剧等健康向上的艺术实践活动，提高少先队员的审美和人文素养。实施"红领巾爱劳动"计划，引导少先队员分担家务劳动、参与集体劳动、开展创造性劳动，在手脑并用中养成劳动习惯、培育劳动精神。

3. 新征程少先队"护航"工程

注重政策倡导。结合编制新一轮国家中长期青年发展规划，用好各级两会等制度化渠道，推动出台更多促进少年儿童发展的普惠性政策。深化助学育人。注重加强对留守儿童、困境儿童、流动儿童的关爱帮扶，帮助更多孩子实现从"有学上"到"上好学"的转变。做优服务项目。用好党赋予的资源和渠道为孩子做实事、办好事，助力"双减"，丰富课后和假期服务内容，广泛开展爱心托管，夏、冬令营等公益性服务。加强依法保护。织密政策法规守护网，加强心理健康服务和心理危机干预，用心用情用力守护好少年儿童。

4. 新征程少先队"强师"工程

强化政治标准。大力推动优秀教师担任少先队辅导员，持续提升辅导员中的党员比例。强化理论武装。坚持用习近平新时代中国特色社会主义思想凝心铸魂，学深悟透习近平总书记关于少年儿童和少先队工作的重要论述。强化基本培训。制定辅导员教育培训规划，建设标准化课程，健全分级、分类、分层培训体系，抓好新任职培训和业务骨干培训，加强网络培训。强化评价激励。着力培养新时代理论素养扎实、实践经验丰富的"双师型"少先队工作名师，开展优秀少先队辅导员评选表彰，大力弘扬教育家精神。强化管理监督。落实全面从严管团治团、从严带队要求，制定少先队辅导员和少先队工作者队伍管理制度。

5. 新征程少先队"筑基"工程

夯实责任基础。建强学校少工委，结合中小学校党组织领导的校长负责制，制定学校少工委主任履职责任清单，探索建立述职评议制度。夯实组织基础。实施基层组织规范化建设行动，强化队室、鼓号队等少先队基本阵地的支持保障。开展新时代英雄中队建设等活动。夯实制度基础。完善红领巾等少先队标志使用管理和保护的法律法规，加强对违法违规行为的处理惩戒，防范化解风险，维护组织尊严。夯实活动基础。规范庄重开展仪式教育，提升"红领巾奖章"争章活动质效，加强新时代少先队组织文化塑造，推动落实好每周1课时少先队活动课，强化配套资源供给。夯实研究基础。深化少先队历史、理论、方法研究，推进少先队学科建设和人才培养改革，强化课题项目牵引和成果转化，加强少先队工作学会建设。

6. 新征程少先队"聚力"工程

提升宣传影响力。注重通过主流媒体放大声量，建好用好融媒体传播矩阵，打造网上育人"红色空间"，实施优质少年儿童文化产品制作推广计划。提升科技推动力。将有意义的工作和有意思的形式紧密结合起来，以赋能基层为导向适配数字化资源，探索少先队教育、培训、管理、实践、研究等智能化场景应用。提升社会协同力。共同推进家校社协同育人"教联体"建设，拓展实践育人基地，创新开展社区少先队工作，促进校内外少先队组织联通、资源互通、服务贯通。

三、新征程少先队幸福教育新使命

新时代开启新征程，新使命召唤新作为，新时代是召唤我们逐梦未来

的光荣时代。未来五年，上海少先队要深入贯彻落实习近平总书记重要贺信和党中央致词精神、习近平总书记考察上海重要讲话精神，全面贯彻落实第九次全国少代会工作报告要求，不断深化少先队幸福教育理念，谱写少先队事业新篇章。

1. 用好实践主渠道，成就幸福童年

当代中国的少年儿童是幸福的一代，也是肩负重任的一代，中华民族伟大复兴的中国梦将来要在他们手中实现。从"仰视世界"到"平视世界"，今日之中国更加自立、自强。少年儿童生活在环境更加稳定、物质日益富足、信息资讯空前丰富与便捷的时代，更有底气、有条件发展个性、展现自信。

我们要坚持以儿童为本，让少先队员更喜欢少先队。积极响应党中央"双减"重大战略部署，着力扩大少先队活动覆盖面，为每一名少先队员参加队的活动创造条件，提升少先队员在队组织中的参与度和获得感；擦亮以红领巾心向党、红领巾讲解员、红领巾"小五年规划"和少年军校、少年警校、少年科学院为主体的"三红三少"项目品牌，丰富拓展少先队实践活动体系；全面推进网上少先队建设，推出更多优质文化产品，满足少年儿童精神成长需求；坚持线上线下一体联动，将少先队员在学习生活中参加队组织生活、少先队实践活动，与在网络空间中展示成果、自主表达有机结合；加强与世界各国儿童组织的友好交流，培养具有国际视野和文化自信的新时代好队员。

2. 培养育人主力军，成就幸福人生

在为党育人、为国育才的新征程上，培养红领巾引路人的工作从未止歇。少先队辅导员是少先队员亲密的朋友和指导者，是少年儿童健康成长的引路人，是中小学校思政课教师队伍的重要组成部分，是做好少先队工作的关键力量。2024 年 8 月，《中共中央　国务院关于弘扬教育家精神加强新时代高素质专业化教师队伍建设的意见》发布，要求做好在少先队辅导员中发展党员的工作。我们要积极响应党中央"强化少先队辅导员队伍建设"的要求，加强与教育部门、人社部门的沟通协作，在少先队辅导员队伍建设的赛道上接力奔跑。

我们要坚持培养为基，让少先队辅导员更热爱少先队事业。加强全国首家少先队辅导员培训学院和各区分院建设，建立"四季培训"模式，努力引导少先队辅导员锤炼过硬政治素质和履职能力，不断优化少先队辅导员队伍结构；建好"红领巾巡讲团"，带领队员用"小眼睛"关注"大社会"、用"小故事"诠释"大主题"、用"小切口"反映"大时代"、用"小建言"影响"大决策"、用"小行动"助力"大发展"，从身边的"小道理"感悟国家治理的"大道理"，引领辅导员俯下身倾听队员心声，用心用情促进队员幸福成长；广泛开展少先队辅导员"幸福人生"风采交流展示活动，培养更多少先队专业研究生，巩固少先队辅导员职称评聘机制，让辅导员安心、专心、开心履职。

3. 夯实学校主阵地，成就幸福校园

学校具有集中式、系统化、持续性育人的独特优势。小学甚至幼儿园，会在人的一生中发挥重要作用。这个阶段的孩子们正处于人生大厦的奠基阶段，如何帮助他们筑牢地基？学校教育要把立德树人作为根本任务，引导孩子们立少年之志、筑信仰之基，做爱党爱国的好少年。德智体美劳全面发展，字字千金。学校教育要以德育铸魂、以智育启思、以体育强身、以美育润心、以劳动教育促进知行合一，实施好学生体质强健计划、学生心理健康促进行动、劳动养成计划等，让孩子们脚下有劲、身上有汗、眼里有光。要把创新教育贯穿少年儿童成长全过程，鼓励孩子们敢于奇思妙想、善于付诸实践，以创新之教育培养创新之人才，以创新之人才造就创新之国家。公平公正对待每一个孩子，善于发现每一个孩子的闪光点和特长，相信每一个孩子都是可塑之才，都能在未来闪闪发光。

我们要坚持立德为先，让校长更重视少先队。巩固上海少先队九年仪式教育系列教育，完善和细化阶梯式成长激励体系，着力增强少先队员光荣感和幸福感；开展好每周一课时少先队活动，推动党、团、队育人链条相衔接、相贯通；开发全天候学校政治引领活动课程，充分利用朝气蓬勃的早晨、轻松愉快的午间、自主多彩的课后，引导少先队员从灯光下到阳

光下，给头脑充充电，给身体加加油，不当"小眼镜"、不做"小胖墩"、不成"小豆芽"；建好用好队室、队角、红领巾广播站、少先队鼓号队等少先队阵地，加强标志礼仪规范建设。

4. 活跃社区主平台，成就幸福社会

社会是大课堂，是少年儿童成长的土壤。社会教育是育人全链条的重要一环，全社会都有责任参与到培育未来、创造未来的工作中，为孩子们的身心发展营造良好环境。中华文化源远流长，是中华民族最深厚、最宝贵的精神财富。要加强中华优秀传统文化宣传教育，有效开发配置好图书馆、博物馆等文化资源，让"国风""国潮"浸润广大少年儿童，使他们从小懂得"何以中国"，让中华文脉融入精神血脉，增强做中国人的志气、骨气、底气。精神文化产品的质量关系着孩子们的"精神空间"和"心理空间"的构造，对孩子们的成长影响深远。我们要提供更多符合少年儿童身心发展规律、适应新媒介传播形式、有引领力和吸引力的书刊、音乐、影视、文化活动等，更好地以文化人、以文育人。少年儿童身处数字化、网络化、智能化深入发展的时代，我们需要帮助和引导他们更好地辨识网络上的各种圈层、潮流现象，抵御不良信息和非法侵害，提升他们的数字素养。政府、企业、社会组织等各方要协同发力，既要防止和打击损害少年儿童权益、破坏少年儿童身心健康的网络言行，又要加大少年儿童喜闻乐见的数字产品供给，营造清朗的网络空间。要撑起健康守护伞，持续完善少年儿童心理健康服务体系和危机干预机制，加强心理咨询、教育、治疗等服务，呵护孩子们的幼小心灵。

要发挥家庭在社区教育中的作用。现代教育体系是学校教育、家庭教育、社会教育和团队组织教育四位一体的系统工程，父母是孩子人生路上的第一任老师，少年儿童情绪情感、道德品质在很大程度会受到家庭环境的影响。家庭教育满足了亲子关系的双向需求，面对新时代、新少年，许多家长对正确的家庭教育观念、科学的家庭教育方法、和谐的亲子家庭关系的需求比以往来得更加迫切。家庭教育要体现"双主体"，既要充分尊重少年儿童的主体意愿，也要关注家长的知情权、关注点与参与程度。要进

一步加强探索，充分运用新媒体、家校互动等"键对键、面对面"的方式，借助家庭教育的渠道发挥影响力，进一步扩大少先队工作的有效覆盖面。

我们要坚持共育为要，让家长更支持少先队。着力提升少先队在社区、园区、街区中的组织覆盖，广泛建立楼组混龄小队，聘请家长担任校外辅导员，让组织跟着队员走；将"15分钟社区少先队幸福圈"纳入儿童友好城市建设评价指标，"一手抓校内、一手抓校外"，持续扩大影响力；巩固校外青少年场所、居民区少工委建设，发挥好党群服务中心、青年中心、新时代文明实践中心、爱国主义教育基地、文博场馆等校外阵地作用，深入推进少先队工作社会化发展；弘扬中华优秀传统文化，积极引导少年儿童传承好家风、过好传统节；深耕"雏鹰杯"校外实践活动品牌，搭建少年儿童展示才华的舞台。

鲜艳的红领巾连接着历史与今天，承载着光荣与梦想。办好少先队这所少年儿童健康成长的大学校，我们要带领广大少年儿童接好历史接力棒、跑好历史接力赛，做新征程路上幸福的红孩子、好孩子、棒孩子。

第五节　充满光荣感的队章修改

第九次全国少代会审议并一致通过了第八届全国工作委员会提出的《中国少年先锋队章程（修正案）》，决定这一修正案自通过之日起生效。

一、队章修改的最大成果

大会认为，"两个确立"是新时代最大政治成果、最重要历史经验、最客观实践结论，是包括党的少年儿童事业在内的各项事业取得历史性成就、发生历史性变革的决定性因素。大会决定，将深刻领悟"两个确立"的决定性意义，增强"四个意识"、坚定"四个自信"、做到"两个维护"写入队章。

第九次全国少代会认为，习近平总书记关于少年儿童和少先队工作的重要论述为做好新时代少先队工作指明了前进方向、提供了根本遵循。着眼深入贯彻习近平总书记的重要希望要求，大会决定，在队章中增写实现德智体美劳全面发展，增写立志为以中国式现代化全面推进强国建设、民族复兴伟业贡献力量等内容。这有利于强化少先队为党育人的职责使命，有利于围绕新时代新征程党的中心任务更好地发挥少先队作用。

二、队章修改的原则

第九次全国少代会队章修改工作突出政治性修改，遵循以下原则：

一是全面贯彻习近平新时代中国特色社会主义思想，把习近平总书记关于少年儿童和少先队工作的重要论述、关于教育的重要论述落实到队章修改工作的全过程和各方面；

二是对标党章、团章修改标准，将党章、团章修改的重大成果、重要要求准确体现在队章修改中；

三是聚焦主责主业，坚持守正创新，重点反映新时代党领导少先队和全队工作实践中的普遍性成熟经验；

四是注重积极稳妥，保持总体稳定。

三、队章修改的必要性

1. 队章是立队之本

队章明确指出了少先队是党创立的，委托共青团领导的，明确了少先队组织一套独特的象征和标志：红领巾、队旗、队歌、队徽。少先队的队名意味着队员要"从小学先锋，长大当先锋"，做好少先队组织的主人，等等。

队章是队的总章程，是队建的依据和准则，集中体现了中国特色社会主义群团发展要求，对规定队的基本制度、明确队的属性、推进队的工作、加强队的建设具有重要的宣示、规范和引领作用。在习近平新时代中国特色社会主义思想指引下，少先队贯彻落实习近平总书记关于少年儿童和少先队工作的重要论述，切实开展少先队的组织教育、自主教育和实践教育，少先队的工作和改革取得了新进展。与时俱进地对《队章》进行修改，有利于队章更好地指导队的工作实践和建设发展。

2. 队章是强队之要

学习队章可以进一步增强少先队员对高举队旗跟党走的认同感、荣誉感和责任感，增强党团队组织意识相衔接、相贯通，从而使他们的归属感和幸福感得到提升，这是非常重要的方法和途径。

党的十八大以来，习近平总书记高度重视少先队和少年儿童工作，历年来对少年儿童和少先队工作提出了很多希望要求，中共中央文献研究室专门编撰《习近平关于青少年和共青团工作论述摘编》。党的希望要求是少先队开展队的工作、搞好队的建设的根本遵循，中国少年先锋队作为中国共产党领导下的、中国共青团直接带领下的少年儿童群团组织，对现行队章做出修改是党、团、队组织链条继承发展的必然，也是少先队对党的希望要求做出的积极回应。

3. 队章是兴队之望

当前，我们都在学习二十届三中全会精神，深化少先队领域的各项改革，很重要的一点就是强调要用制度、规章来管理、运行、凝聚、影响少年儿童的各项工作。从这个意义上来说，队章的修改也符合国家治理能力的现代化，促进了少先队现代化管理能力的提升，修改队章是推进组织现代化发展的现实需要。

现行队章颁布以来，国情、社情、校情、队情发生了很大的变化，新时代少先队面临很多挑战，同时少年儿童的生理、心理发展也呈现很多新的特征，少先队的工作内容、工作方式需要创新。随着《中国少年先锋队组织工作办法（试行）》《少先队标志标识礼仪规范》《关于构建阶梯式成长激励体系　增强少先队员光荣感的指导意见》等一系列制度性文件的制定出台，有必要在对队章的修改中进行对应，以体现制度的统一性、完整性、严密性，更有利于推进少先队组织治理能力和治理体系发展的现代化。

四、队章修改的主要内容

第九次全国少代会认为，对标党章、团章修改和党的要求，深入贯彻《中共中央关于全面加强新时代少先队工作的意见》，总结吸收少先队建设和改革中的成熟实践经验，对部分条文进行修改很有必要。

主要涉及三个方面的内容：

一是铸牢政治忠诚。"两个确立"是新时代最大政治成果、最重要历史经验、最客观实践结论，是包括党的少年儿童事业在内的各项事业取得历史性成就、发生历史性变革的决定性因素。大会决定，将深刻领悟"两个确立"的决定性意义，增强"四个意识"、坚定"四个自信"、做到"两个维护"写入队章。这是队章最重大的一处修改，是大会的重要政治成果。

二是贯彻习近平总书记的希望要求。增写实现德智体美劳全面发展，增写立志为以中国式现代化全面推进强国建设、民族复兴伟业贡献力量等内容。

三是结合工作实践发展修改部分条文。统一全国和地方各级少工委任期，增写少工委建设、学校少工委领导责任等内容；明确少先队的象征和标志，增写规范使用管理和保护有关内容；增写建设高素质专业化少先队辅导员和少先队工作者队伍有关内容；对少先队组织建设、少先队活动等内容作出修改和完善。

修改后的队章共十五条，保持了队章基本内容的连续性、稳定性、严肃性。

第九次全国少代会强调，要深入学习贯彻习近平总书记关于少年儿童和少先队工作的重要论述、重要贺信和党中央致词精神，落实到新时代新征程少先队工作全过程各方面。要在学深悟透上下功夫，旗帜鲜明讲政治，把握正确政治方向，深刻领悟"两个确立"的决定性意义，坚决做到"两个维护"。要在坚定初心使命上下功夫，坚持党的全面领导，始终高举队旗跟党走。要在躬身笃行上下功夫，铸牢忠诚强素质，守正创新谋改革，加强协同促发展。要在夯实全团带队责任上下功夫，深化团教协作，加强全国少工委建设，更好地肩负起推动少先队事业高质量发展的光荣使命。

第九次全国少代会认为，在以习近平同志为核心的党中央高度重视、亲切关怀下，在习近平新时代中国特色社会主义思想指引下，少先队深入学习贯彻习近平总书记关于少年儿童和少先队工作的重要论述，聚焦培养共产主义接班人，聚焦传承红色基因，聚焦政治启蒙和价值观塑造，把握增强少先队员光荣感工作主线，坚持组织教育、自主教育、实践教育相统一，不断推进少先队组织创新和工作创新，各项工作取得新进展、新成绩。与时俱进对队章进行必要修改，有利于更好地指导新时代新征程少先队建设和工作。

第九次全国少代会认为，党的十八大以来，习近平总书记高度重视、亲切关怀少年儿童和少先队工作，多次参加少先队活动，走进中小学校，给少年儿童回信、寄语，亲自审定少先队改革方案，指导制定党的历史上第一个以党中央名义发布的少先队工作文件。"两个确立"是新时代最大政治成果、最重要历史经验、最客观实践结论，是包括党的少年儿童事业在内的各项事业取得历史性成就、发生历史性变革的决定性因素。大会决定，

将深刻领悟"两个确立"的决定性意义，增强"四个意识"、坚定"四个自信"、做到"两个维护"写入队章。

第九次全国少代会认为，习近平总书记关于少年儿童和少先队工作的重要论述为做好新时代少先队工作指明了前进方向、提供了根本遵循。着眼深入贯彻习近平总书记的重要希望要求，大会决定，在队章中增写实现德智体美劳全面发展，增写立志为以中国式现代化全面推进强国建设、民族复兴伟业贡献力量等内容。这有利于强化少先队为党育人的职责使命，有利于围绕新时代新征程党的中心任务更好地发挥少先队作用。

第九次全国少代会认为，对标党章、团章修改和党的要求，深入贯彻《中共中央关于全面加强新时代少先队工作的意见》，总结吸收少先队建设和改革中的成熟实践经验，对部分条文进行修改很有必要。主要包括：统一全国和地方各级少工委任期，增写少工委建设、学校少工委领导责任等内容；明确少先队的象征和标志，增写规范使用管理和保护有关内容；增写建设高素质专业化少先队辅导员和少先队工作者队伍有关内容；对少先队组织建设、少先队活动等内容作出修改和完善。这有利于少先队更好地坚持党的全面领导，进一步加强少先队规范化建设。

第九次全国少代会要求，各级少先队组织和广大少先队辅导员、少先队工作者要更加紧密地团结在以习近平同志为核心的党中央周围，深刻领悟"两个确立"的决定性意义，坚决做到"两个维护"，深入学习贯彻习近平总书记关于少年儿童和少先队工作的重要论述，更加自觉地学习队章、遵守队章、贯彻队章、维护队章，团结教育引领亿万少先队员为强国建设、民族复兴伟业时刻准备着。

少年儿童如初升的太阳，光芒万丈。汇聚全党全社会的强大合力，让新版队章发出灿灿光芒，照亮强国建设、民族复兴的幸福未来。

附：

中国少年先锋队章程

（中国少年先锋队第九次全国代表大会部分修改，
2025 年 5 月 28 日通过）

一、我们的队名：中国少年先锋队。

二、我们队的创立者和领导者：中国共产党。

党委托中国共产主义青年团直接领导我们队。

三、我们队的性质：是中国少年儿童的群团组织，是少年儿童学习中国特色社会主义和共产主义的学校，是建设社会主义和共产主义的预备队。

我们队以马克思列宁主义、毛泽东思想、邓小平理论、"三个代表"重要思想、科学发展观、习近平新时代中国特色社会主义思想为行动指南。要深刻领悟"两个确立"的决定性意义，增强"四个意识"、坚定"四个自信"、做到"两个维护"。

四、我们队的目的：团结教育引领少年儿童，听党的话、跟党走，爱祖国、爱人民、爱劳动、爱科学、爱社会主义，学习和实践社会主义核心价值观，树立远大理想，培养优良品德，勤奋学习知识，锻炼强健体魄，培养劳动精神，实现德智体美劳全面发展，从小学先锋、长大做先锋，立志为以中国式现代化全面推进强国建设、民族复兴伟业贡献力量，做共产主义事业的接班人。

维护少年儿童的正当权益。

五、我们队的象征和标志：

红领巾：它代表红旗的一角，是革命先烈的鲜血染成。每个队员都应该佩戴它和爱护它，为它增添新的荣誉。

队旗：五角星加火炬的红旗是我们的队旗。五角星代表中国共产党的

领导，火炬象征光明，红旗象征革命胜利。

队歌：《我们是共产主义接班人》。

队徽：五角星加火炬和写有"中国少先队"的红色绶带组成我们的队徽。

要维护红领巾、队旗、队歌、队徽的尊严，按照规定制作和使用。

六、我们的队礼：右手五指并拢，高举头上。它表示人民的利益高于一切。

七、我们的呼号："准备着：为共产主义事业而奋斗！"回答："时刻准备着！"

八、我们的作风：诚实、勇敢、活泼、团结。

九、我们的队员：凡是6周岁到14周岁的少年儿童，愿意参加少先队，愿意遵守队章，向所在学校少先队组织提出申请，达到入队要求后，经批准，就成为队员。

队员入队前要为人民做一件好事。要举行入队仪式。

队员是少先队组织的主人，在队里都有选举权和被选举权，可以对队的工作和队的活动提出意见和要求。

每个队员都要遵守纪律，服从队的决议，积极参加队的活动，做好队交给的工作，热心为大家服务。

优秀的少先队员可以由队组织推荐作为共青团的发展对象。

队员由一个大队转到另一个大队，要办理转接手续。

超过14周岁的队员应该离队。要举行离队仪式。

十、我们的入队誓词：我是中国少年先锋队队员。我在队旗下宣誓：我热爱中国共产党，热爱祖国，热爱人民，好好学习，好好锻炼，准备着：为共产主义事业贡献力量！

十一、我们的组织：在学校和社区、青少年宫等基层单位，有队员3人以上的，根据人数建立小队、中队、大队。

中队由两个以上的小队组成，成立中队委员会。

大队由两个以上的中队组成，成立大队委员会。

小队长和中队、大队委员会都由队员选举产生、定期轮换。

大队和中队委员会可以根据工作需要，设队长、副队长、旗手和若干委员服务岗位。委员要做好表率、团结队员、积极奉献。

十二、我们的活动：举行队会、队课、队日，组织参观、访问、研学、故事会，开展文化科学、娱乐游戏、军事体育等各种有意义有趣味的活动，以及参加力所能及的志愿服务、公益劳动和社会实践。

十三、我们队的奖励和批评：队员和队的组织做出优异成绩的，由队的组织或报共青团组织给以表扬和奖励。队员犯了错误的，队组织要进行耐心帮助、批评教育，帮助改正。

十四、我们的辅导员：由共青团选派优秀团员或聘请政治素质过硬、思想进步、作风正派、知识丰富、热爱少年儿童的教师以及各条战线的先进人物来担任。他们是党的少年儿童思想政治工作者，是少先队员亲密的朋友和指导者，帮助中队或大队委员会进行工作，组织活动。

要把政治标准放在第一位，建设高素质专业化少先队辅导员和少先队工作者队伍，加强选拔培养、教育培训、管理监督，对有显著成绩的应当给予表扬和奖励。

十五、我们队的领导机构：全国、地方各级少先队工作委员会，是全国、地方少先队经常性工作的领导机构，由同级少先队代表大会选举产生。全国、地方各级代表大会原则上每五年召开一次。

全国、地方各级少先队工作委员会按规定聘任名誉主任，选举主任、副主任。

中小学校应当建立少先队工作委员会，履行领导学校少先队工作的责任。

后 记

继《少先队管理学》《国际视野下童军组织比较研究》之后，在我从事少先队工作四十年之际，我的幸福人生三部曲收官之作《少先队幸福教育》正式出版了。

从最基层的中队辅导员、大队辅导员干起，到共青团普陀区委少年部长，共青团上海市委少年部长、上海市少先队总辅导员，四十年来，我一直在探究少先队幸福教育的内在规律，《少先队幸福教育》可以说是我四十年来在传承与发展前辈教育理念的基础上，结合自身实际，从事少先队工作实践、思考的成果。

我从 20 世纪 40 年代地下少先队辅导员段镇老师的主体教育理念中学习到了少先队幸福教育的立场；从 50 年代全国优秀辅导员刘元璋老师的集体教育理念中学习到了少先队幸福教育的途径；从 60 年代全国优秀辅导员倪谷音老师的愉快教育理念中学习到了少先队幸福教育的精髓；从 70 年代全国优秀辅导员沈功玲老师的自动教育理念中学习到了少先队幸福教育的活力；从 80 年代全国优秀辅导员洪雨露老师的兴趣教育理念中学习到了少先队幸福教育的方法；从 90 年代全国优秀辅导员左丽华老师的社区教育理念中学习到了少先队幸福教育的视野。

本书的出版，要感谢全国少工委、上海团市委、上海市教委、上海市少工委、华东师范大学，《辅导员》《少先队研究》《少先队活动》杂志和上海人民出版社的领导、同事们，感谢浦东新区社会发展基金会的大力资助以及上海基层少先队幸福教育实验校和实验社区的探索实践，他们给本书提供了鲜活的案例。

本书的出版，还要感谢从队四十年来所有关心、支持、爱护我的前辈、师长、朋友和家人们。

敬请大家对本书多多提出批评指正，我将不断修改、丰富、完善。

于 2025 年 5 月 27 日第九次全国少代会

图书在版编目(CIP)数据

少先队幸福教育 / 赵国强著. -- 上海 ：上海人民
出版社，2025. -- ISBN 978-7-208-19624-7

Ⅰ. D432.51

中国国家版本馆 CIP 数据核字第 2025911NU0 号

责任编辑　马瑞瑞　金　铃
封面设计　夏　芳

少先队幸福教育

赵国强　著

出　　版	上海人民出版社	
	（201101　上海市闵行区号景路 159 弄 C 座）	
发　　行	上海人民出版社发行中心	
印　　刷	上海新华印刷有限公司	
开　　本	720×1000　1/16	
印　　张	20	
插　　页	3	
字　　数	281,000	
版　　次	2025 年 8 月第 1 版	
印　　次	2025 年 9 月第 2 次印刷	

ISBN 978 - 7 - 208 - 19624 - 7/G · 2224

定　　价　68.00 元